혼자
공부하는
얄팍한
코딩 지식

개정판

혼자 공부하는 얄팍한 코딩 지식(개정판)

비전공자도 1:1 과외하듯 배우는 IT 지식 입문서

초판 1쇄 발행 2022년 5월 25일
개정판 1쇄 발행 2024년 6월 4일

지은이 고현민 / **펴낸이** 전태호
펴낸곳 한빛미디어(주) / **주소** 서울시 서대문구 연희로2길 62 한빛미디어(주) IT출판1부
전화 02-325-5544 / **팩스** 02-336-7124
등록 1999년 6월 24일 제25100-2017-000058호
ISBN 979-11-6921-215-1 94000, 979-11-6224-194-3(세트)

총괄 배윤미 / **책임편집** 이미향 / **기획** 최승헌 / **편집** 권소정
디자인 박정우 / **일러스트** 이진숙 / **전산편집** 이경숙 / **용어노트** 장하은, 권소정
영업 김형진, 장경환, 조유미 / **마케팅** 박상용, 한종진, 이행은, 김선아, 고광일, 성화정, 김한솔 / **제작** 박성우, 김정우

이 책에 대한 의견이나 오탈자 및 잘못된 내용은 출판사 홈페이지나 아래 이메일로 알려주십시오.
파본은 구매처에서 교환하실 수 있습니다. 책값은 뒤표지에 표시되어 있습니다.

한빛미디어 홈페이지 www.hanbit.co.kr / **이메일** ask@hanbit.co.kr
학습 사이트 hongong.hanbit.co.kr

지금 하지 않으면 할 수 없는 일이 있습니다.
책으로 펴내고 싶은 아이디어나 원고를 메일(**writer@hanbit.co.kr**)로 보내주세요.
한빛미디어(주)는 여러분의 소중한 경험과 지식을 기다리고 있습니다.

혼자 공부하는 얄팍한 코딩 지식

개정판

고현민 지음

★ ★
혼자 공부하는 시리즈 소개

누구나 혼자 할 수 있습니다! 야심 찬 시작이 작심삼일이 되지 않도록 돕기 위해서 〈혼자 공부하는〉 시리즈를 만들었습니다. 낯선 용어와 친해져서 책장을 술술 넘기며 이해하는 것, 그래서 완독의 기쁨을 경험하고 다음 단계를 스스로 선택할 수 있게 되는 것이 목표입니다.
지금 시작하세요. 〈혼자 공부하는〉 사람들이 '때론 혼자, 때론 같이' 하며 힘이 되겠습니다.

HB 한빛미디어
Hanbit Media, Inc.

첫 독자가 전하는 말

'어떻게 하면 IT 지식을 처음 배우기 시작한 입문자가 더 쉽고 빠르게 이해할 수 있을까'라는
고민에서 시작한 이 책은 독자 24명의 실제 학습 결과를 기반으로 만들어졌습니다. 독자의
의견을 적극적으로 반영하여 한 단계 더 업그레이드한 IT 지식 입문서를 지금 만나 보세요!

> 종종 최신 트렌드와 상식을 따라가지 못해 '나만 뒤쳐지지 않을
> 까?'하는 조바심이 들기도 합니다. 이 책은 IT 전반에 걸친 여러
> 지식을 종합적으로 요약하여 담고 있어, 이런 고민들을 한 번에 해
> 결해 줍니다. 특히 이번 개정판에서는 인공지능에 대한 일반적인
> 개념부터 생성형 AI에 이르기까지 여러 가지 유익한 내용들이 추
> 가되어, 이 책만으로도 최신 트렌드와 키워드에 대한 내용을 습득
> 할 수 있습니다.
>
> _ 베타리더 최성욱 님

> 웹, 앱, AI, 네트워크,
> 데이터베이스 등 IT 기
> 본 지식이 '필수'인 오늘
> 날, '개발'이 무엇인지,
> '프로그래밍'이 무엇인
> 지 알고 싶은 모든 분들
> 께 IT 입문서로 이 책을
> 추천합니다.
>
> _ 베타리더 임승민 님

> 정말 친절한 IT 입문서입니다! IT 직군의 전반
> 적인 역할들을 만나 볼 수 있어 자신에게 어떤
> 진로가 적합한지 알 수 있습니다. 입문자도 이
> 해하기 쉽게 설명하고 있으며, 지루하지 않게
> 비유적 표현과 적절한 그림이 덧붙여져 있습니
> 다. IT 분야에 뛰어들고 싶은데, 정확히 어떤
> 직업을 진로로 삼고 싶은지 고민될 때 이 책을
> 추천드립니다.
>
> _ 베타리더 추상원 님

비전공자나 IT를 전공하는 신입생들도 생소한 용어나 개념들을 이해할 수 있도록 핵심만 담아 쉽게 알려줍니다. 입문자에게 **프로그래밍 언어 공부보다 먼저 추천해 주고 싶은 책**입니다.
_ 베타리더 정한민 님

IT가 다양한 분야에서 사용되면서 개발자들과 협업 시 어려움을 느끼는 경우가 많았습니다. 이 책은 저와 같은 비 개발자들도 쉽게 이해할 수 있는 설명으로, IT 관련 용어, 인공지능과 같은 최신 IT 지식을 배울 수 있습니다.
_ 베타리더 임혁 님

검정 화면에 하얀 글씨로 타이핑하는 모습이 멋있어서 프로그래머가 되겠다는 꿈을 갖게 되었지만, 어디서부터 시작해야 하는지 몰라 많은 시간을 허비했습니다. 만약 프로그래머가 되고 싶다고 다짐했던 그 순간으로 돌아간다면 고민 없이 이 책을 선택하게 되리라 확신합니다. 수많은 입문자의 시간을 아껴 주고 프로그래머의 길로 이끌어 주는 길잡이가 될 책입니다. _ 베타리더 백정훈 님

★★★★★

『혼자 공부하는 얄팍한 코딩 지식(개정판)』 책이 만들어지기까지
강현수, 고병운, 김민규, 김수정, 박경록, 박상덕, 백정훈, 안승태,
엄선희, 오두영, 윤진수, 이석곤, 이상호, 임승민, 임승헌, 임혁, 정한민,
조민혜, 지용호, 최성욱, 최성윤, 추상원, 하정민, 한경흠
24명의 독자가 함께 수고해 주셨습니다.
감사합니다.

"재미있는 비유와 일러스트로"

Q 『혼자 공부하는 얇팍한 코딩 지식(개정판)』은 '어떤 책이다'라고 설명해 주세요.

A 비전공자도 읽을 수 있는 책, 전공자도 얻어 갈 것이 있는 책입니다. 코딩을 접해 보지 못한 사람도 큰 부담 없이 읽을 수 있도록 가능한 전문 용어의 사용을 줄이고 일상에서 쓰는 언어로 설명했습니다. 코딩 및 소프트웨어 개발에 관련된 지식을 폭넓게, 그러나 혼자서도 어렵지 않게 배울 수 있도록 구성했습니다.

각각의 개념을 학술적으로 접근하기보다는 그 개념이 무엇이고 왜 사용되며, 업무와 서비스 면에서 어떤 의미가 있는지 감을 잡을 수 있도록 도와줍니다. 그래서 개발자를 목표로 하는 사람도 충분히 유의미한 지식을 얻어 갈 수 있습니다.

Q 어떤 독자를 생각하며 이 책을 집필하셨나요?

A 두 부류의 독자를 생각하고 책을 집필했습니다. 첫 번째는 개발자와 소통하며 협업해야 하는 사람입니다. 특히 개발자가 사용하는 난해한 IT 용어 때문에 소통이 어려운 사람에게 도움이 될 지식을 쉬운 언어와 비유로 설명했습니다.

두 번째는 개발자를 목표로 공부하는 사람, 초보 개발자로서 더욱 더 폭넓은 지식을 쌓고자 하는 사람입니다. 프로그래밍을 배우고 개발하다 보면 수많은 용어와 개념을 접하지만, 정확히 이해하지 못하고 넘어가는 경우가 많습니다. 이 책은 자신이 하는 일과 다루는 기술에 대해 제대로 알고, 이를 발판으로 삼아 더욱 유능한 개발자로 성장하고자 하는 사람에게도 도움이 될 것입니다.

"IT 지식을 공부해 보세요!"

Q 『혼자 공부하는 얄팍한 코딩 지식(개정판)』을 완독하고 나면 무엇을 할 수 있을까요?

A 첫째, 전에는 어렵고 외계어처럼 들렸던 개발자들과의 소통 과정에서 이제 '귀가 열리는' 경험을 하게 될 것입니다. 이는 개발자의 동료로서, 또는 상사로서 함께 일하는 데 큰 도움이 됩니다. 또 개발자가 비전공자 동료에게 내가 아는 것을 쉽게 이해시킬 방법을 터득한다면 팀과 회사의 성과뿐만 아니라 구성원 간의 관계에도 긍정적인 요소로 작용할 수 있죠.

둘째, 알고 있는 지식과 개념을 더욱 단단히 할 수 있습니다. 명쾌하게 알지 못하고 넘어가거나 흐릿한 파편으로 남은 개념을 확실하게 숙지함으로써 더 좋은 개발자로 성장할 수 있습니다.

Q 이 책을 학습하는 최적의 방법을 소개해 주세요!

A 본문의 각 주제에는 〈easy〉, 〈medium〉, 〈hard〉로 난이도가 표시되어 있습니다. 가볍고 기초적인 내용은 〈easy〉, 개발자의 업무를 보다 깊이 이해하기 위한 내용은 〈medium〉, 개발자로서 성장하고자 할 때 필요한 지식은 〈hard〉로 구분했습니다. 처음부터 책의 모든 내용을 한 번에 다 읽기보다는 나에게 맞는 난도의 내용을 읽고 나서, 어려운 내용을 다시 한번 천천히 살펴보세요.

책의 각 주제와 연관된 〈얄팍한 코딩 사전〉 동영상 강의를 QR 코드로 제공합니다. 영상은 책과는 다른 관점으로도 설명하기에 책과 함께 영상을 시청하면 훨씬 폭넓게 배울 수 있습니다. 어떤 영상은 특정 개념을 깊이 있게 나누고 있어 책에서 배운 내용을 심화해서 공부할 수 있고, 또 어떤 영상은 귀로만 들어도 충분한 라디오처럼 준비했습니다. 영상을 통해 책에서 배운 지식을 더욱 폭넓게 학습해 보세요!

『혼자 공부하는 얄팍한 코딩 지식(개정판)』 7단계 길잡이

이렇게 외워볼까요?
HTML: 가져다 놓고,
CSS: 꾸미고,
자바스크립트: 시킨다!

시작하기 전에

해당 절에서 배울 주제 및
주요 개념을 짚어 줍니다.

난이도 태그

핵심 개념과 용어를 단계
별로 학습할 수 있습니다.
easy 와 medium 에서는 기
초 내용을, hard 에서는 심
화 내용을 다룹니다.

Start — 1 — 2 — 3 — 4

핵심 키워드

해당 절에서 중점적으로
배울 내용을 확인합니다.

말풍선

저자와 토끼, 혼공이가 한 번 더
짚고 넘어갈 내용과 더 알아 두
면 좋은 내용을 설명해 줍니다.

시작하기 전에

"그 기능이요? 아직 디
빌드까지 해 보고 이상 없으면 릴리

비전공자가 개발자 동료에게 무슨 일을 하고 있는
풀리지 않을 때가 많습니다. 그럴 때마다 꼬치꼬치
만 잡고 넘어가곤 합니다. 물론 개발자가 비전
을 용어를 쉽게 풀어 설명할 수도 있겠
적을 거치는지, 그리고 그 의

컴퓨터에 명령을 내릴 때 사용 프로그래밍 언어 easy

우리는 매일 기계에 명령을 내립니다. 스위
로 채널을 선택하거나 볼륨을 조절하기도 하
으로 터치해서 실행하고, 제스처를 사용해서
다. 아마도 키보드와 마우스로 컴퓨터를 사
장 복잡한 형태의 명령일 것입니다.

우리가 이처럼 손쉬운 방법으로 기계를
기능을 모두 기계에 넣어 두어

마무리

▶ **8가지 키워드로 정리하는 핵심 포인트**

- **기계어**는 컴퓨터가 사용하는 0과 1로 이루
  수 있도록 기호로 표현한 언어를 **어셈블리어**
  하는 저수준 언어입니다.

- **저수준 언어**는 기계어에, 고수준 언어

좀 더 알아보기

쉬운 내용, 핵심 내용도 좋
지만 때로는 깊이 있는 학
습이 필요할 때도 있습니다.
더 알고 싶은 내용을 상세하
게 알려드립니다.

확인 문제

지금까지 학습한 내용을
문제를 풀면서 확인합니다.

5   **6**   **7**   **Finish**

핵심 포인트

절이 끝나면 마무리의 핵심 포
인트를 통해 핵심 키워드 내용
을 리마인드할 수 있습니다.

좀 더 알아보기   **초거대 인공지**

초거대 인공지능은 주로 크기나 처리 능력 측면
을 의미합니다. 이는 방대한 양의 데이터를 차
사용합니다. 이러한 인공지능 시스템은 자연
간의 뇌가 수행하는 수준의 복잡한 작업을

인공지능의 개발과 구현에

▶ **확인 문제**

1. 다음 중 각각의 IDE와 가장 적합한

    ① 이클립스   ·

    ② 엑스코드   ·

    ③ 비주얼 스튜디오   ·

    ④ 안드로이드 스튜디오   ·

『혼자 공부하는 얄팍한 코딩 지식(개정판)』 100% 활용하기

때론 혼자, 때론 같이 공부하기! 학습을 시작하기 전부터 책 한 권을 완독할 때까지, 곁에서 든든한 러닝 메이트 Learning Mate가 되어 드리겠습니다.

본격적으로 학습을 시작하기 전에

동영상 강의

각 주제와 연관된 내용을 동영상으로 제공합니다. 비전공자부터 개발자까지, 여러 사람과 꾸준히 소통하며 만든 영상을 유튜브에서 확인할 수 있습니다. 이해가 어렵거나 더 자세히 알고 싶은 내용은 유튜브 강의를 활용하세요!

https://www.youtube.com/c/얄팍한코딩사전

QR 코드 사용법

가지고 있는 스마트폰의 홈 화면, 제어 센터 또는 잠금 화면에서 카메라 앱을 엽니다. 기기에서 QR 코드를 인식해 유튜브 강의를 실행해 보세요.

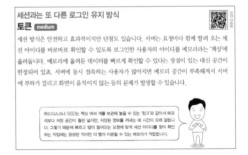

학습 사이트 100% 활용하기

동영상 강의 보기, 저자에게 질문하기를 한번에!

Q hongong.hanbit.co.kr   go

사이트 바로가기

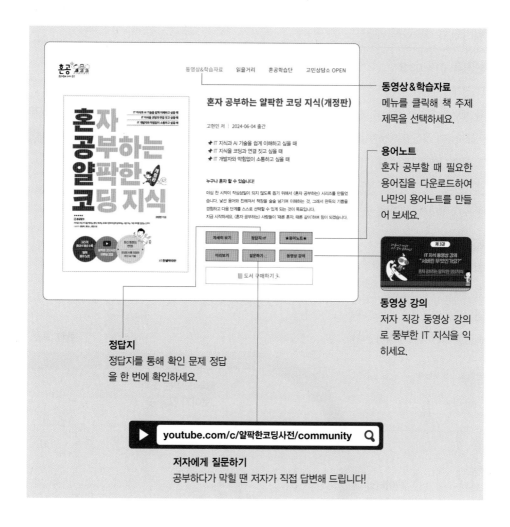

동영상&학습자료
메뉴를 클릭해 책 주제 제목을 선택하세요.

용어노트
혼자 공부할 때 필요한 용어집을 다운로드하여 나만의 용어노트를 만들어 보세요.

동영상 강의
저자 직강 동영상 강의로 풍부한 IT 지식을 익히세요.

정답지
정답지를 통해 확인 문제 정답을 한 번에 확인하세요.

▶ youtube.com/c/얄팍한코딩사전/community 🔍

저자에게 질문하기
공부하다가 막힐 땐 저자가 직접 답변해 드립니다!

때론 혼자, 때론 같이! '혼공 학습단'과 함께하세요.

한빛미디어에서는 '혼공 학습단'을 모집합니다.
혼공 학습자들과 함께 학습 일정표에 따라 공부하며 완주의 기쁨을 느껴 보세요.

✉ 한빛미디어 홈페이지에서 '메일 수신'에 동의하면 학습단 모집 일정을 안내받으실 수 있습니다.

일러두기

기본편 01~03장

IT 업계에서 자주 사용하는 기초적인 용어와 개념을 설명합니다. 최신 IT 트렌드인 인공지능과 생성형 인공지능에 대한 내용도 함께 다루고 있습니다. 이를 통해 IT 업계와 개발자에 대한 전반적인 지식을 함양하고 IT 생태계를 파악할 수 있습니다.

고급편 04장

개발을 시작하기 위해 도움이 되는 내용을 본격적으로 설명합니다. 개발자들이 현업에서 사용하는 프로그래밍 도구와 용어들을 쉽게 풀어서 설명합니다.

난이도 ⬤⬤⬤⬤⬤

기본편

Start

01

개발자의 종류

개발자 이해하기
⬤○○○○

☑ 다양한 개발 직군과 해당 직군에서 주로 사용하는 언어를 설명합니다.

쿠키, 토큰, 캐시

웹의 보이는 곳과 보이지 않는 곳

IP + HTTP

데이터와 데이터베이스의 이해

운영체제

고급편

04장

개발자의 협업 도구를 배워 개발자로 한 단계 더 나아갈 수 있습니다.

04

개발자의 길로 들어서기
⬤⬤⬤○○

☑ 어려운 단어로 보이지만 내용 자체는 크게 어렵지 않습니다.

01~03장

IT 세계를 이해하고 싶다면 먼저 그 분야의 생태계를 알아야 합니다. 개발의 기본 개념과 개발자, 인공지능, 그리고 개발자와 소통하는 방법을 다룹니다.

개발자가 하는 일

인공지능 이해하기

02

개발자 따라가기

생성형 인공지능 알아보기

✔ 다양한 생성형 인공지능의 종류와 활용 방법에 대해 알아봅니다.

개발자와 소통하기

03

웹사이트가 만들어지는 과정

서버와 클라이언트

✔ 웹사이트를 이루는 것들을 알아봅니다.

✌ 두 번 보기

중요

✔ 컴퓨터의 데이터 단위와 프로그래밍 언어, 오류에 대비하는 방법까지 알아봅니다.

데이터와 언어

Goal

컴퓨터가 일하는 방법

깃과 깃허브

✔ 로봇 일러스트로 CPU가 일하는 방법을 쉽게 배울 수 있습니다.

Chapter 02　개발자 따라가기: 인공지능 기술 알기

03-3 쿠키, 토큰, 캐시는 일상에서 쓰는 그 단어인가요? 158

Chapter

01

코딩 지식을 알기 위해서는 먼저 프로그래밍이 무엇인지, 그리고 이를 다루는 개발자가 누구인지 알고 있어야 합니다. 1장에서는 개발자가 하는 일과 그들이 컴퓨터와 소통하기 위해 사용하는 프로그래밍 언어에 대해 살펴봅니다.

개발자 이해하기:
개발과 개발자 용어 알기

학습목표

- 개발자는 무슨 일을 하고 어떤 개발자들이 있는지 알아봅니다.
- 개발자가 만들고 다루는 것은 무엇인지 알아봅니다.
- 개발자의 필수 도구인 프로그래밍 언어에 대해 알아봅니다.

모니터의 검은 화면에 나타난 영문 모를 알록달록한 글자들을 뚫어져라 쳐다보며 생각에 잠긴 어느 개발자가 있습니다. 갑자기 무언가를 떠올린 듯 거침없이 키보드를 두드리다 다시 생각에 잠기기를 반복합니다. 어느 순간 드디어 무언가를 해냈다며 뿌듯해하지만, 그게 무엇인지 여러분은 알 길이 없습니다.

또한, 개발자에게 어떤 기능을 만들어 달라고 부탁하면 분명 지난번에는 비슷한 것을 쉽게 만들었던 것 같은데, 이번에는 곤란하다고 난색을 표합니다. 대화를 통해 대안을 찾아보려 해도 하나같이 낯선 용어뿐이라 외계인과 대화하는 것만 같죠. 개발 업무별로 담당하는 일은 무엇인지, 어떤 기능은 쉽게 되는데 어떤 기능은 왜 안 된다고 하는지, 프로젝트 진행을 위해 어떤 것이 필요한지 등을 명쾌하게 알 수 있으면 업무에 많은 도움이 될 것 같은데, 어디서부터 어떻게 찾아봐야 할지 감이 잡히지 않습니다.

이 책은 개발자와 막힘없이 대화하기 위해, 협업자로서 더 좋은 팀워크를 발휘하기 위해, 그들과 같은 개발자가 되기 위해 IT와 개발의 세계를 알아가려는 사람들을 위한 내용으로 이루어져 있습니다.

이번 장에서는 그 첫 단계로 개발자는 어떤 일을 하는지, 어떤 종류의 개발자가 있는지 알아보고, 그들이 하는 업무를 개발 프로세스 중심으로 살펴보겠습니다.

주의! 이번 장에서는 여러 분야의 개발자를 소개하므로 다소 어려운 용어가 등장할 수 있습니다. 모르는 단어가 나오면 일단 건너뛰면서 가볍게 읽고 다음 장으로 넘어가 주세요. 이 책의 3장까지 읽은 뒤에 다시 이번 장을 보면 더 많은 것이 보일 거예요!

01-1 개발자는 대체 뭐하는 사람인가요?

핵심 키워드

웹 개발자　모바일 개발자　게임 개발자　응용 소프트웨어 개발자
임베디드 개발자　정보 보안 전문가　인공지능 개발자
데이터베이스 개발자　클라우드 개발자　데브옵스 엔지니어

개발자는 어떤 일을 하는 사람이며, 어떤 종류의 개발자가 있는지, 개발 직군에 따라 어떤 공부를 해야 하는지 알아봅니다.

시작하기 전에

개발 업계가 한파인 요즘이지만, 아직도 각종 매체에서는 "개발자를 모십니다", "6개월이면 개발자로 만들어 드립니다", "억대 연봉 개발자" 등과 같은 기사를 연일 보도합니다. 물론 이미 개발자가 뭔지 알고 '개발자가 되어야겠다'라고 다짐한 사람도 있겠지만, 이 책을 펼친 대부분의 독자는 개발자가 대체 뭐 하는 직업인지 잘 모르거나 개발자와 협업하려 해도 도통 대화가 안 돼서 개발자가 하는 일을 이해하고 원활하게 소통하고 싶어 하는 사람일 것입니다. 그렇다면 먼저 개발자는 무엇을 하는 사람인지, 어떤 종류가 있는지, 그리고 구체적으로 어떤 일을 하는지 알아보겠습니다.

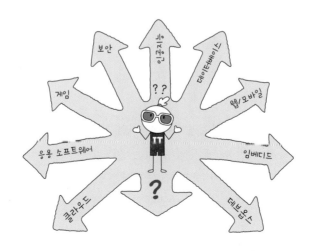

개발자는 누구인가요?
개발자 vs 작가 easy

개발을 어렵게 생각할 필요는 전혀 없습니다. 쉽게 생각해 보면 **개발자**가 하는 일은 작가가 하는 일과 비슷합니다. 무에서 유를 창조하고 누군가 이해할 수 있도록 무언가를 작성한다는 점도 비슷하죠. 다만 개발은 컴퓨터가 이해할 수 있는 언어로, 작가는 사람이 이해할 수 있는 언어로 작성한다는 점이 다릅니다.

개발자	작가
코딩	글 쓰기
프로그래밍	글 짓기
개발	책 쓰기

작가는 소설을 쓰는 소설가, 영화나 드라마를 쓰는 시나리오 작가, 시를 쓰는 시인처럼 다양한 종류가 있습니다. 마찬가지로 세상에 존재하는 소프트웨어의 종류도 다양하기에 개발자도 무엇을 개발하느냐에 따라 여러 분야의 직군으로 나뉩니다. 소설가, 시나리오 작가, 시인이 '글을 쓰는 사람'이라는 부분에서는 같지만, 세부 영역 안으로 들어가면 전문적으로 쌓아야 하는 역량이 다른 것처럼, 개발자도 종류마다 사용하는 프로그래밍 언어도 다르고 쌓아야 하는 지식도 다릅니다. 한 분야만 집중해서 그 분야의 전문성을 갖추는 개발자도 있고, 소설과 시를 둘 다 집필하는 작가처럼 둘 이상의 분야를 병행해서 넓은 스펙트럼으로 개발 실력을 갖추는 개발자도 있습니다.

개발자의 종류를 알고 그 역할이 무엇인지 이해한다면 개발자와 협업할 때 어떤 개발자에게 무엇을 부탁하면 좋을지, 개발자가 담당할 수 있는 일과 그렇지 않은 일은 무엇인지 파악하는 데 큰 도움이 됩니다. 더 나아가 개발자를 준비하는 사람도 자신의 적성에 맞는 분야는 무엇이며, 이를 위해서 어떤 준비를 하면 좋을지 알 수 있죠.

웹사이트를 만드는 개발자
웹 개발자 `easy`

웹 개발자는 말 그대로 웹사이트를 개발하는 개발자입니다. 우리가 PC나 스마트폰에서 웹 서핑을 하며 방문하는 각종 웹사이트는 웹 개발자가 만듭니다. 일반 프로그램이나 모바일 앱으로 알고 사용하는 소프트웨어 중에서도 내부적으로는 웹사이트를 바탕으로 만들어진 프로그램이 많습니다.

물론 웹 개발은 포괄적인 용어입니다. 웹사이트는 눈에 보이는 부분과 보이지 않는 부분으로 구성되어 있고, 각각을 담당하는 개발자들이 협업해서 만들기 때문입니다. 웹 개발자의 범주에 속하는 개발자는 다음과 같습니다.

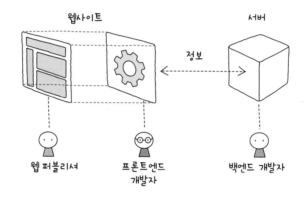

웹 퍼블리셔 / UI 개발자

웹 퍼블리셔는 웹사이트에서 보이는 부분을 담당하는 개발자입니다. 국내에서는 웹 퍼블리셔란 단어를 많이 사용하고, 해외에서는 보통 **UI 개발자**라고 부릅니다. 웹 퍼블리셔가 주로 사용하는 언어는 HTML과 CSS이며, 자바스크립트를 사용하기도 합니다. 이들은 웹사이트의 기능을 프로그래밍하기보다는 웹사이트의 외적 요소를 코드로 구현하는 역할을 합니다. 타 지군에 비해 진입 장벽이 낮고 디자인 분야와 밀접한 측면이 있어서 웹 디자이너를 비롯한 비전공자들이 코딩을 시작하는 첫 단계로 도전하는 분야이기도 합니다.

프론트엔드 개발자

프론트엔드 개발자는 웹 퍼블리셔처럼 화면에 보이는 요소들을 만들 뿐만 아니라, 자바스크립트를 사용하여 그 요소들에 기능을 부여하는 일까지 담당합니다. 이들은 사용자에게 보여 줄 웹사이트 화면을 만들고 사용자의 클릭이나 드래그와 같은 동작에 따라 웹사이트의 다양한 기능이 실행되도록 프로그래밍합니다. 이미지 슬라이드나 웹 채팅 창, 온라인 디자인 도구와 같은 다양한 기능이 프론트엔드 개발자의 손에서 만들어집니다. 이러한 프론트엔드 개발을 다른 말로 **클라이언트 개발**이라고 부르기도 합니다.

note 모바일 앱을 개발하는 것도 사용자가 직접 보고 다루는 부분을 만드는 것이므로 클라이언트 개발에 해당합니다.

회사마다 웹 퍼블리셔와 프론트엔드 개발자를 따로 두기도 하고, 디자이너 또는 프론트엔드 개발자가 웹 퍼블리셔 역할을 겸하기도 해요.

프론트엔드 개발자는 HTML과 CSS에 대한 지식도 필요하지만, 무엇보다 **자바스크립트**를 집중적으로 공부해야 합니다. 프론트엔드 분야의 프로그래밍은 기본적으로 자바스크립트를 사용해서 이루어지기 때문이죠. 오늘날에는 자바스크립트의 단점을 보완한 언어인 타입스크립트도 많이 사용되고 있습니다. 이들에 대한 지식을 기본으로 갖춘 뒤 리액트 같은 라이브러리를 공부하면 프론트엔드 개발자로 한 걸음 더 나아갈 수 있습니다.

백엔드 개발자

백엔드 개발자는 웹사이트에서 눈에 보이지 않는 요소를 개발합니다. 프론트엔드 개발자가 만든 화면에 표시되는 데이터는 백엔드 개발자가 구현한 서버에서 처리됩니다. 그렇기 때문에 이들을 **서버 개발자**라고도 부릅니다. 데이터베이스에 저장되는 각종 정보에 대한 입출력, 데이터 분석과 가공, 로그인을 비롯한 보안 요소 관리 등이 백엔드 개발자를 통해 이뤄집니다. 웹사이트가 아닌 모바일 앱의 서버를 다루는 개발자도 백엔드 개발자입니다.

백엔드 개발에 사용하는 프로그래밍 언어는 매우 다양합니다. 전 세계적으로 자바스크립트, 파이썬, PHP, 자바 등이 널리 사용되죠. 각 언어에는 백엔드 프로그램을 편리하게 만들 수 있게 도와주는 제작 도구들이 있는데, 이를 **프레임워크**라 부릅니다. 국내에서는 자바 언어와 스프링 프레임워크 조합을 많이 사용합니다. 오늘날에는 예전에 비해 다양한 언어와 프레임워크 조합이 더 다양해지고 있습니다.

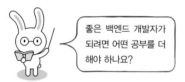

좋은 백엔드 개발자가 되려면 어떤 공부를 더 해야 하나요?

좋은 백엔드 개발자가 되기 위해서는 언어와 프레임워크를 다루는 실력 외에도 서버와 네트워크, 데이터베이스 등의 다양한 지식이 필요합니다. 더 자세한 개념은 3장에서 알아볼게요.

풀스택 개발자

프론트엔드와 백엔드 관련 지식을 고루 갖추어 혼자서도 웹 서비스 전체를 개발할 줄 아는 개발자를 **풀스택 개발자**라고 부릅니다. 풀스택 개발자는 다수의 개발자가 서비스를 세분화해 전문적으로 분담하는 대기업보다는 소수 인원이 제품 전반을 만드는 소기업이나 스타트업에서 필요로 하는 개발자입니다. 이처럼 웹 개발에 대한 폭넓은 역량과 경험을 쌓고 깊이 있는 지식을 갖춘 풀스택 개발자가 되기 위해서는 꾸준한 공부가 필요합니다.

손 안의 앱을 만드는 개발자
모바일 개발자 `easy`

모바일 개발자의 역사는 다른 개발자들에 비해 길지 않지만, 스마트폰이 대중화된 오늘날에는 많은 개발자가 이 직군에서 일하고 있습니다. 모바일 개발자들은 명칭에서 알 수 있듯 스마트폰에서 동작하는 애플리케이션을 개발하며, **앱 개발자**라고도 합니다. 크게 안드로이드 개발자와 iOS 개발자로 나뉘고, 회사나 서비스에 따라서 혼자 이 둘을 모두 담당하기도 합니다.

안드로이드 개발자는 갤럭시를 비롯한 안드로이드 스마트폰 기반의 모바일 앱을 개발합니다. 예전에는 자바를 많이 사용했으나, 2017년부터는 보다 간결한 언어인 코틀린도 많이 사용하게 되었습니다. 일반적으로는 둘 중 하나의 언어를 선택하여 개발하지만, 폭넓은 개발을 위해서는 양쪽 모두 익혀 두는 것이 유리합니다.

안드로이드 개발자와 시장을 양분하는 **iOS 개발자**는 아이폰과 아이패드용 모바일 앱을 개발합니다. 예전에 iOS 개발은 오브젝티브-C라는 언어를 사용했지만, 오브젝티브-C보다 현대적인 언어인 스위프트가 출시되고 나서부터는 스위프트를 주로 사용합니다. 안드로이드 진영의 자바가 아직도 널리 쓰이는 것과는 달리 오브젝티브-C를 대체할 목적으로 만들어진 스위프트의 등장 이후 오브젝티브-C는 거의 사용되지 않습니다.

회사에 따라서는 한 명의 앱 개발자가 안드로이드와 iOS 모두를 개발하기도 합니다. 안드로이드와 iOS 앱을 각각 다른 언어로 따로따로 개발하기도 하고, 하나의 소스 코드로 양쪽 모두에서 동작하는 앱을 만들 수 있는 **크로스 플랫폼**을 사용하기도 합니다. 크로스 플랫폼의

종류로는 다트라는 언어를 사용하는 플러터, 자바스크립트를 사용하는 리액트 네이티브, C#
을 사용하는 자마린 등이 있습니다.

iOS 개발자는 맥이 꼭
있어야 하나요?

맥OS나 iOS용 프로그램 개발은 맥에서
만 가능해요! 개발 환경 '설정'이 맥에서
만 가능하기 때문이에요. 그래서 iOS 개
발은 다소 진입 장벽이 높은 편이에요.

게임을 만드는 개발자
게임 개발자 `easy`

게임 개발자는 게임의 전체적인 구조를 설계해서 게임이라는 하나의 결과물을 만드는 직군
입니다. 게임 진행을 위한 복잡한 알고리즘부터 물리 엔진 구현, 3D 그래픽 렌더링, 수많은
접속자가 몰리는 서버의 원활한 관리 등 게임의 모든 구성 요소를 다룰 수 있어야 합니다.
그렇기 때문에 게임을 개발하기 위해서는 프로그래밍과 컴퓨터, 수학 등 여러 분야에 걸친
깊은 지식과 높은 숙련도가 필요하며, 대체로 각 분야의 전문가들이 함께 만듭니다. 다만
소규모 인디 게임은 혼자서 또는 소수의 인원으로 개발하기도 합니다.

고사양 게임 프로그래밍은 기기의 성능을 최대한으로 끌어내는 것이 중요하므로 상대적으
로 무거운 고수준 언어 대신 기계와 밀접하고 가벼운 C(씨)나 C++(씨쁠쁠)을 많이 사용합
니다. 유니티 게임 엔진을 사용하는 게임에서는 C#(씨샵)을 사용하고, 웹 게임에서는 자바
스크립트를 활용하기도 합니다. 서버도 게임의 구성 요소이므로 백엔드 개발자들이 사용하
는 언어와 프레임워크도 게임 개발에 활용됩니다.

게임 프로그래밍은 고난도 작업인 만큼
역할에 따라 컴퓨터 공학을 비롯히여 수
학, 물리, 그래픽, 네트워크, 컴퓨터 시스
템에 대한 심도 있는 공부가 필요합니다.

컴퓨터 프로그램을 만드는 개발자
응용 소프트웨어 개발자 easy

웹과 모바일이 지금처럼 부상하기 이전에는 일반적으로 '개발자'라고 하면 응용 소프트웨어 개발자를 의미했습니다. 사실 응용 소프트웨어는 모바일 애플리케이션도 포함하는 개념이지만, **응용 소프트웨어 개발자**는 통상적으로 PC용 프로그램을 개발하는 사람을 지칭합니다. 우리가 흔히 컴퓨터에서 사용하는 워드, 포토샵, 압축 프로그램, 동영상 재생 프로그램 등이 응용 소프트웨어이며, 응용 소프트웨어 개발자가 이를 만들어 냅니다.

> note 응용 소프트웨어는 응용 프로그램이라고도 합니다.

응용 소프트웨어 개발에 사용할 수 있는 언어는 다양합니다. C나 자바, 파이썬으로 개발하기도 하고 심지어 웹 개발에 사용하는 언어로 제작하기도 합니다. 윈도우용 프로그램 개발에는 C++과 C#을 주로 사용하고, 맥용 프로그램 개발에는 스위프트를 사용합니다. 프로그램이 동작할 운영체제, 컴퓨터 구조와 소프트웨어 공학에 관한 지식도 응용 소프트웨어 개발자가 갖춰야 할 중요한 역량입니다.

하드웨어를 제어하는 개발자
임베디드 개발자 easy

임베디드 개발자는 정해진 목적에 맞게 설계된 하드웨어의 작동을 프로그래밍하는 직군입니다. 또한 임베디드 개발자가 다루는 **임베디드 시스템**은 기계 또는 기타 제어가 필요한 시스템을 제어하는 컴퓨터 시스템입니다. 개인용 컴퓨터처럼 범용적인 목적을 수행하는 일반 소프트웨어와는 달리 전자 제품 같은 기기 내부에 내장되어 정해진 목적에 맞는 기능을 수행합니다. 일상에서 주로 사용하는 냉장고의 온도 조절기나 스마트 TV를 비롯해 자동차, 로봇이나 항공기 같은 기기도 모두 임베디드 시스템이죠.

그래서 임베디드 시스템 개발자가 하는 일도 크게 두 가지로 나뉩니다. 하나는 하드웨어 자체를 개발하는 일이며, 다른 하나는 이를 작동시킬 소프트웨어를 개발하는 일입니다. 대체로 두 가지 일을 모두 하는 사람을 임베디드 개발자, 소프트웨어만 개발하는 사람을 임베디드 소프트웨어 개발자라고 부릅니다.

임베디드 개발은 기계를 직접적으로 다루는 프로그래밍이므로 실행 속도가 빠르고 가벼운 C 언어를 주로 사용하고, 기계를 세부적으로 다룰 경우에는 C++이나 어셈블리어를 사용합니다. 컴퓨터 하드웨어와 운영체제, 네트워크 등과 같은 컴퓨터 공학 지식이 필요하며, 분야에 따라 보드와 회로를 다루는 능력도 요구됩니다. IoT 기기의 운영체제로 리눅스를 많이 사용하므로 리눅스 커널을 깊이 있게 공부해 두는 것도 임베디드 개발자를 준비하는 데 큰 도움이 됩니다.

임베디드 하드웨어

빈틈없는 정보 파수꾼
정보 보안 전문가 easy

컴퓨터 보안은 홀로 큰 건물 하나를 지키는 것과도 같습니다. 언제, 어디로 해커가 숨어들지 모르기 때문에 건물 구조를 구석구석 알고 있어야 하고, 해커가 동원할 수 있는 모든 방법을 예상할 수 있어야 하며, 그에 대한 대책을 마련해야 합니다. 다른 모든 곳을 철통같이 지켜도 작은 틈새 하나만 뚫리면 모든 것이 물거품이 되는 분야가 바로 보안입니다. 사이버 보안, 정보 기술 보안이라고도 하며, 데이터 도난이나 손상을 차단하고 컴퓨터 시스템을 보호하는 역할을 수행합니다.

➕ 여기서 잠깐　　**해커와 크래커**

> 본문에서는 일반적으로 많이 알려진 해커라는 단어를 사용했지만, 사실 해커는 '컴퓨터와 프로그래밍에 대한 전문 지식을 가진 사람'을 뜻하는 단어입니다. 이러한 전문 지식을 범죄에 활용하는, 즉 사람들이 흔히 해커라 부르는 사람의 정확한 명칭은 크래커입니다. 요즘은 보안 업계에 종사하는 해커를 화이트 해커, 크래커는 블랙 해커라고 더 많이 표현합니다.

정보 보안 전문가가 되려면 프로그래밍, 네트워크, 컴퓨터 구조, 운영체제 등 컴퓨터 공학 전반에 걸친 지식들이 필요합니다. 이에 더하여 어느 세부 분야로 진출하느냐에 따라 웹, 데이터베이스, 포렌식, 암호학, 악성 코드 분석 등을 추가로 공부해야 하죠. 해커가 어디로 파고 들어 공격해 올지 모르기 때문에 다양하면서도 깊이 있는 지식과 경험을 쌓아야 하고, 빠르게 발전하는 기술에 뒤쳐지지 않도록 끊임없이 공부해야 합니다. 단순히 이론만 공부하는 것이 아니라 모의 해킹 등을 통한 실습과 테스트를 거치며 경험을 쌓는 것도 중요합니다.

note 포렌식은 수사의 핵심 증거를 찾기 위해 범죄에 사용된 컴퓨터에서 정보를 수집하는 것입니다.

정보 보안 전문가로서 근무할 수 있는 곳은 다양합니다. 대기업의 보안 부서에서 일할 수도 있고, 보안 업무를 전문적으로 하는 업체에 취직할 수도 있으며, 국가정보원이나 경찰청 사이버 수사대 등 국가 기관에 들어갈 수도 있습니다. 정보 보안 기술을 연구하는 곳에 연구원으로 들어가기도 하죠. 종사 분야와 업무 성격에 따라 정도의 차이는 있지만, 기본적으로는 중요한 정보를 보호하고 보안 사고를 방지하는 일이기 때문에 이로부터 오는 스트레스를 관리하는 능력과 함께 높은 윤리 의식과 책임감 또한 요구되는 직무입니다.

기계를 가르치는 개발자
인공지능 개발자 `easy`

인공지능의 발전으로 인해 사람들의 삶이 여러 분야에서 편리해지면서 인공지능 개발자에 대한 수요도 커졌습니다. 인공지능 개발은 크게 머신러닝 개발과 딥러닝 개발로 구분할 수 있습니다. 인공지능을 포함해 머신러닝과 딥러닝은 기계에게 '사람이 어디까지 알려 주는가'에 따라 구분을 달리 합니다.

> `note` 인공지능은 인간의 지능을 모방하여 수집한 정보를 기반으로 반복 작업을 수행하는 시스템입니다. 자세한 내용은 2장에서 살펴보겠습니다.

종업원에게 '맛있는 피자를 만드는 방법'을 알려 주는 것에 비유해 보면, 인공지능은 종업원에게 반죽부터 화덕에 굽기까지의 모든 과정을 친절히 알려 주는 것입니다. **머신러닝**은 피자의 이상적인 모양과 크기, 토핑의 양, 익기의 정도를 알려주거나, 전국의 맛있는 피자들을 맛 보여준 뒤 종업원이 직접 피자를 만들어 보면서 레시피를 알아내도록 하는 것입니다. **딥러닝**은 그중에서도 고도의 기술로, 사람의 뇌를 흉내 내어 인공 신경망을 만들어 이와 가은 학습을 하도록 하는 것입니다. 이런 간단한 예시만 봐도 인공지능은 꽤나 구현하기 어려운 분야라는 생각이 들죠? 세부 직종마다 차이는 있지만, 대체로 수학, 통계학, 컴퓨터 공학 등 깊이 있는 지식을 요구하기 때문에 상대적으로 오랜 공부가 필요합니다.

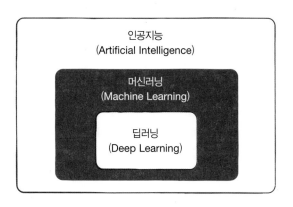

흔히 사람의 뇌처럼 학습하는 기계가 나타났다고 하는 것은 딥러닝입니다.

실제 업계에서 인공지능 개발자는 그 범위가 넓어 정확하게 규정하기 어렵습니다. 인공지능을 학문적으로 깊이 연구하는 연구직, 인공지능 소프트웨어를 개발하는 프로그래머, 데이터에서 의미 있는 정보를 찾아내는 분석가 등이 모두 인공지능 관련 개발자라고 할 수 있습니다.

디지털 정보의 사서
데이터베이스 개발자 `easy`

백엔드와 관련된 여러 업무 중에서도 데이터베이스에 특화된 업무를 수행하는 사람들이 있습니다. IT 서비스를 이용할 때 우리가 사용하는 모든 정보는 서버의 데이터베이스에 저장됩니다. 데이터베이스는 디지털 정보들을 보관하는 대형 도서관에 비유할 수 있습니다. **데이터베이스 개발자**는 이 도서관에서 사서와 같은 역할을 맡아 정보를 효과적으로 저장, 조회, 관리할 수 있도록 데이터베이스를 설계합니다.

데이터베이스 개발자는 사서가 도서관에 책장을 배치하고 책들의 위치를 지정하는 것과 비슷하게 데이터베이스를 구축합니다. 데이터베이스의 구축 방식에 따라 데이터의 저장, 처리 속도와 안정성이 결정됩니다. 데이터베이스에 문제가 생기면 사용자들이 불편을 겪을 수 있고 중요한 정보가 손실될 수도 있으므로 데이터베이스 개발자의 역할은 매우 중요합니다.

데이터베이스 개발자는 **데이터베이스 관리 시스템**(DBMS)에 대한 깊은 이해와 SQL과 같은 데이터베이스 질의 언어에 능숙해야 합니다. 또한, 데이터 구조, 알고리즘, 보안에 대한 지식도 갖춰야 합니다.

클라우드 서비스를 제공하는 개발자
클라우드 개발자 `easy`

온라인 서비스를 만들고 운영하기 위해서는 이들을 구동할 컴퓨터인 서버가 필요합니다. 서버는 24시간 동작하여 사람들이 원활하게 서비스를 이용할 수 있도록 합니다. 서버 시스템을 구축하고, 서버가 안정적으로 돌아가도록 유지 보수하며, 사용자 증가, 하드웨어 결함 등 각종 이슈에 대응하려면 고도의 기술적 지식이 필요합니다. 이런 작업을 한두 명의 개발자가 처리하기는 매우 어렵습니다.

하지만 요즘은 여러 기업에서 서버에 관련된 다양한 기능들을 제공하여 기술 부담을 줄여 주고 있습니다. 서버 구축을 건물을 짓는 작업에 비유하면, 대형 건설사가 건설, 증축 및 철거, 경비 업무, 상수도 설치, 공간 대여 등을 도맡아 주는 것과 비슷합니다. 아마존의 AWS나 마이크로소프트의 Azure 같은 클라우드 컴퓨팅 서비스가 대표적인 예시이며, 이를 클라우드 서비스라고 부릅니다.

클라우드 서비스를 적절히 활용하여 자사의 서비스를 구축하려면 다양한 지식이 필요합니다. 해당 분야에 관한 학위나 자격증, 실무 경험을 갖추면 **클라우드 개발자**로 일하는 것이 더 수월해질 수 있습니다.

개발과 운영을 함께 관리하는 개발자
데브옵스 개발자 `easy`

높은 매출을 올리는 음식점을 방문하면 음식의 맛뿐만 아니라 주문 접수, 조리, 홀서빙, 포장, 배달 등 다양한 업무들이 신속하고 유기적으로 이뤄지는 모습을 볼 수 있습니다. 이러한 전 과정을 효율적이고 체계적으로 구축하고, 직원 간의 팀워크를 맞춰가는 것은 매장 성공의 필수 요소입니다.

개발 분야도 마찬가지입니다. 소프트웨어는 한 번 개발하고 끝나는 것이 아니라 기능 추가 및 수정, 오류 해결, 성능 개선 등의 업데이트 작업이 서비스 종료 전까지 계속됩니다. 마치 생물의 신진대사처럼 프로그래밍, 코드 통합, 테스트, 새 버전 출시, 모니터링, 피드백, 긴급 문제 해결 등의 과정이 지속적으로 이뤄지죠. 이처럼 **개발**과 **운영**의 전 과정들이 빠르고 안정적으로 진행되도록 관리하는 것을 **데브옵스**라고 합니다.

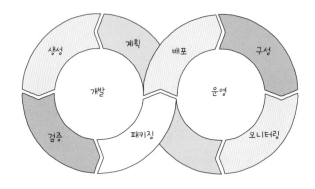

데브옵스 개발자는 이 과정들이 빠르고 연속적으로 진행되도록 자동화하고, 시간과 자원의 낭비가 없도록 최적화를 수행합니다. 또한, 성능 문제나 버그가 신속하게 발견되도록 테스팅 및 모니터링 시스템을 설계하고 모든 기록들을 수집해서 관리하죠. 이처럼 데브옵스 개발자는 빠른 개발과 높은 품질, 효율적인 운영을 통해 자사의 서비스가 경쟁 우위를 점할 수 있도록 도와줍니다.

데브옵스 개발자가 되기 위해서는 어떤 것이 필요한가요?

컴퓨터 과학, 정보 기술, 소프트웨어 엔지니어링 등의 배경지식과 프로그래밍, 네트워킹, 보안 등 다양한 기술적 지식이 필요합니다.

▶ 10가지 키워드로 정리하는 핵심 포인트

- **웹 개발자**는 웹사이트를 만들고 관리하며, 역할에 따라 웹 퍼블리셔/UI 개발자, 프론트엔드 개발자, 백엔드 개발자 등이 있습니다.

- **모바일 개발자**는 스마트폰이나 태블릿, 스마트 워치 등 모바일 기기에서 동작하는 애플리케이션을 개발합니다.

- **게임 개발자**는 게임의 전체적인 구조를 설계하고 개발합니다.

- **응용 소프트웨어 개발자**는 PC용 프로그램을 개발하는 사람들을 지칭합니다.

- **임베디드 개발자**는 하드웨어를 제어하는 소프트웨어를 개발합니다.

- **정보 보안 전문가**는 각종 보안 위협으로부터 시스템과 서비스를 방어합니다.

- **인공지능 개발자**는 인공지능을 학문적으로 깊이 연구하는 연구직, 프로그래머, 분석가 등이 있습니다.

- **데이터베이스 개발자**는 대량의 정보를 다루고 그 체계를 구축합니다.

- **클라우드 개발자**는 클라우드 형태로 제공되는 서버 관련 서비스를 다룹니다.

- **데브옵스 개발자**는 개발 전반의 과정들을 최적화하고 관리합니다.

▶ 확인 문제

1. 다음 중 프론트엔드 개발자가 다루는 언어가 아닌 것은 무엇인가요?

① HTML

② CSS

③ 스위프트

④ 자바스크립트

⑤ 타입스크립트

2. 다음 중 아래에 해당하는 개발자의 종류를 써 보세요.

- 로봇 청소기의 기기 제어 소프트웨어 개발 (   )
- 커뮤니티 웹사이트의 회원 정보를 데이터베이스에 저장하는 과정을 개발 (   )
- 윈도우용 화면 캡처 프로그램을 개발 (   )
- 디자이너가 작업한 이미지대로 웹 화면을 개발 (   )
- 아이폰용 사진 꾸미기 앱을 개발 (   )
- 운전자의 조작 없이 움직이는 자율주행 자동차 개발 (   )

3. 다음 용어 중 가장 연관이 깊은 것끼리 짝지으세요.

① 프론트엔드 개발자 •   • ㉠ 서버 개발

② 백엔드 개발자   •   • ㉡ 앱 개발

③ 모바일 개발자   •   • ㉢ 클라이언트 개발

4. 다음 문장 중 괄호 안에 알맞은 내용을 써 보세요.

> (⬛⬛⬛⬛⬛)(을)를 사용하면 하나의 소스 코드로 안드로이드와 iOS 모두
> 에서 동작할 수 있는 앱을 만들 수 있습니다.

5. 다음 중 하드웨어와 가장 밀접한 프로그래밍을 하는 직군은 무엇인가요?

① 웹 개발자

② 모바일 개발자

③ 응용 프로그램 개발자

④ 임베디드 개발자

⑤ 정보 보안 전문가

01-2 코딩과 프로그래밍, 앱과 프로그램

코딩 프로그래밍 개발 소프트웨어 프로그램 데이터
라이브러리

개발자가 하는 일과 개발자가 만드는 것은 무엇인지, 어떤 특성을 가지고
있는지 알아봅니다. 그리고 일반적으로 사용하는 용어의 개념을 확실하게
이해할 수 있도록 좀 더 자세하게 알아봅니다.

시작하기 전에

개발자가 하는 일을 보통 **개발**이라고 부르지만, 프로그래밍 또는 코딩이라고 부르기도 합니다. 또한 개발자를 프로그래머라 부르기도 하고, 드물지만 코더라고 부르기도 하죠. 일반적으로 이런 용어를 별다른 구분 없이 혼용하지만, 사실 각 용어마다 의미에 따른 작은 차이가 있습니다.

소프트웨어, 프로그램, 그리고 애플리케이션도 같은 의미로 혼용해서 사용하는 경우가 많습니다. 셋 중 가장 포괄적인 의미를 가진 것은 **소프트웨어**입니다.

프로그래밍 언어로 코드 작성하기
코딩 `easy`

개발자나 해커가 검은 화면 위에 무언가 타이핑하는 것을 영화나 미디어에서 접한 적이 있을 것입니다. 이들이 컴퓨터로 작업해 만든 결과물을 소스 코드라고 부릅니다. **소스 코드**는 컴퓨터에 어떤 명령을 내리기 위해 컴퓨터가 이해할 수 있는 언어로 작성한 정보입니다.

코딩은 소스 코드를 작성하는 작업입니다. 작가가 펜을 잡고 글을 쓰는 것처럼 키보드로 타이핑해서 코드를 입력하는 단순 작업을 의미하죠. 코딩이란 부호를 나타내는 'code' 글자 뒤에 'ing'를 붙여 '부호를 작성한다'라는 뜻을 가진 단어입니다. 따라서 **코더**는 컴퓨터가 처리할 수 있는 명령어로 코드(부호)를 작성하는 사람을 지칭합니다.

소스 코드는 작업을 어떻게 수행할 것인지를 알려 주는 **설계문**, 컴퓨터에 각종 지시를 내리는 **명령문**, 각 코드가 어떤 내용인지 개발자가 쉽게 알아볼 수 있도록 설명해 주는 **주석** 같은 다양한 정보로 이루어져 있습니다. 다음 코드는 프로그래밍 언어 중 하나인 파이썬으로 작성한 코드입니다. 이 코드는 [3, 5, 2, 4, 1]과 같이 정렬되지 않은 일련의 숫자를 [1, 2, 3, 4, 5]처럼 오름차순으로 정렬해 주는 작업을 수행합니다.

```python
arr = [3, 5, 2, 4, 1]   #명령문: 배열을 초기화


#주석: 배열의 크기만큼 반복
def bubble_sort(arr):   #설계문: 함수를 정의
    #주석: 배열의 크기에서 1을 뺀 다음 i만큼 반복
    for i in range(len(arr) - 1, 0, -1):   #명령문: 외부 반복문
        for j in range(i):   #명령문: 내부 반복문
            #주석: 만약 현재 인덱스 값이 다음 인덱스 값보다 클 경우 실행
            if arr[j] > arr[j + 1]:   #명령문: 조건문
                #주석: 서로 위치를 변환
                arr[j], arr[j + 1] = arr[j + 1], arr[j]   #명령문: 스왑
```

> 사람에게 매우 단순해 보이는 숫자 정렬도 컴퓨터에게 시키려면 이 예시 코드와 같은 복잡한 소스 코드가 필요해요.

컴퓨터가 할 일 설계하기
프로그래밍 easy

프로그래밍은 코딩보다 더 넓은 개념입니다. **프로그래밍**은 컴퓨터에서 동작하는 프로그램을 설계하고 만드는 전 과정을 의미합니다. 건물을 지을 때 설계도 없이 건물을 지을 수 없듯이, 프로그램을 만들 때에도 반드시 설계가 필요합니다. 그래서 **프로그래머**는 단순히 코드만 작성하는 코더와는 다르게 개발할 프로그램에 어떤 기능을 추가하고, 어떤 방식으로 구현할지 미리 계획할 수 있어야 하죠. 코딩이 프로그래밍 코드를 입력하는 단순 글쓰기라면 프로그래밍은 목적한 바에 따라 문법이 맞고 기승전결이 완벽하게 갖춰진 책을 만드는 글짓기라고 할 수 있습니다.

다음은 엘리베이터 작동 방법을 순서도로 표현한 것입니다.

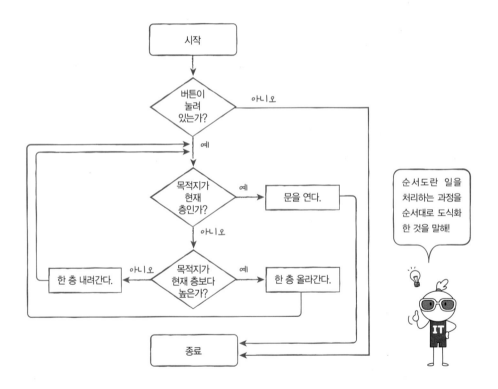

순서도란 일을 처리하는 과정을 순서대로 도식화한 것을 말해!

컴퓨터가 수행할 절차대로 순서도를 구성하는 것, 즉 어떤 순서로 할지, 발생할 수 있는 상황은 무엇이고 그에 따라 어떤 행동을 할지, 어떤 과정을 몇 번 반복할지 등을 설계하는 것이 **알고리즘**입니다. 이것을 프로그래밍 언어로 작성하는 과정을 **프로그래밍**이라 하고, 이때 만들어진 결과물을 **소스 코드**라고 하는 거죠.

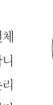

프로그래밍 또한 소스 코드를 작성하는 일이기 때문에 일반적으로 '코딩'과 '프로그래밍'은 같은 의미로 사용되고 있어.

글을 쓸 때는 각 문장이 문법에 맞아야 하며, 각 문단과 글 전체 내용도 문맥적으로 자연스럽고 논리적으로 결함이 없어야 합니다. 프로그래밍도 마찬가지입니다. 앞의 알고리즘 설계에 논리적인 오류가 있거나 고려하지 못한 변수가 있다면 엘리베이터 문이 열리지 않거나 목적한 층에 도착하고도 멈추지 않을 수 있습니다. 또한 알고리즘이 효율적으로 설계되지 않은 경우에는 목적지로 가는 도중 층마다 멈추는 등 불필요한 일이 발생할 수도 있습니다. 그러므로 프로그래밍은 논리적인 사고력과 꼼꼼함 등을 필요로 하는 작업입니다.

➕ 여기서 잠깐　　**프로그래밍은 꼭 코딩을 통해서만 이뤄지나요?**

요즘에는 프로그래밍 언어를 사용하지 않고도 코딩할 수 있습니다. 대표적인 도구로는 스크래치가 있습니다. 스크래치에서는 마우스로 명령어 블록을 드래그하는 식으로 로봇의 동작을 프로그래밍하여 모바일 앱 등을 만들 수 있습니다. 다만 아직은 프로그래밍 언어만큼 복잡하고 섬세한 소프트웨어를 만들기는 어렵습니다.

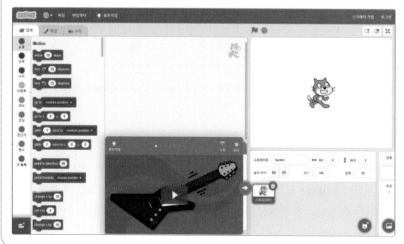

소프트웨어를 만들고 운영하는 과정
개발 medium

소프트웨어 **개발**은 코딩이나 프로그래밍 외에 좀 더 많은 요소가 결합되어 있습니다. 실제로 시장에 판매할 수 있는 프로그램을 개발하는 것은 물론, 발생할 수 있는 다양한 이슈를 처리할 수 있는 능력이 필요합니다.

기획팀에서 "특정한 기능을 수행하는 스마트폰 앱을 만들어 달라"라고 주문하면(**❶ 요구 사항 분석**) 개발자는 먼저 요구 사항을 구체화한 뒤(**❷ 시스템 명세**) 이를 어떻게 구현할지 전반적인 구상을 시작합니다(**❸ 구조 설계**). 예를 들어 어떤 종류의 앱을 만들지, 프로그래밍 언어는 무엇을 사용할지, 데이터는 어떤 방식으로 저장하고 관리할지, 어떤 서버에서 구축할지 등을 결정합니다. 앱의 전반적인 구조를 설계하고 나면 본격적으로 제작에 들어가는데, 여기에 프로그래밍과 코딩이 포함되죠(**❹ 구현**). 이 과정에서 작가가 글을 쓸 때 문장을 수정하고 맞춤법을 고치면서 글을 다듬어 가는 것처럼 프로그래밍도 끊임없는 오류 점검과 기능 테스트, 코드 수정이 이

❶ 요구 사항 분석

❷ 시스템 명세

❸ 구조 설계

❹ 구현

❺ 테스트

❻ 유지 보수

뤄집니다(**❺ 테스트**). 모든 과정을 마치고 제품을 출시한 후에도 각종 버그를 찾아 해결하고 기능을 업데이트하며 앱이 안정적으로 운영되도록 꾸준하게 관리하는 작업이 필요합니다 (**❻ 유지 보수**).

> **note** 개발은 코딩이나 프로그래밍보다 더 포괄적인 개념으로 소프트웨어의 기술적 계획부터 제작, 사후 관리까지 모두 포함하는 용어입니다.

개발자의 업무는 단순히 프로그램을 코딩하며 소프트웨어를 만들어 내는 데 국한되지 않습니다. 서비스가 제대로 작동하는지 모니터링하는 것, 기존 소프트웨어의 문제점이나 비효율적인 부분들을 찾아 개선하는 것, 데이터베이스 체계를 구축하는 것, 개발 과정을 자동화하고 설계를 문서로 정리하는 것 등 여러 역할이 있으며, 모두 소프트웨어 개발에 있어 중요한 부분입니다.

컴퓨터의 보이지 않는 요소
소프트웨어 vs 프로그램 vs 애플리케이션 medium

우리는 흔히 대화를 나눌 때 소프트웨어와 프로그램, 애플리케이션을 구분하지 않고 혼용해서 사용합니다. 그만큼 IT 용어를 많이 사용하고 있다는 의미이기도 한데요, 사실 이 세 가지 용어는 엄밀하게 말하면 각각 다른 뜻을 갖고 있습니다. 이번에는 프로그램과 소프트웨어, 애플리케이션의 정확한 개념을 살펴보겠습니다.

소프트웨어와 프로그램

컴퓨터 본체와 CPU, 메모리 등 눈에 보이고 만져지는 부분이 하드웨어라면 소프트웨어는 보이지 않는 부분이라고 할 수 있습니다. 소프트웨어는 프로그램과 라이브러리, 데이터 등으로 이뤄집니다.

하드웨어가 컴퓨터의 몸이라면 소프트웨어는 영혼이라고 할 수 있어!

소프트웨어와 프로그램이라는 단어는 널리 알려져 있고, 일반적으로 혼용해서 사용합니다. 컴퓨터에서 더블클릭하여 실행하는 아이콘들을 소프트웨어라고 하기도 하고, 어떨 때는 프로그램이라고도 하죠.

이메일을 보내는 소프트웨어를 만든다고 가정해 봅시다. 먼저, 받는 사람의 이름과 주소, 내용 등과 같은 정보가 필요합니다. 이런 정보를 **데이터**라고 합니다. 이메일을 보내는 과정에는 내용 쓰기, 서식 지정하기, 이미지 삽입하기, 파일 첨부하기 등과 같은 기능이 필요합니다. 이처럼 어떤 일을 수행하기 위해 필요한 기능을 일정 단위로 묶은 것을 **라이브러리**라고 합니다. 그리고 받는 사람, 메일 제목, 메일 내용을 입력하는 것부터 마지막에 [보내기] 버튼을 누르기까지의 모든 과정을 수행할 수 있도록 만든 것이 **프로그램**입니다. 프로그램은 특정 목적을 위해 실행할 수 있는 대상으로써 주어진 일련의 작업들을 수행하기 위해 프로그래밍됩니다. 라이브러리들 중 일부는 프로그램의 구성 요소로 들어가기도 하죠.

그리고 이 모든 것을 아우르는 것이 **소프트웨어**입니다. 컴퓨터의 물리적이지 않은 모든 요소를 포함하는 용어죠. 앞에서 언급한 프로그램, 데이터, 라이브러리뿐만 아니라 이 모든 과정이 이뤄지는 환경의 기반이 되는 윈도우나 맥OS, 안드로이드, 리눅스 등과 같은 운영체제 역시 소프트웨어에 해당합니다.

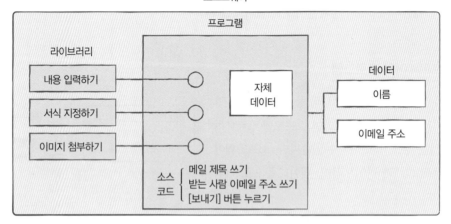

➕ 여기서 잠깐 | **프로그램과 소프트웨어의 다른 점**

프로그램과 소프트웨어 둘 중에서는 소프트웨어가 더 넓은 개념입니다. **프로그램**은 최종 결과물뿐만 아니라 소스 코드도 포함하는데, 소프트웨어와 크게 다른 점은 순서가 있다는 것입니다. '행사', '훈련'이라는 단어에 '프로그램'이라는 단어를 붙여 '행사 프로그램', '훈련 프로그램'이 되면 '순서'라는 의미가 생기는 것처럼 말이죠. 여기서 말하는 프로그램은 '실행 순서대로 작성한 명령어 모음'으로 이해하면 됩니다.

애플리케이션

스마트폰이 대중화된 이후로 **애플리케이션**이라는 단어는 사람들에게 익숙해졌습니다. 흔히 줄여서 **어플** 또는 **앱**이라고 부르죠. 사실 이는 새로 생긴 단어가 아닙니다. 윈도우 기반의 PC를 사용해 왔다면 응용 프로그램이라는 단어를 한 번쯤은 접해 봤을 것입니다. 이 응용 프로그램이 바로 애플리케이션입니다.

프로그램은 시스템 프로그램과 응용 프로그램으로 나뉩니다. 시스템 프로그램이 집을 구성하는 건물과 수도, 전기, 난방시설이라면 응용 프로그램은 집 안의 청소기나 세탁기, 냉장고 등에 비유할 수 있습니다. **시스템 프로그램**이 운영체제를 구성하는 소프트웨어로써 사용자가 컴퓨터를 원활히 사용할 수 있는 환경을 제공한다면, **응용 프로그램**은 각각의 목적에 따라 사용자가 직접 손에 쥐고 실행하여 활용할 수 있는 프로그램이죠. 우리가 흔히 PC나 스마트폰에서 아이콘을 더블클릭하거나 터치해서 실행하는 워드, 포토샵, 게임, 크롬 등의 프로그램들은 모두 응용 프로그램, 다른 말로 애플리케이션이라고 부릅니다.

시스템 프로그램

응용 프로그램

▶ 7가지 키워드로 정리하는 핵심 포인트

- **코딩**은 프로그래밍 언어로 된 코드를 입력하는 작업 자체를 말합니다. **프로그래밍**은 컴퓨터가 할 일의 절차와 알고리즘을 설계하는 것이고, **개발**은 소프트웨어를 설계, 구현, 운영, 관리하는 데 필요한 전반적인 기술적 과정들을 통칭합니다.

- 컴퓨터의 하드웨어가 본체와 CPU, 메모리 등 눈에 보이고 만져지는 부분이라면 **소프트웨어**는 보이지 않는 부분을 통칭합니다.

- **프로그램**은 사용자의 명령에 따라 목적에 맞는 작업을 수행하는 일련의 명령 모음입니다. 시스템 프로그램은 운영체제의 일부로써 컴퓨터 이용 환경을 조성하는 프로그램이며, 응용 프로그램은 사용자 목적에 따라 직접 사용하는 프로그램입니다.

- **데이터**는 프로그램을 실행하는 데 필요한 기초 자료를 말합니다.

- **라이브러리**는 하나 이상의 프로그램에 활용될 수 있는 데이터와 명령어들의 집합입니다.

▶ 확인 문제

1. 다음 문장 중 괄호 안에 알맞은 내용을 작성해 보세요.

> 특정 작업을 수행하기 위한 기능을 일정 단위로 모듈화한 것을 (　　　　　)
> (이)라고 합니다.

2. 다음 문장 중 괄호 안에 알맞은 내용을 써 보세요.

> 프로그램은 운영체제를 구성하는 (⬛⬛⬛⬛) 프로그램, 그리고 애플리케
> 이션이라고도 불리는 (⬛⬛⬛⬛) 프로그램으로 나눌 수 있습니다.

3. 종이에 적힌 소스 코드를 컴퓨터에 입력하는 작업으로 가장 적합한 단어를 고르세요.

① 코딩   ② 프로그래밍

③ 개발   ④ 애플리케이션

⑤ 라이브러리

4. 다음 중 틀린 것을 고르세요.

① 프로그래밍은 코딩을 통해서만 할 수 있는 것이 아닙니다.

② 소프트웨어 완성 이후의 작업들은 개발에 포함되지 않습니다.

③ 모바일 앱은 프로그램의 일종입니다.

④ 개발은 프로그래밍이나 코딩보다 포괄적인 과정입니다.

⑤ 프로그램에는 소스 코드가 포함됩니다.

5. 다음 개발 과정 앞에 순서대로 번호를 작성해 보세요.

[   ] 구조 설계   [   ] 테스트

[   ] 시스템 명세   [   ] 구현

[   ] 유지 보수   [   ] 요구 사항 분석

01-3 프로그래밍 언어도 외국어인가요?

핵심 키워드

기계어   어셈블리어   저수준 언어   고수준 언어   프로그래밍 언어

컴파일 언어   인터프리터 언어   IDE

컴퓨터와 소통하기 위한 언어에는 어떤 종류가 있는지, 개발자의 워드 프로세서라고 불리는 통합 개발 환경(IDE)은 무엇인지 알아봅니다.

시작하기 전에

"**프로그래밍 언어**라고? 컴퓨터를 다루는 거랑 언어가 무슨 연관이 있지? 가뜩이나 영어 공부도 어려운데, 개발자가 되려면 외국어 같은 걸 하나 더 배워야 한다는 건가?"

프로그래밍 언어라는 단어를 처음 접했을 때 이와 같은 생각으로 겁을 먹고 시작하기도 전에 포기하는 사람이 많습니다. 그리고 지구상에 프로그래밍 언어가 9,000개나 존재한다는 사실을 알면 코딩이 더욱더 멀고 어렵게 느껴질 수 있겠죠. 하지만 벌써부터 겁먹을 필요는 없습니다. 프로그래밍 언어를 배운다는 것은 새로운 스포츠나 게임을 익히는 것만큼이나 흥미롭고 즐거운 일이기 때문입니다. 이번 절에서는 프로그래밍 언어와 개발 환경에 대해 알아보겠습니다.

🛫 출발 Departures		언어 항공편	
언어 항공편			
C		루비	
C++		Go	
자바		스위프트	
파이썬		코틀린	
자바스크립트		•••	

컴퓨터에 명령을 내릴 때 사용하는 언어
프로그래밍 언어 `easy`

우리는 매일 기계에 명령을 내립니다. 스위치로 전등을 켰다가 끄기도 하고, TV 리모컨으로 채널을 선택하거나 볼륨을 조절하기도 하죠. 스마트폰으로는 아이콘이나 버튼을 손가락으로 터치해서 실행하고, 제스처를 사용해서 화면을 넘기거나 사진을 확대해 보기도 합니다. 아마도 키보드와 마우스로 컴퓨터를 사용하는 것 정도가 일반인들이 기계에 내리는 가장 복잡한 형태의 명령일 것입니다.

우리가 이처럼 손쉬운 방법으로 기계를 사용할 수 있는 이유는 개발자를 비롯한 엔지니어들이 기능을 모두 기계에 넣어 두었기 때문입니다. 개발자들이 스마트폰 앱, PC용 워드 프로세서, 콘솔용 게임 등에 필요한 기능을 프로그래밍해 두고 사용자가 클릭이나 터치로 편리하게 기능을 실행할 수 있도록 만들어 준 것이죠.

그러나 개발자는 무에서 유를 창조해야 하는 사람들입니다. 이미 다른 개발자가 컴퓨터에 구현해 놓은 것을 실행하는 것이 아니라, 개발자가 직접 목적에 맞는 새로운 기능을 컴퓨터에 추가해야 하죠. 01-2절에서 숫자 오름차순 정렬 예시를 살펴본 것처럼 사람이 보기에는 매우 단순해 보이는 작업도 컴퓨터에게 알려 주기 위해서는 매우 복잡하고 많은 과정을 명령으로 입력해야 합니다.

이는 스위치나 리모컨, 마우스의 간단한 조작으로 작성하기에는 너무나 복잡한 작업입니다. 마치 전화 상담원이 고객과 상담하는 업무를 후임에게 손짓과 눈짓만으로 가르치는 것만큼이나 불가능에 가까운 일이죠. 이 둘 사이에도 정확하게 소통할 수 있는 약속된 언어가 필요한 것처럼 사람과 컴퓨터 사이에도 언어라 불릴 만큼 정교하고 풍성한 소통 수단이 필요합니다. 이를 위해 만들어진 것이 **프로그래밍 언어**입니다.

배우기 쉬운 언어는 없을까?
프로그래밍 언어가 다양한 이유 `easy`

지구상의 수많은 언어 중에서 대표적인 프로그래밍 언어로 C, 자바, 파이썬, 자바스크립트 등을 꼽을 수 있습니다. 만약 코딩을 처음 배운다면 이 많은 언어 중 무엇부터 시작해야 할까요? 언어를 하나만 익히는 것도 어려운데 세상에는 왜 이렇게 많은 프로그래밍 언어가 존재할까요?

컴퓨터에 명령을 내린다는 목적으로 만들어진 언어인 만큼 프로그래밍 언어로 소프트웨어를 개발하다 보면 아쉬운 부분이 생기기 마련입니다. 그래서 좀 더 읽기 편한 언어, 짧은 코드로 더 많은 지시를 내릴 수 있는 언어, 보다 빨리 작동하는 언어, 오류로부터 안전한 언어를 원하는 사람들이 생겼죠. 이처럼 다양한 요청과 수요에 따라 계속해서 새로운 프로그래밍 언어가 만들어졌고, 그 결과로 오늘날 널리 사용되는 프로그래밍 언어들은 과거에 비해 편리하면서도 오류 발생이 적고 더 강력한 기능들을 갖추게 되었습니다.

> 포트란이나 코볼 등의 옛날 프로그래밍 언어는 자바나 파이썬과 같은 현대적 언어에 비하면 배우기 어렵고 사용하기도 불편해요.

다음은 숫자 5개를 오름차순으로 정렬하는 작업을 자바와 파이썬으로 작성한 소스 코드입니다.

자바

```java
void bubbleSort(int arr[])  {
    int n = arr.length;
    for (int i = 0; i < n-1; i++) {
        for (int j = 0; j < n-i-1; j++) {
            if (arr[j] > arr[j+1]) {
                int temp = arr[j];
                arr[j] = arr[j+1];
                arr[j+1] = temp;
            }
```

```
        }
    }
}
```

파이썬

```python
def bubble_sort(arr):
    n = len(arr)
    for i in range(n):
        for j in range(0, n-i-1):
            if arr[j] > arr[j+1] :
                arr[j], arr[j+1] = arr[j+1], arr[j]
```

세부적인 내용은 다르지만, 서로 비슷한 부분이 많음을 발견할 수 있습니다. 한국어와 영어, 아랍어와 같은 언어는 글자의 형태, 언어 구조 등이 달라서 하나의 언어를 알아도 다른 언어를 이해하기는 어렵지만, 프로그래밍 언어는 문법과 구문을 대다수 공유하며 비슷한 요소로 구성되어 있습니다. 그렇기 때문에 프로그래밍 언어 하나를 배우고 나면 다른 언어로 작성된 코드도 웬만해서는 큰 어려움 없이 읽을 수 있죠. 그렇다고 서로 비슷하기만 한 건 아닙니다. 언어마다 설계 목적과 철학, 강점이 있어 각기 다른 매력이 있습니다.

그렇기 때문에 개발자에게 새로운 프로그래밍 언어를 익히는 일은 어렵고 부담되는 일이 아니라 즐겁고 설레는 일입니다. 여러 개의 프로그래밍 언어를 사용할 줄 아는 것은 개발자들 사이에서는 흔한 일입니다.

> 프로그래밍 언어는 하나만 제대로 배워 두면 다른 언어들도 쉽게 익힐 수 있어!

앞서 프로그래밍 언어가 9,000개에 달한다고 했지만, 실제로 사용하는 프로그래밍 언어의 수는 훨씬 적습니다. 언어의 발전에 따라 낡고 오래된 언어는 새로운 언어로 대체되기도 하고, 꾸준한 업데이트를 거치며 오랫동안 사랑받는 언어도 있습니다. 구글 검색엔진에 '2024년 프로그래밍 언어 순위'를 검색해 보세요. 오늘날 많이 사용하는 인기 프로그래밍 언어를 확인할 수 있습니다.

2024년 프로그래밍 언어 순위

2024년 4월	2023년 4월	변화		프로그래밍 언어	평가	변화
1	1			파이썬	16.41%	+1.90%
2	2			C	10.21%	-4.20%
3	4	∧		C++	9.76%	-3.20%
4	3	∨		자바	8.94%	-4.29%
5	5			C#	6.77%	-1.44%
6	7	∧	JS	자바스크립트	2.89%	+0.79%
7	10	∧	GO	GO	1.85%	+0.57%
8	6	∨	VB	비주얼 베이직	1.70%	-2.70%
9	8	∨	SQL	SQL	1.61%	-0.06%
10	20	∧	F	포트란	1.47%	+0.88%

note 자료 출처: https://www.tiobe.com

이와 같이 각각의 프로그래밍 언어는 주로 사용하는 분야와 사용처가 다릅니다. '어떤 개발자가 될 것인가'에 따라 해당 생태계에 맞는 프로그래밍 언어를 공부해야 하지만, 가장 많이 사용하는 언어 중 하나를 골라 천천히 시작해도 괜찮습니다. 하나의 언어를 능숙하게 다룰 수 있으면 다른 언어를 배우는 것은 금방이거든요. 현재 가장 인기 있는 언어는 파이썬입니다.

티오베(TIOBE)에서는 프로그래밍 언어의 인기를 확인할 수 있는 지수를 공개해. 위 자료는 24년 4월에 공개된 자료이고, 이를 기준으로 24년 하반기까지도 전망해 볼 수 있어.

프로그래밍 언어의 계층
고수준 언어와 저수준 언어 medium

컴퓨터는 이진법으로 이루어져 있다는 이야기를 들어본 적 있나요? 실제로 컴퓨터가 CPU에서 명령을 처리할 때 사용하는 언어는 0011010011100001과 같이 오로지 0과 1만으로 이뤄진 **기계어**입니다.

그렇다면 앞에서 언급한 프로그래밍 언어들은 뭘까요? 0과 1만으로 복잡한 논리를 표현해 내는 것은 사람에게 매우 힘든 일이기 때문에 사람의 언어와 기계의 언어 사이에서 번역과 같은 일종의 중간 다리 역할을 해 줄 수 있는 언어가 필요합니다. 예를 들어 개발자가 C나 자바 등으로 프로그래밍을 하면 그 소스 코드는 번역 과정을 거쳐 기계어로 변환되고, 컴퓨터는 변환된 기계어를 읽고 명령을 수행하는 식입니다.

따라서 컴퓨터와 사람의 언어 중에 어느 쪽에 가까운가를 이야기할 때 **고수준 언어와 저수준 언어**라는 용어를 사용합니다. 얼핏 들으면 고수준 언어가 더 어렵고 난해할 것 같지만, 고수준은 사람의 언어나 표현 방식에 보다 가까운 것을 말합니다. 저수준으로 갈수록 0과 1만 나열되어 있는 기계어에 가깝죠. 일반적으로 개발자가 사용하는 프로그래밍 언어들은 모두 고수준 언어에 속한다고 보아도 무방합니다.

> 사람의 언어(자연어)에 가까울수록 고수준 언어, 기계의 언어(0과 1)에 가까울수록 저수준 언어야.

고수준 언어와 기계어 사이에는 **어셈블리어**가 있습니다. 기계어를 제외하고는 유일하게 저수준 언어에 속하는 프로그래밍 언어입니다. 어느 정도 사람이 이해할 수 있도록 숫자와 알파벳으로 이루어져 있지만, 기계어를 한 줄씩 그대로 직역한 것에 불과하죠. 어셈블리어는 하나의 명령에 한 가지 동작밖에 할 수 없는 아주 단순한 언어이기 때문에 복잡한 프로그래밍을 해내기는 매우 어렵습니다. 대신 기계에 직접 세부적인 명령을 내리는 데 유용하므로 하드웨어와 밀접한 개발을 하는 임베디드 개발자들이 많이 사용합니다.

기계어보다 사용하기 쉽게 만들어진 고수준 프로그래밍 언어는 크게 컴파일 언어와 인터프리터 언어로 나뉩니다. **컴파일 언어**는 프로그래밍을 완료한 뒤 코드 전체를 미리 기계어 등으로 '번역'(컴파일)해 둔 다음에 실행하는 언어입니다. 컴파일이라는 과정 때문에 전체 개발 시간은 늘어나지만, 오류로부터 비교적 안전하고 프로그램 실행 속도가 **빠릅니다**. 반면 **인터프리터 언어**는 사전에 번역하는 과정 없이 실행 시 바로 한 줄씩 '통역'되어 동작하는 언어입니다. 신속하고 유연한 개발 과정이 필요한 소프트웨어에 인터프리터 언어가 많이 사용됩니다.

대표적인 컴파일 언어	대표적인 인터프리터 언어
C, C++, C#, 자바, 타입스크립트, 코틀린, 스위프트, 스칼라, Go, 러스트	자바스크립트, 파이썬, 루비, PHP, 펄, R

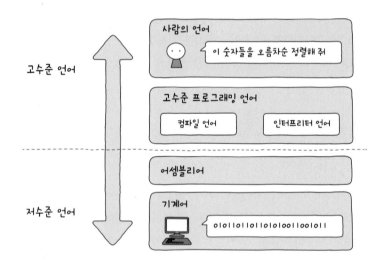

코드를 읽으면서 바로 해석해서 실행하는 것은 인터프리터라 하고, 어떤 언어로 작성된 코드를 기계어로 바꾸는 것을 컴파일이라고 해.

개발자들의 워드 프로세서
IDE `easy`

동영상 강의

사람은 맞춤법이나 문법이 틀린 글도 유추를 통해 어느 정도 큰 어려움 없이 이해할 수 있지만, 컴퓨터는 소스 코드를 읽는 데 있어 매우 고지식합니다. 몇백 줄로 이루어진 기나긴 코드 중에 철자 하나를 틀리거나 점 하나만 빼먹어도 프로그램이 아예 실행되지 않거나 오류가 발생합니다. 그러면 코드의 어느 부분이 잘못되었는지 밤을 새며 샅샅이 뒤져야 하죠. 그렇기 때문에 코딩은 꼼꼼함과 세심함을 필요로 하는 작업입니다. 이런 점이 성격에 맞지 않아 프로그래밍을 포기하는 사람들도 많습니다.

하지만 이런 문제에 불편을 느낀 개발자들이 프로그래밍을 위한 도구를 개발하면서 이제는 이런 부담으로부터 한결 자유로워졌습니다. 마치 워드 프로세서에서 맞춤법이 틀린 곳에 빨간 밑줄을 그어 주고 올바른 단어를 제시해서 작문을 도와주는 것처럼, 개발자들이 잘못된 코드를 작성하지 않도록 도와주는 프로그램이 많이 생겼습니다. 이런 프로그램을 **통합 개발 환경**, 줄여서 **IDE**(Integrated Development Environment)라고 합니다.

안드로이드 스튜디오 예시

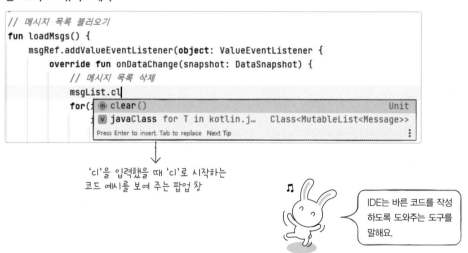

```
// 메시지 목록 불러오기
fun loadMsgs() {
    msgRef.addValueEventListener(object: ValueEventListener {
        override fun onDataChange(snapshot: DataSnapshot) {
            // 메시지 목록 삭제
            msgList.cl
            for(     m clear()                                    Unit
                     v javaClass for T in kotlin.j…   Class<MutableList<Message>>
                     Press Enter to insert  Tab to replace  Next Tip                    ⋮
```

'cl'을 입력했을 때 'cl'로 시작하는
코드 예시를 보여 주는 팝업 창

> IDE는 바른 코드를 작성
> 하도록 도와주는 도구를
> 말해요.

IDE는 코드를 편리하게 실행할 수 있을 뿐만 아니라 각 기능을 쉽게 테스트하고 오류가 나는 원인을 친절하게 알려 주어 개발을 빠르고 정확하게 할 수 있도록 도와줍니다. 심지어 비효율적이거나 반복되는 부분을 스마트하게 재구성해 주며, 다른 개발자와의 온라인 협업을 도와주는 등 나날이 강력해지고 있습니다.

IDE는 코딩을 비롯해 개발에 필요한 각종 작업들을 도와주는 프로그램이야.

PC로 업무를 볼 때 워드나 엑셀을 사용하는 것처럼 개발자의 업무 대부분은 IDE에서 이뤄집니다. 그리고 개발자는 다양한 IDE 중에서 본인이 사용하는 프로그래밍 언어나 소프트웨어의 종류에 따라 적합한 IDE를 활용하죠. 이러한 IDE의 도움 덕분에 개발자들은 눈에 불을 켜고 소스 코드에서 오탈자를 찾을 필요 없이 프로그래밍 자체에 집중할 수 있고, 다양한 기능으로 더 쉽게 소프트웨어를 개발할 수 있습니다.

이클립스

이클립스는 주로 자바 프로그래밍에 많이 사용되는 도구로, 다양한 기능과 준수한 성능으로 업계에서 널리 사랑받는 IDE입니다. 이클립스는 비영리 재단에서 교육용으로 만들어 무료로 사용할 수 있습니다.

인텔리제이

인텔리제이는 이클립스와 비슷한 용도로 사용되며, 더 강력한 기능을 가진 IDE입니다. 인텔리제이의 모든 기능을 사용하려면 유료 정기 구독권을 구입해야 합니다. 이클립스와 인텔리제이 모두 자바 같은 프로그래밍에 적합한 도구이지만 서로 다른 장단점을 가지고 있어 취향을 많이 타는 IDE입니다.

파이참

파이참은 인텔리제이와 같은 제작사인 젯브레인스에서 개발한 소프트웨어로, 인텔리제이와 동일하게 유료 버전과 무료 버전으로 나뉘어 있습니다. 파이참은 이름에서도 짐작할 수 있듯이 파이썬 개발에 특화된 IDE입니다.

안드로이드 스튜디오

안드로이드 스튜디오는 인텔리제이의 안드로이드 개발용 버전이라고 할 수 있습니다. 자바나 코틀린을 사용하여 안드로이드 앱을 만드는 데 사용됩니다.

엑스코드

엑스코드는 애플이 개발한 IDE로 맥에서만 사용이 가능합니다. 스위프트를 사용하여 아이폰 앱이나 맥용 프로그램을 만드는 데 사용됩니다.

note 스위프트는 애플의 iOS, 맥OS를 위한 프로그래밍 언어입니다.

비주얼 스튜디오

비주얼 스튜디오는 마이크로소프트에서 제작한 IDE로, 윈도우 프로그램부터 온라인 서비스 등 다양한 소프트웨어 개발에 사용됩니다. 무거운 프로그램이지만 그만큼 매우 강력한 기능을 자랑합니다.

비주얼 스튜디오 코드

비주얼 스튜디오 코드 역시 마이크로소프트에서 제작한 IDE로, 광범위한 종류의 개발에 사용되는 도구입니다. 해당 프로그램만 놓고 보면 가벼운 코드 편집 위주의 기능만 포함했기에 정확하게 말하면 IDE가 아닌 코드 에디터로 구분됩니다. 하지만 원하는 플러그인을 자유롭게 추가해서 용도에 맞는 IDE로 구성할 수 있습니다.

▶ 8가지 키워드로 정리하는 핵심 포인트

- **기계어**는 컴퓨터가 사용하는 0과 1로 이루어진 언어이며, 기계어를 사람이 이해할 수 있도록 기호로 표현한 언어를 **어셈블리어**라고 합니다. 기계어 바로 윗단계에 해당하는 저수준 언어입니다.

- **저수준 언어**는 기계어에, **고수준 언어**는 사람의 언어에 가까운 언어입니다.

- **프로그래밍 언어**란 컴퓨터와 소통하기 위해 만들어진 언어입니다.

- **컴파일 언어**는 코드 전체를 미리 기계어 등으로 '번역'(컴파일)해 둔 다음에 실행하고, **인터프리터 언어**는 사전에 번역하는 과정 없이 실행 시 바로 한 줄씩 '통역'되어 동작하는 언어입니다.

- **IDE**는 개발에 관련된 다양한 기능들을 제공하는 개발용 프로그램입니다.

▶ 확인 문제

1. 다음 중 각각의 IDE와 가장 적합한 용도에 맞게 짝지으세요.

① 이클립스	•	• ㉠ 윈도우용 화면 캡처 프로그램 개발
② 엑스코드	•	• ㉡ 자바 프로그래밍 연습
③ 비주얼 스튜디오	•	• ㉢ 안드로이드용 건강 관리 앱 개발
④ 안드로이드 스튜디오	•	• ㉣ iOS용 카메라 앱 개발

2. 다음 항목들을 저수준부터 사람의 언어에 가까운 순으로 나열하세요.

> 어셈블리어, 파이썬, 기계어, 영어 → (⬜⬜⬜⬜⬜⬜⬜⬜⬜⬜⬜⬜⬜)

3. 다음 중 틀린 것을 고르세요.

① 기계어도 프로그래밍 언어에 속합니다.

② 사람에게 낯설고 어려울수록 고수준 언어에 가깝습니다.

③ IDE는 소스 코드에서 오류를 쉽게 찾을 수 있도록 도와줍니다.

④ 널리 사용되는 언어는 시간이 지남에 따라 바뀔 수 있습니다.

⑤ 사람의 언어에 비해 프로그래밍 언어는 언어마다 차이가 크지 않습니다.

4. 다음 문장 중 괄호 안에 알맞은 내용을 보기에서 찾아 작성해 보세요.

> **보기** ① 0   ② 1   ③ 어셈블리어

> • 저수준 언어이면서 기계어가 아닌 언어에는 (⬜⬜⬜⬜⬜)이/가 있습니다.
>
> • 기계어는 (⬜⬜⬜⬜)(와)과 (⬜⬜⬜⬜)(으)로 이루어져 있습니다.

5. 다음 문장 중 괄호 안에 알맞은 단어를 보기에서 찾아 작성해 보세요.

> **보기** ① 컴파일   ② 인터프리터

> 코드를 읽으면서 해석하고 실행하는 것은 (⬜⬜⬜⬜⬜) 언어, 코드를 기계
> 어로 바꾸는 과정을 거치는 것은 (⬜⬜⬜⬜⬜) 언어입니다.

01-4 디버깅 중인데, 빌드해 보고 이상 없으면 릴리스할게요

디버깅　**빌드**　**배포**　**유지 보수**　**리팩토링**　**코드 리뷰**　**문서화**

개발자가 어떤 일을 하는지 알고 나면, 외계어처럼 들렸던 개발자들의 대화를 이해할 수 있습니다.

시작하기 전에

> "그 기능이요? 아직 디버깅 중이에요.
> 빌드까지 해 보고 이상 없으면 릴리스하고 말씀드릴게요."

비전공자가 개발자 동료에게 무슨 일을 하고 있는지 물어보면 대답을 듣고 나서도 의문이 풀리지 않을 때가 많습니다. 그럴 때마다 꼬치꼬치 캐묻기도 어려워 대충 문맥을 파악해서 감만 잡고 넘어가곤 합니다. 물론 개발자가 비전공자 동료를 배려하는 센스가 있다면 외계어 같은 용어를 쉽게 풀어 설명할 수도 있겠지만, 현실은 그렇지 않죠. 이번 절에서는 개발은 어떤 과정을 거치는지, 그리고 그 일은 어떤 의미가 있고, 어떤 필요성을 갖는지를 알아보면서 개발자 생태계를 이해해 보겠습니다.

프로그램의 간 맞추기
디버깅 `easy`

개발에서 20%는 코딩, 80%는 디버깅이란 말이 있습니다. 아마도 많은 개발자가 이에 공감할 것 같은데요. 디버깅이 무엇이길래 개발자들은 코딩보다 몇 배나 많은 시간을 쏟는 걸까요?

디버그(debug)는 벌레를 뜻하는 bug와 제거한다는 뜻의 접두사 de-가 합쳐진 단어입니다. 1940년대에는 커다란 컴퓨터에 수많은 케이블을 연결하여 명령을 직접 전달하는 형태로 프로그래밍했습니다. 어느 날 컴퓨터가 오작동을 일으켰는데 코드나 설계를 살펴보아도 이유를 알 수 없었죠. 알고 보니 케이블 사이에 나방이 끼어 죽어서 오작동을 일으켰던 겁니다. 이때부터 디버그는 나방, 즉 벌레(bug)를 제거(de)해서 오류를 수정한다는 의미로 사용하기 시작했는데, 프로그램 개발 중 발생하는 오류나 비정상적인 작업을 분석하고 원인을 찾아 제거하는 작업을 의미합니다.

디버그는 주로 오류 수정 프로그램과 그 작업을 통칭하는 단어로 사용되며, 오류를 찾아 제거하는 과정을 **디버깅**이라고 합니다. 디버깅은 개발 과정의 많은 부분을 차지하고 있기 때문에 놓쳐서는 안 될 중요한 작업입니다.

하지만 실무에서는 디버그라는 의미를 확장해서 사용합니다. 마치 요리사가 음식을 만들 때 중간중간 냄새를 맡고 맛을 보면서 간을 맞추는 것처럼 작성된 코드가 의도대로 작동하는지 수시로 확인해 보는 것 또한 "디버깅한다"라고 이야기합니다.

개발자가 작성한 코드를 실행해 보면 처음에는 이런저런 문제가 발생합니다. 프로그래밍도 사람이 하는 일이다 보니 개발자가 미처 고려하지 못한 부분이 생기기 때문이죠. 한 가지 버그를 고친 후 프로그램을 실행해 보면 생각지도 못한 곳에서 더 많은 버그가 튀어나와 두통을 유발하기도 합니다. 디버깅 과정은 코드를 작성하는 순간부터 출시해도 되겠다는 확신이 드는 마지막까지 수없이 반복됩니다.

위 그림은 개발자 사이에서 유명한 밈(Meme)을 보여 주는 그림입니다. 개발자들이 가장 두려워하는 버그는 막상 잡으려 할 때 나타나지 않는 버그입니다. 원인을 파악하지 못했으므로 언제 터질지 모르는 폭탄과 같거든요.

그렇기 때문에 개발자들은 코드를 입력하는 일보다도 작성한 코드를 계속해서 실행하고 테스트하면서 프로그램이 제대로 작동하는지, 기존 기능에 영향을 주지는 않는지 살펴보는 디버깅에 더 많은 시간을 할애합니다. 규모가 큰 종류의 소프트웨어일수록 디버깅하는 시간은 더 늘어납니다.

소스 코드를 프로그램으로 포장하기
빌드 `easy`

빌드는 소스 코드를 비롯한 모든 프로그램 구성 요소를 모아 실행할 수 있는 파일 또는 파일 묶음을 만드는 과정입니다. 개발자가 빌드를 한다는 것은 작성을 마친 워드 문서를 고객에게 전달할 PDF 파일로 변경하는 것과 같습니다.

개발자가 작업 중인 코드는 보통 수십 개에서 많게는 수백 개가 넘는 파일들로 구성되어 있습니다. 기능을 추가하거나 버그를 잡을 때마다 바로 실행해 볼 수 있는 형태여야 하므로 이때의 파일은 개발자가 코딩하기에 가장 좋은 모습을 하고 있습니다.

하지만 개발자가 코딩한 코드를 사용자의 PC나 스마트폰에서 사용할 수 있게 하려면 그에 맞게 실행할 수 있는 형태로 바꿔 주어야 합니다. 용량이 크고 포토샵에서만 실행되는 포토샵 전용 PSD 파일을 고객에게 바로 주어서는 안 되는 것처럼 말이죠. 예를 들어 윈도우 프로그램이라면 exe 파일로, 모바일 앱이라면 앱스토어나 플레이스토어에 올릴 수 있는 apk 파일로 바꿔 주는 과정이 빌드입니다.

빌드 과정에서는 코드에서 개발자를 배려한 탭이나 줄 바꿈 같은 요소를 걷어 내고 컴퓨터가 신속하게 실행할 수 있는 형태로 바꿔서 실행 속도를 높이기도 합니다.

몇 번 테스트하고 몇 번 업그레이드했는지 확인하기
빌드 번호와 버전 번호 `medium`

빌드의 의미를 이해하기 위해 한 단계 더 들어가 보겠습니다. **빌드**는 손님에게 제공되는 최종 판매용 요리(릴리스용 빌드)뿐만 아니라 요리사들이 살펴보고 맛보기 위해 싸는 도시락(디버그용 빌드)도 의미합니다. 앱 개발자가 테스트용 폰에서 직접 앱을 실행해 볼 때도 빌드가 이루어집니다. 즉, 개발한 소프트웨어가 제대로 작동하는지 살펴보는 과정에서도 빌드가 이루어진다는 거죠. 윈도우 프로그램의 정보를 볼까요? 버전과 빌드 번호가 따로 있는 것을 볼 수 있습니다.

컴퓨터의 윈도우 정보

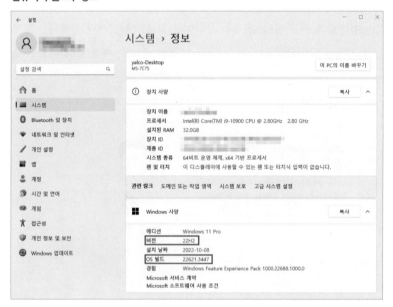

> note 제공하는 업체나 제품에 따라 빌드 번호와 버전 번호는 각각 다른 규칙으로 작성됩니다.

요리사가 맛보기 위해 싸는 도시락에는 **빌드 번호**가, 고객에게 건넬 최종 상품에는 빌드 번호와 함께 **버전 정보**가 올라갑니다. 한 번의 빌드로 제품이 완성되는 것이 아니라 여러 번의 빌드를 거쳐 새로운 버전이 완성됩니다.

> 위 그림에서 알 수 있듯이 고객용 최종 상품에는 버전 정보도 함께 들어가!

빌드 번호

소프트웨어 분야에서 **빌드 번호**는 출시되기 전의 프로그램 버전을 뜻합니다. 제품 출시 직전에 진행되는 여러 가지 테스트 단계에서 수정 및 업데이트되는 내용을 빌드 번호로 구분하는 거죠. 빌드 과정은 제품의 신뢰도를 위해 여러 개발 단계 중에서도 아주 중요한 부분에 속합니다. 빌드 번호에는 크게 디버그용 빌드와 릴리스용 빌드, 두 가지가 있습니다.

개발자가 제품을 개발하는 동안 오류나 기능을 테스트하기 위해 빌드하는 것을 **디버그 빌드**라고 합니다. 요리사가 새로운 음식을 개발하기 위해 여러 방법으로 레시피를 변경하면서 테스트해 보는 것과 같죠. 디버그 빌드는 개발자가 코드를 실행할 때 사용하는 설정 파일을 다 같이 실행하므로 다소 무겁고 느립니다. 예를 들어 요리 메뉴를 연구할 때는 어떤 재료나 도구가 필요할지 모르기 때문에 여러 가지 재료를 준비하겠지만, 연구를 마치고 출시를 앞둔 요리 메뉴는 정확한 레시피에 따른 재료만 준비하기 때문에 훨씬 가벼워지는 상황과 같죠.

릴리스 빌드는 제품의 모든 개발이 끝난 후 배포하기 직전에 점검하는 베타 버전입니다. 릴리스 빌드에서 큰 문제가 될 만한 버그만 나타나지 않는다면 출시할 준비가 되었음을 의미하죠. 요리사가 개발한 음식을 정식 메뉴로 올리기 전에 테스트용으로 제공하는 것과 같습니다. 릴리스 빌드는 손님에게 제공할 완성품과 거의 동일한 모양새이기 때문에 디버그 빌드보다 가볍고 빠르게 돌아갑니다.

버전 번호

기업에서는 제품을 출시할 때 제품마다 **버전 번호**를 매깁니다. 윈도우 10, 윈도우 11, 한글 2022 등 제품 이름과도 같은 번호가 바로 버전 번호인데요. 이 번호는 제품 및 패키지를 출시하고 나면 수정이 불가능한 정식 버전입니다. 이미 배포한 버전을 변경하면 변경 후 구매한 사용자의 제품과 변경 전에 구매한 사용자의 제품이 다른 것이 되기 때문이죠. 그렇기 때문에 이미 출시한 버전을 변경하려면 새로운 버전을 만들어 배포해야 합니다.

프로그램을 사용자에게 서빙하기
배포 easy

빌드를 마친 실행 가능한 파일을 사용자가 접근할 수 있는 환경에 배치하는 것이 바로 **배포**
입니다. 잘 만들어 포장까지 완료한 상품을 진열대에 진열해서 고객들이 이용할 수 있도록
하는 거죠.

CD나 플로피 디스크를 사용해서 프로그램을 배포하던 시절도 있었지만, 요즘은 대부분 온
라인으로 배포가 이뤄집니다. 웹사이트는 코드를 서버에 업로드해서 사용자들이 컴퓨터나
모바일 장치에서 볼 수 있도록 함으로써 배포가 이루어지고, 모바일 앱은 사용자가 다운로
드할 수 있는 형태로 플레이스토어나 앱스토어 같은 앱 마켓에 업로드함으로써 배포가 이루
어집니다. PC용 응용 프로그램은 설치 파일을 다운로드할 수 있도록 웹사이트를 통해 배포
합니다.

출시했다고 끝난 게 아닙니다!
유지 보수 easy

출시했다고 모든 과정이 끝나는 프로그램은 거의 없습니다. 제품이 배포되어 사용자 손에
들어가면 개발할 때는 발견하지 못했던 버그들이 하루가 멀다 하고 보고됩니다. 또한 끊임
없이 편의를 추구하는 사용자들은 사용성 개선과 새로운 기능들을 요구하죠. 모바일 앱은
구글이나 애플의 정책에 따라 보안 기능을 강화하기도 하고, 사용자 수가 늘어남에 따라 트
래픽을 감당할 수 있도록 설계와 코드를 수정하기도 합니다. 제품을 만든 회사에서도 소프
트웨어를 경쟁력 있는 상품으로 만들기 위해 계속해서 수정합니다. 그렇기 때문에 소프트

웨어 제품은 서비스가 종료될 때까지 끊임없는 업데이트 과정을 거칩니다.

이처럼 프로그램 배포 후 이어지는 버그 대응 및 기능 업데이트 등의 후속 작업들을 **유지 보수**라고 합니다. 사실 개발자는 새로운 소프트웨어를 만들 때보다 기존의 제품을 유지 보수하는 데 꽤 많은 시간을 씁니다.

유지 보수는 제품을 다 만들고 나서 고민하면 될 일이라고 생각할 수도 있습니다. 실제로 IT 관련 지식이 부족한 회사의 경영진들은 종종 유지 보수를 고려하지 않고 제품 개발을 밀어붙이기도 하죠. 혹은 금세 완성할 수 있을 것 같은 프로그램을 만드는 데 왜 이렇게 오래 걸리냐며 개발자들을 다그치기도 합니다.

하지만 유지 보수는 프로그래밍보다 더 앞선 기획 단계부터 준비해야 할 요소입니다. 어느 코드를 어떻게 고쳐야 할지 쉽게 알아볼 수 있어야 하고, 설계가 변경돼도 최소한으로 코드를 수정할 수 있어야 하며, 오류 발생 시 원인을 쉽게 파악하고 대응할 수 있어야 하는 등 유지 관리가 수월하도록 여러 가지를 고려해서 개발해야 하기 때문이죠. 실제 현업에서는 경험이 짧은 개발자나 무책임한 개발자들이 이를 고려하지 않고 그저 주문받은 대로 일단 동작만 하는 소프트웨어를 개발했다가 후임에게 크나큰 골칫거리를 남겨 주는 경우가 종종 있습니다.

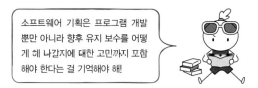

맛은 같게, 레시피는 다르게
리팩토링 easy

개발자가 열심히 코딩하고 있습니다. 무슨 오류가 있거나 기능을 추가할 부분이 있는 건 아니지만 전반적으로 코드를 수정해야 한다고 합니다. 사용자의 입장에서 달라질 건 없으니 걱정 말라고 하네요. 개발할 때도 그렇게 뜸을 들이더니, 결과가 달라지는 것도 아니라면서 도대체 무슨 일에 시간을 쏟고 있는 걸까요?

의미가 통했다고 해서 다 좋은 글이 아닌 것처럼 '좋은 코드'는 단지 주어진 기능을 잘 해내는 코드가 아닙니다. 똑같은 프로그래밍 언어로 똑같은 일을 하는 코드를 짜더라도 누군가는 열 줄이 넘도록 장황하게 짤 수도 있고, 다른 누군가는 서너 줄로 간결하게 짤 수도 있습니다. 물론 짧고 간결하게 작성하는 것만이 능사는 아닙니다. 한 기능을 여러 곳에서 활용하려고 군더더기를 모두 제거하고 오로지 짧은 코드에만 집중한다면 오히려 짧은 코드가 여러 번 나열되어 중복이 많아지고 길어질 수도 있죠.

한편, 사용하는 프로그래밍 언어에 대한 지식이 부족한 개발자가 해당 언어의 강점을 살리지 못하고 비효율적인 코드를 짜기도 합니다. 향후 유지보수를 고려하지 못한 개발자는 프로그래밍 시 데이터나 기능의 이름을 본인만 알아볼 수 있도록 지어서 동료가 코드를 읽기 힘들게 만들기도 합니다. 이런 코드를 좋은 코드라고 할 수는 없겠죠.

리팩토링은 이런 문제들을 해결하기 위해 코드를 개선하여 읽기 쉽고 효율적인 좋은 코드로 만드는 작업입니다. 이는 유지 보수와도 연결되는 작업이죠. 일정에 맞춰 열심히 제품을 완성한 뒤에는 안정적인 소프트웨어 관리를 위해 리팩토링할 시간이 반드시 필요합니다.

리팩토링에 대해 조금 더 알려주세요!

리팩토링이란 결과는 바꾸지 않으면서 코드를 더 아름답게 리모델링하는 것을 말해요! 좋은 코드를 만들기 위해 리팩토링은 매우 중요합니다.

함께 맛보고 피드백하기
코드 리뷰 `easy`

일정 규모 이상의 소프트웨어는 클라우드 문서처럼 공유된 소스 코드에 여러 개발자가 각자가 맡은 부분을 프로그래밍해서 만듭니다. 그런 다음 본 소스 코드에 반영할 때 동료 개발자들이 작성한 코드를 확인하고 의견을 주고받는데, 이를 **코드 리뷰**라고 합니다. 좋은 IT기업은 개발자 간 코드 리뷰가 활성화되어 있습니다.

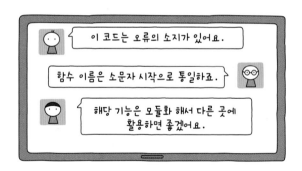

코드 리뷰를 통해 얻을 수 있는 이점은 다음과 같습니다.

첫째, 작성자가 발견하지 못한 오류를 동료가 발견하여 사전에 문제를 방지할 수 있습니다.

둘째, 노련한 선임 개발자는 신입 개발자가 짠 코드에서 미숙한 부분을 찾아 지도해 주고, 신입 개발자는 선임 개발자가 짠 코드를 통해 실전 지식을 습득할 수 있습니다.

셋째, 띄어쓰기 방식이나 함수와 변수에 사용하는 용어를 통일해서 소스 코드를 좋은 가독성과 일관된 스타일로 유지할 수 있습니다. 이처럼 팀원끼리 서로의 코드를 살펴보며 부족한 점을 보완하고 함께 배우면 팀과 개인, 제품 모두가 발전하게 됩니다.

➕ 여기서 잠깐   **코딩 컨벤션**

코딩 컨벤션은 변수의 이름을 짓는 법, 코드의 줄을 맞추는 법과 같이 팀 또는 회사 내에서 정한 코딩 스타일 규약입니다. 같은 팀 내에서 개발자마다 코드를 작성하는 스타일이 다르면 협업 시 다른 사람의 코드를 이해하고 코드의 일관성을 유지하는 데 어려움이 발생합니다. 이를 방지하기 위해 규칙을 정하는 것입니다.

레시피 정리해 두기
문서화 easy

개발자라고 해서 모든 코드를 소설책처럼 술술 읽을 수 있는 건 아닙니다. 대규모 소프트웨어의 코드는 숙련된 개발자도 한눈에 파악하기 쉽지 않습니다. 특히 기능이 많고 복잡한 프로그램일수록 코드를 직접 작성한 사람조차도 어떤 작업을 수행하는 코드인지, 어떻게 사용하는지, 다른 소프트웨어와 어떤 상호작용을 하는지 등을 분석하느라 머리가 지끈지끈할 때가 많습니다.

그렇기 때문에 개발자들은 가급적 코드를 가독성 있게 작성하고 코드 중간에 설명을 달아서 다른 개발자가 봐도 쉽게 읽을 수 있도록 도와줍니다. 다음 그림처럼 코드 중간에 달아놓은 설명을 **주석**이라고 합니다.

파이참에서 사용한 파이썬 주석

```
#피보나치 수열을 재귀적으로 작성한 함수  ──→ 주석
def fibonacci(num):
    # 인자가 3 미만이 되면 1 반환  ──→ 주석
    if num < 3: return 1
    return fibonacci(num-1) + fibonacci(num-2)
```

> 주석은 코드에 영향을 미치지 않고 코드를 설명하는 메모라고 생각하면 돼. 주석을 다는 방법은 프로그래밍 언어마다 달라.

하지만 실무에서 개발하는 규모 있는 소프트웨어들은 주석만으로 부족합니다. 코드를 전반적으로 요약해서 설명하고, 각 기능을 어느 코드에서 어떻게 사용하면 되는지 등을 정리한 문서가 반드시 필요합니다. 이러한 문서는 앞으로 소프트웨어를 사용할 사람들, 그리고 이를 수정, 개선하는 등 작업을 이어 나갈 사람들을 위한 설명서입니다. 워드 문서로 작성하기도 하고, 어느 정도 자동으로 작성해 주는 전문 도구를 사용하기도 합니다. 이러한 과정을 **문서화**라고 합니다.

문서화 예시

소프트웨어 품질 관리의 중요성을 잘 모르는 회사에서는 문서화의 필요성을 간과하기도 하고, 심지어 개발자 중에서도 문서화를 귀찮아 하는 사람들이 있습니다. 하지만 장기적인 관점에서는 작성한 코드를 분석하는 어려움, 시간적, 물적 비용과 기타 문제의 소지들을 최소화하기 위해 문서화 작업이 반드시 필요합니다. 일정 단위의 개발이 완료될 때마다 해당 코드, 설계에 대해 문서화하거나 기존 문서를 업데이트하는 것을 업무 문화로 자리 잡도록 해야 합니다.

▶ 7가지 키워드로 정리하는 핵심 포인트

- **디버깅**이란 프로그램에서 문제를 찾아 제거하는 것입니다.

- **빌드**란 프로그래밍한 소스 코드를 묶어 실행 가능한 파일을 만드는 것입니다.

- **배포**란 소프트웨어를 사용자들에게 전달하는 것입니다.

- **유지 보수**란 소프트웨어 제품 출시 이후 계속되는 문제 해결 및 각종 업데이트 작업입니다.

- **리팩토링**이란 기능을 수정하지 않으면서 코드의 품질을 높이는 것입니다.

- **코드 리뷰**란 서로의 코드를 확인하고 피드백을 주고받는 과정입니다.

- **문서화**란 소프트웨어와 그 소스 코드를 쉽게 파악할 수 있도록 문서를 작성해 두는 것입니다.

▶ 확인 문제

1. 다음 중 틀린 것을 고르세요.

① 디버깅은 프로그램을 실행하며 동작을 확인한다는 의미로도 사용됩니다.

② 빌드는 배포 이후 이뤄지는 작업입니다.

③ 안드로이드 앱을 플레이스토어에 업로드하는 것은 배포에 해당합니다.

④ 빌드는 개발자들이 프로그램을 테스트해 보기 위해서도 이뤄집니다.

2. 다음 문장 중 괄호 안에 알맞은 내용을 보기에서 찾아 작성해 보세요.

> **보기** ① 주석　　　② 버전 번호　　　③ 빌드 번호

> - 개발자가 소프트웨어를 보다 쉽게 파악할 수 있도록 코드 중간에 포함된 설명을 (　　　　　　　)(이)라고 합니다.
> - 개발자가 프로그램의 동작을 확인하는 빌드에는 (　　　　　　　)(이)가, 테스트를 마치고 고객에게 최종 전달되는 빌드에는 (　　　　　　　)(이)가 올라갑니다.

3. 다음 중 틀린 것을 고르세요.

① 유지 보수는 소프트웨어가 출시되기 전부터 고려할 사항입니다.

② 리팩토링한 프로그램은 이전과 다르게 동작합니다.

③ 코드 리뷰는 구성원 개발자들의 실력 향상에 도움이 됩니다.

④ 문서화는 소프트웨어를 사용할 사람들을 위한 내용도 포함할 수 있습니다.

4. 다음 중 각 문장에 해당하는 작업을 작성해 보세요.

- 윈도우용 프로그램을 프로그래밍한 뒤 exe 파일로 내보내기 (　　　)
- 동료가 작성한 코드에서 수정할 부분 찾기 (　　　)
- 게임이 실행되는 동안 일어나는 오류를 찾아 원인 파악 후 해결하기 (　　　)
- 모바일 앱을 앱 마켓에 업로드하기 (　　　)
- 교통 정보 앱의 코드를 더 알아보기 쉽게 수정하기 (　　　)

02

인공지능이 어떻게 발전해왔고, 현재 우리 삶에 어떤 영향을 미치고 있는지 알아봅니다. 인공지능의 다양한 유형과 주요 기술, 그리고 이를 활용하는 실제 사례를 통해 인공지능의 발전 과정에 대해 살펴봅니다.

개발자 따라가기:
인공지능 기술 알기

학습목표

- 인공지능의 기본 개념에 대해 이해하고 구분할 수 있습니다.
- 인공지능이 다양한 분야에서 어떻게 사용되고 있는지 알아봅니다.
- 생성형 인공지능 서비스에 대해 알아봅니다.

오늘날 인공지능은 우리가 일상적으로 방문하는 병원, 학교, 회사, 은행뿐만 아니라 항상 사용하는 스마트폰 앱부터 자동차까지, 우리 생활과 매우 밀접하게 연관되어 있습니다.

인공지능의 발전은 우리 사회와 윤리에도 영향을 미칩니다. 각 분야가 인공지능과 어떤 관계에 있는가, 인공지능에 대해 얼마나 알고 이를 활용할 수 있는가에 따라 누군가에게는 유리하게, 다른 누군가에게는 불리하게 작용할 수도 있습니다. 이런 현상은 사회적으로 점차 더 큰 파급력을 갖게 될 것입니다.

인공지능은 우리 사회의 일자리도, 업무하는 방식도 크게 바꿔놓을 것입니다. 따라서 앞으로 어떤 직업을 선택해야 할지, 무엇을 공부하고 어떤 능력을 길러야 할지 끊임없이 고민해야 합니다. 미래에는 인공지능을 잘 알고 대처하는 능력이 더 중요해질 테니까요.

이번 장에서는 인공지능이 무엇이고 어떻게 발전하고 있는지, 그와 관련하여 우리가 알고 있어야 할 주요 개념들은 어떤 것이 있는지 살펴보겠습니다.

인공지능은 우리의 업무 방식이나 일상 생활과 밀접하게 연관되어 있습니다. 인공지능에 대한 이해와 대응 능력은 미래 사회에서 점점 더 중요해질 것입니다. 2장에서는 인공지능의 기본 개념과 현재의 발전 상황에 대해 자세히 알아보겠습니다.

02-1 인공지능의 발전

핵심 키워드

`인공지능` `규칙 기반 인공지능` `머신러닝` `빅데이터`

`인공 신경망` `딥러닝`

인공지능의 역사적 발전과 머신러닝, 딥러닝, 인공 신경망과 같은 기술이 서로 어떻게 다른지 알아봅니다.

시작하기 전에

인공지능은 지난 몇십 년간 놀라운 발전을 이루어 왔습니다. 이세돌 9단을 꺾은 인공지능 바둑 프로그램 알파고부터 고도로 발전된 인공지능 대화형 생성 모델 챗GPT까지, 계속해서 우리의 상상력을 초월하고 있습니다.

이번 절에서는 인공지능 기술이 어떻게 발전해 왔는지 간단히 알아보겠습니다. 초기의 인공지능부터 **머신러닝**, **딥러닝**, 그리고 **인공 신경망**에 이르기까지 여러 발전 단계를 살펴보면서 각 방식이 어떻게 다른지, 그리고 이러한 차이가 기술 발전에 어떤 의미를 가지는지 이야기할 것입니다.

머신러닝

딥러닝

인공 신경망

인간의 지능을 가진 시스템
인공지능 easy

인공지능은 인간의 지능을 모방하여 작업을 수행하는 시스템입니다. 이는 단순한 규칙을 따르는 작업부터 복잡한 판단과 학습을 필요로 하는 작업까지 다양하게 확장될 수 있습니다.

초기의 인공지능은 간단한 계산이나 기본적인 데이터 처리 같은 단순한 작업을 수행하는 데 사용되었습니다. 이때의 인공지능은 미리 정해놓은 규칙에 따라서만 작동하며, 복잡한 문제 해결이나 새로운 상황에 유연하게 대처하기는 어려웠습니다.

한편 오늘날의 인공지능은 훨씬 더 복잡한 작업을 수행할 수 있게 되었으며, 미래의 핵심 기술로 자리 잡았습니다. 대표적으로 언어 번역, 음성 인식, 이미지 분석 등을 훌륭하게 해낼 수 있습니다. 이러한 시스템은 단순한 규칙을 넘어서 다양한 데이터를 분석하고, 그 안에서 패턴을 찾아내며, 이를 바탕으로 스스로 학습하고 발전합니다. 인공지능의 발전은 우리의 여러 가지 생활 방식을 근본적으로 변화시키고 있으며, 앞으로도 계속될 것으로 기대됩니다.

인공지능은 보통 규칙 기반, 학습 기반(머신러닝, 딥러닝)으로 구분하여 이야기할 수 있습니다. 컴퓨터가 스스로 학습하는 기술을 머신러닝이라고 부르고, 딥러닝은 머신러닝의 한 방식입니다. 딥러닝은 인간의 뇌가 정보를 처리하는 방식을 본떠서, 컴퓨터가 사진이나 음성 같은 복잡한 데이터에서 스스로 중요한 특징을 찾아내게 해주는 것입니다. 이들에 대해 조금 더 자세히 살펴보겠습니다.

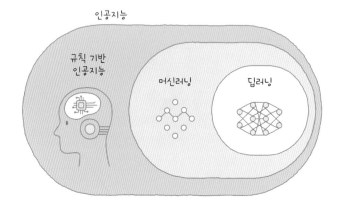

최적의 규칙에 따라 작동하는
규칙 기반 인공지능 easy

동영상 강의

규칙 기반 인공지능은 말 그대로 미리 정해진 규칙이나 조건들을 기반으로 작동하는 인공지능 시스템을 의미합니다.

대표적인 규칙 기반 인공지능인 내비게이션은 운전자가 목적지를 입력하면 미리 설정된 도로망 정보와 교통 법규, 현재 교통 상황 등을 바탕으로 최적의 경로를 제공합니다. 여기서 도로망 정보, 교통 법규, 현재 교통 상황 등이 바로 '규칙'에 해당하죠.

> 우리가 사용하는 내비게이션은 미리 설정되어 있는 규칙을 따라서 작동하는 것이랍니다.

개발자가 시스템에 특정 규칙이나 조건을 입력하면, 인공지능은 입력된 규칙에 따라 작동합니다. 예를 들어 "온도가 0도 이하면 '추워요'라고 말해라"와 같은 규칙이 있을 때, 인공지능은 실제 온도가 0도 이하일 경우에만 '추워요'라고 말할 것입니다.

1997년 세계 체스 챔피언 가리 카스파로프를 이긴 딥 블루 역시 규칙 기반 인공지능입니다. 딥 블루는 카스파로프 한 사람을 이기기 위해 그의 기보를 분석하고 약점을 파고드는 등 가능한 모든 경우의 수를 일일이 확인하는 '브루트 포스' 전략에 기반해 만들어졌습니다. 결국 딥 블루는 사람과의 대결에서 승리했으며, 이를 바탕으로 현재의 싱글 체스 게임들이 나오기 시작했습니다.

규칙 기반 인공지능의 장점은 규칙이 명확하고 이해하기 쉽다는 것과 특정 상황에 대한 반응을 정확히 예측할 수 있다는 것입니다. 반면에, 규칙 외의 상황에 대해서는 대응하기 어렵다는 단점도 있습니다. 즉, 개발자가 규칙을 얼마나 잘 설정하느냐가 시스템의 성능을 좌우한다고 볼 수 있죠.

해결해야 할 문제가 복잡하고 예측 불가한 요소가 많을수록 개발자가 일일이 정해둔 규칙만으로 문제를 해결하기가 어려워집니다. 예를 들어, 주어진 사진의 피사체가 강아지인지 고양이인지 매번 정확하게 구분해내는 규칙을 작성하는 것은 불가능에 가깝겠죠. 이러한 한계를 극복하고자 보다 발전된 형태의 인공지능 기술들이 개발되었습니다.

자동으로 패턴을 인식하고 예측하는 인공지능 기술
머신러닝 easy

머신러닝은 인공지능의 한 분야로, 컴퓨터가 데이터를 통해 학습하고 스스로 판단을 내릴 수 있게 하는 기술입니다. 쉽게 말해, 사람이 컴퓨터에 일일이 규칙들을 지정해 주는 대신, 컴퓨터가 데이터를 분석하고 이를 바탕으로 스스로 학습하는 방식이죠.

머신러닝은 컴퓨터에게 다양한 데이터를 제공하고, 그 데이터로부터 패턴을 찾아내어 학습하게 합니다. 이 과정에서 컴퓨터는 데이터를 통해 '학습'하고, 그 학습을 바탕으로 새로운 문제를 해결하거나 예측하는 능력을 갖추게 됩니다. 머신러닝은 크게 지도 학습, 비지도 학습, 강화 학습으로 나눌 수 있습니다. 이번에는 이 세 가지 유형의 개념을 살펴보겠습니다.

지도 학습

지도 학습은 컴퓨터에게 입력 데이터와 그에 해당하는 정답을 함께 제공합니다. 이 데이터를 바탕으로, 컴퓨터는 입력 데이터와 출력 데이터 간의 관계(규칙)를 학습합니다. 마치 선생님이 학생에게 문제와 정답을 함께 학습시킨 뒤 시험에서 유사한 문제 유형이 출제되었을 때 학생이 정답을 유추하는 것과 동일한 과정입니다.

고양이와 강아지의 사진을 분류한다고 가정할 때 각 사진에 '고양이' 또는 '강아지'라는 **레이블**을 붙여 학습시키는 것이 지도 학습입니다.

note 레이블은 각 데이터 포인트에 붙은 정답이나 목표값을 의미합니다.

비지도 학습

비지도 학습은 컴퓨터에게 레이블이 없는 데이터만 제공하고 스스로 제공된 데이터 내의 숨겨진 구조나 패턴을 찾아내는 방식입니다. 이는 아이들에게 여러 가지 장난감을 주고 스스로 놀게 하는 것과 비슷합니다.

예를 들어, 고객들의 구매 데이터를 가지고 있다면 비지도 학습을 통해 고객들의 구매 패턴이나 선호도와 같은 특징을 찾아낼 수 있습니다.

강화 학습

강화 학습은 '시행착오' 방식을 따릅니다. 여기서는 알고리즘이 특정 환경 내에서 시도와 오류를 통해 목표를 달성하는 방법을 학습합니다. 이는 보상 시스템을 기반으로 하는데, 알고리즘이 올바른 결정을 내리면 '보상'을 받고, 잘못된 결정을 내리면 '벌'을 받습니다. 이 과정을 통해 알고리즘은 최적의 행동 방식을 찾아냅니다.

> **note** 강화 학습에서 말하는 '벌'이란 물리적인 벌이나 징계가 아니라, 주로 알고리즘이 받는 점수나 보상이 감소하는 형태로 나타납니다.

온라인 게임에서 캐릭터가 높은 점수를 받기 위한 최적의 경로를 찾아내는 것이 강화 학습의 예가 될 수 있습니다. 모든 동작을 다 시도해 보고, 가장 높은 점수를 받게 되는 쪽으로 학습하면서 최적의 전략을 도출해내는 것이죠.

이 방법이 제일 높은 점수를 받을 수 있네!

지도 학습은 문제와 해답을 함께 제공하여 컴퓨터가 문제와 해답의 관계를 학습하도록 하는 방식이고, 비지도 학습은 레이블 없이 데이터만 주어진 상황에서 컴퓨터가 스스로 패턴을 찾는 방법입니다. 강화 학습은 시행착오를 통해 올바른 결정에는 보상을, 잘못된 결정에는 벌을 받으며 최적의 행동을 배웁니다.

많은 양의 유용한 정보
빅데이터 easy

빅데이터는 머신러닝 모델을 훈련시키고 개선하기 위한 핵심 자원으로, 방대한 양의 데이터를 의미합니다. 보다 구체적으로는, 기존의 데이터 처리 기술로는 감당하기 힘들 정도로 많은 양의 데이터를 의미하죠.

빅데이터와 인공지능은 서로 밀접하게 연결되어 있습니다. 빅데이터는 인공지능에게 필요한 '학습 자료'를 제공하며, 인공지능은 이 자료를 사용해 학습하고, 그 결과를 실제 세계의 다양한 문제 해결에 적용합니다.

우리가 일상생활에서 접하는 수많은 정보, 즉 SNS의 게시물, 온라인 쇼핑 사이트의 거래 기록, 스마트폰 사용 데이터 등이 모두 빅데이터의 예시가 될 수 있습니다. 이렇게 방대한 데이터는 단순히 많다는 것을 넘어서 그 안에서 유용한 통찰과 지식을 추출할 수 있는 잠재

력을 가지고 있습니다.

빅데이터는 그 양이 방대하기 때문에 우리가 일상에서 흔히 사용하는 엑셀과 같은 프로그램으로는 효과적으로 처리하고 분석하기가 어렵습니다. 빅데이터를 처리하고 분석하기 위해서는 특별한 기술과 알고리즘, 그리고 강력한 컴퓨팅 능력이 필요합니다.

빅데이터의 특징 중 하나는 매우 다양한 형태로 존재한다는 것입니다. 텍스트, 이미지, 오디오, 비디오 등 다양한 형식의 데이터가 존재합니다. 또 이러한 데이터들은 구조화된 형태일 수도 있고, 구조화되지 않은 형태일 수도 있습니다.

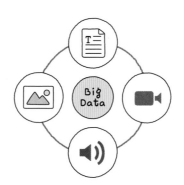

또 다른 중요한 특징은 속도입니다. 데이터가 매우 빠른 속도로 생성, 수집, 처리되어야 한다는 것이죠. 예를 들어, SNS에서는 지금 이 순간에도 수많은 게시물과 댓글이 생성되고 있으며, 이를 실시간으로 분석하여 사용자에게 적합한 콘텐츠를 제공하기 위해서는 빠른 데이터 처리가 필요한 것입니다.

인간의 뇌를 모방한 구조
딥러닝과 인공 신경망 medium

딥러닝은 머신러닝의 한 형태로, 인공 신경망이라는 구조를 사용하여 컴퓨터가 스스로 학습하고 판단을 내릴 수 있게 하는 기술입니다.

그렇다면 인공 신경망은 무엇일까요? **인공 신경망**은 인간의 뇌를 모방한 컴퓨터 시스템을 말합니다. 우리 뇌에는 수많은 신경세포, 즉 뉴런이 서로 복잡하게 연결되어 있어 정보를 처리하고 학습합니다. 인공 신경망 역시 이와 비슷한 방식으로 작동합니다.

인공 신경망은 '망'이라는 마지막 글자로 알 수 있듯, 다음 그림처럼 그물 형태의 여러 '층'으로 구성됩니다. 가장 처음에는 '입력 계층'이 있어서 데이터를 받아들이고, 마지막에는 '출력 계층'이 있어서 결과를 내놓죠. 그리고 이 두 계층 사이에 존재하는 여러 '은닉 계층'에서 복잡한 연산들을 수행합니다. 각 계층은 여러 '노드' 또는 '뉴런'으로 이루어져 있고, 서로 연결되어 있어 정보를 주고받습니다.

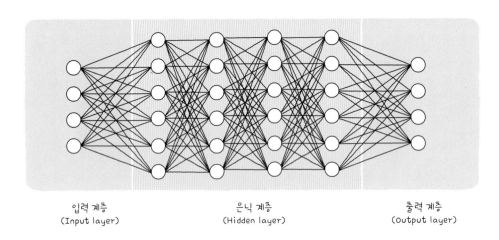

입력 계층
(Input layer)

은닉 계층
(Hidden layer)

출력 계층
(Output layer)

딥러닝은 입력 계층으로 들어가는 값으로부터 최적의 결과값이 출력 계층으로 나올 수 있도록 각 뉴런들이 값을 주고받는 방식을 조절해 나가는 것입니다. 어떤 조건에서 더 높은 값을 보낼지, 어떤 신호에 보다 활성화되어 반응할지 등을 수없이 반복하는 과정을 통해 미세 조정해 나가는 것이죠.

이러한 방식은 규칙 기반 인공지능보다 훨씬 복잡한 문제들도 높은 정확도로 해결해내는 뛰어난 성능을 보여줍니다. 이미지 인식, 자연어 처리, 복잡한 예측 모델링 등 다양한 분야에서 이전의 방식으로 해결하지 못했던 일들을 해내고 있죠.

단점을 찾자면, 사람의 신경세포처럼 무수한 뉴런들 사이에 일어나는 일들을 사람이 이해할 수 없으므로 각 문제의 해결 방법에 대한 원리를 명확히 설명할 수 없다는 점이 있습니다.

▶ 6가지 키워드로 정리하는 핵심 포인트

- **인공지능**은 기계가 인간의 지능적 행위를 모방할 수 있게 하는 기술입니다.

- **규칙 기반 인공지능**은 사람이 만든 규칙에 따라 작동하는 인공지능 방식입니다.

- **머신러닝**은 데이터 분석을 통해 스스로 학습하는 인공지능의 한 분야입니다.

- **빅데이터**는 방대한 양의 데이터를 처리하고 분석하는 기술 영역입니다.

- **인공 신경망**은 데이터 처리를 위해 인간의 뇌를 모방한 컴퓨터 시스템입니다.

- **딥러닝**은 인공 신경망을 사용하여 데이터로부터 복잡한 패턴을 학습하는 방법입니다.

▶ 확인 문제

1. 다음 중 용어의 설명에 알맞게 짝지으세요.

① 지도 학습 • • ㉠ 방대한 양의 데이터를 처리하고 분석하여 유용한 통찰을 얻는 기술

② 비지도 학습 • • ㉡ 입력 데이터와 그에 해당하는 정답을 함께 제공하여 컴퓨터가 학습하는 방식

③ 강화 학습 • • ㉢ 데이터에서 숨겨진 패턴이나 구조를 스스로 찾아 내는 학습 방식

④ 빅데이터 • • ㉣ 특정 환경 내에서 시도와 오류를 통해 목표를 달성하는 방법을 학습

⑤ 규칙 기반 인공지능 • • ㉤ 특정 규칙이나 조건을 기반으로 작동하는 인공지능 시스템

2. 머신러닝의 유형에 해당하지 않는 것을 고르세요.

① 지도 학습

② 비지도 학습

③ 강화 학습

④ 단순 반복 학습

3. 다음 중 틀린 것을 고르세요.

① 인공 신경망은 사람의 뇌 구조를 모방하여 만들어진 컴퓨터 시스템으로, 다양한 형태의 데이터 처리와 학습에 사용됩니다.

② 빅데이터는 규모가 크기 때문에 전통적인 데이터베이스 시스템과 소프트웨어로는 처리하기 어렵습니다.

③ 강화 학습은 항상 명확한 정답을 제공받아 학습하는 방법이며, 이 정답을 바탕으로 모델이 학습을 진행합니다.

④ 보상은 강화 학습에서 중요한 개념으로, 올바른 행동을 했을 때 모델에게 제공되는 긍정적인 피드백을 의미합니다.

4. 다음 중 틀린 것을 고르세요.

① 데이터 분석에서 '패턴'은 데이터 내에서 반복적으로 나타나는 형태나 경향을 의미하며, 중요한 인사이트를 제공할 수 있습니다.

② 모든 인공지능 시스템은 자연어 처리를 통해 인간의 언어를 완벽하게 이해하고, 그 의미를 정확히 해석할 수 있습니다.

③ 딥러닝 기술은 복잡한 인공 신경망 구조를 사용하여 이미지, 음성 인식 등의 고도의 작업을 수행할 수 있습니다.

④ 구조화된 데이터는 숫자, 날짜 등 명확하게 정의된 형식으로 존재하는 데이터를 의미하며, 데이터베이스 시스템에서 효율적으로 처리될 수 있습니다.

02-2 인공지능 더 깊이 알기

`약인공지능` `강인공지능` `모델` `자연어 처리` `생성형 인공지능`
`트랜스포머`

이번 절에서는 인공지능 분야의 보다 심층적인 주제들에 대해 다룹니다. 오늘날의 인공지능을 이해하기 위해 알아 두어야 할 몇 가지 고급 개념에 대해 배워 보겠습니다.

시작하기 전에

인간의 지능을 모방하는 다양한 수준과 형태의 기술들을 탐구하고, 이러한 기술들이 어떻게 복잡한 언어와 사고 과정을 처리하는지 살펴봅니다. 또한 최신 기술들이 어떻게 창의적인 내용을 생성하고, 때로는 예상치 못한 결과를 낳는지도 탐색할 것입니다. 이 과정을 통해 인공지능이 현실 세계에 어떤 영향을 미치고, 어떤 한계를 가지고 있는가에 대해서도 힌트를 얻을 수 있습니다.

능력과 목적에 따른
인공지능의 구분 easy

동영상 강의

인공지능은 능력과 목적에 따라 약인공지능과 강인공지능으로 구분할 수 있습니다. 이는 단순히 성능을 비교하는 것이 아니라, 인공지능 시스템이 수행할 수 있는 작업의 복잡성과 범위에 따라 이루어집니다.

약인공지능

좁은 인공지능이라고도 불리는 약인공지능은 매우 특정한 작업을 수행하도록 설계되었습니다. 이메일에서 스팸 메일을 필터링하거나 음성 인식을 통해 사용자의 명령을 이해하는 시스템과 같은 것들이 여기에 해당합니다.

이러한 약인공지능은 주어진 작업에는 탁월하게 활용될 수 있지만, 그 범위를 벗어난 일에는 활용할 수 없습니다. 바둑 기사 이세돌 9단과의 대국에서 4승 1패로 승리한 알파고가 바둑 이외의 일을 할 수 없는 것처럼, 특정 기술이나 능력이 한 분야에만 국한되는 것입니다.

약인공지능은 인간처럼 사고하거나 학습할 수 없으며, 단순히 프로그래밍된 작업을 수행하는 데만 집중합니다.

➕ 여기서 잠깐　　**특화된 약인공지능**

체스 세계 챔피언을 이긴 딥 블루와 바둑 세계 챔피언을 이긴 알파고가 약인공지능에 속합니다. 이들은 자기가 왜 체스나 바둑을 두는지, 세계 챔피언을 이긴 것이 어떤 의미가 있는지 알지 못합니다. 단지 주어진 일을 훌륭하게 해낼 뿐입니다.

강인공지능

강인공지능은 인간과 유사한 수준의 지능을 가지고 있으며, 다양한 문제를 스스로 학습하고 해결할 수 있습니다. 쉽게 말해 사람처럼 생각하고, 행동할 수 있는 인공지능입니다. 즉, 학습, 이해와 추론, 심지어 자기 인식 등 인간과 유사한 고차원적인 인지 능력을 갖습니다.

하지만 아직 완전히 실현되지 않았으며, 현재 기술로 이를 완벽하게 구현하기에는 여러 가지 한계가 있습니다. 이는 마치 SF 소설에 등장하는 로봇이나 인공지능에 가까운 개념으로, 인간처럼 생각하고 학습하며 창의적인 문제 해결이 가능한 지능을 의미합니다.

➕ 여기서 잠깐 　영화 속의 강인공지능 모델

> 아이언맨의 자비스, 인터스텔라의 타스, 스타워즈의 C-3PO 등은 영화 속에서 강인공지능이 실현된 모습의 예입니다. 이처럼 인간에게 호의적인 모습도 있지만 터미네이터의 스카이넷이나 2001 스페이스 오디세이의 HAL 2000, 매트릭스의 인공지능 등은 강인공지능의 위험성을 암시하기도 합니다.

약인공지능은 일상생활에서 이미 다양한 형태로 활용되고 있지만, 강인공지능은 여전히 연구 및 개발 중인 분야로, 그 실현 가능성과 영향에 대해 많은 토론이 이루어지고 있습니다.

베테랑 형사의 눈썰미
모델 `medium`

오늘날 인공지능이나 딥러닝에 관한 자료를 보면 '모델'이란 용어가 자주 등장합니다. 인공지능에서 '모델'은 데이터로부터 학습된 패턴을 저장한 파일 또는 알고리즘을 의미하며, 입력된 데이터와 출력할 결과 사이의 관계를 나타내는 알고리즘입니다. 이는 학습의 결과로 만들어집니다.

형사로 비유하자면 사건 현장에서 단서를 찾아내는 눈썰미라 할 수 있습니다. 베테랑 형사가 수많은 사건을 통해 경험을 쌓듯, 컴퓨터도 대량의 데이터를 재료로 사용하여 학습을 통해 문제 해결 방식을 확립해 나갑니다.

많은 사건을 경험하면서 학습 능력이 높아진 형사가 더 뛰어난 추리력을 갖게 되는 것처럼, 모델도 대량의 데이터와 훈련을 통해 성능이 향상됩니다. 마찬가지로, 형사가 필요한 일과 요리사가 필요한 일이 다르듯이 인공지능에도 해결할 문제의 성격에 따라 이미지 식별 모델, 언어 처리 모델 등 적합한 모델이 필요합니다.

최근 혁신을 불러일으킨 OpenAI사의 챗GPT 또한 이 모델 중 하나입니다. GPT-3, GPT-4 등의 버전들이 각각 하나의 모델이며, 이후 출시된 모델일수록 보다 강력한 성능과 광범위한 문제 해결 능력을 갖습니다.

인간의 언어를 이해해 보자
자연어 처리 `easy`

자연어 처리는 컴퓨터가 인간의 언어를 이해하고 해석할 수 있도록 돕는 기술 분야로, 인간의 의사소통 능력을 컴퓨터에게 부여하려는 목적으로 사용합니다.

예를 들어, 스마트폰의 음성 인식 기능을 사용해 "오늘 날씨 어때?"라고 물으면 스마트폰은 우리의 말을 텍스트로 변환하고, 변환된 텍스트에서 '오늘'과 '날씨'라는 키워드를 파악하여 당일의 날씨 정보를 알려줍니다. 이 과정에서 컴퓨터는 단순히 소리를 글자로 바꾸는 것을 넘어서 그 말의 의미를 이해하도록 프로그래밍됩니다. 자연어 처리는 크게 두 가지 주요 작업으로 나눌 수 있습니다.

이해

이해는 컴퓨터가 인간의 언어를 인식하고 그 의미를 파악하는 과정으로, 입력 과정에 해당합니다. 앞에서 말한 음성 인식 기능이 이를 활용하는 하나의 예입니다. 또 다른 예로는, 스팸 메일 필터링이 있습니다. 컴퓨터는 수많은 메일 중에서 스팸 메일을 구분해 내기 위해 특정 단어나 문구의 패턴을 학습하고, 이러한 패턴을 감지하면 해당 메일을 스팸으로 분류합니다.

생성

생성은 컴퓨터가 인간이 이해할 수 있는 언어로 응답하거나 새로운 텍스트를 만들어 내는 과정입니다. 이는 출력 과정에 해당하며, 대표적인 예로는 챗봇이 있습니다. 챗봇은 사용자의 질문에 대해 대화의 맥락을 이해하고 적절한 답변을 생성합니다. 상담 서비스에 사용되는 챗봇이라면 실제 상담사처럼 고객의 질문에 적절한 내용과 어투로 답변을 생성합니다.

> 자연어 처리 기술은 글을 다른 언어로 번역하거나 구두로 지시한 명령에 따라 레스토랑을 예약하기도 하고, 제품 리뷰나 SNS 게시물 등에서 어조나 감정을 분석해내는 등 점점 더 다양하게 사용되고 있답니다.

+ 여기서 잠깐　**언어를 배우는 방식의 변화**

자연어 처리를 개발할 때 규칙 기반 인공지능은 각 언어의 문법과 규칙을 수동으로 분석하여 프로그램에 구현하는 방식을 사용했습니다. 이 방법은 영문법 책으로 영어를 배우는 것과 마찬가지로, 변화무쌍한 인간의 말과 글을 이해하고 구사하는데 큰 어려움이 있었습니다. 이때 딥러닝의 등장은 자연어 처리 분야에 빠른 발전을 가져왔습니다. 이제 컴퓨터는 대규모의 언어 데이터를 통해 스스로 학습하며 훨씬 더 자연스러운 방식으로 자연어를 이해하고 생성할 수 있게 되었습니다.

창의적인 작업을 수행하게 하는
생성형 인공지능 `easy`

생성형 인공지능은 컴퓨터가 인간과 유사하게 창의적인 작업을 수행할 수 있도록 해주는 기술입니다. 이 기술은 예술 작품을 창작하거나 글을 작성하는 등 인간의 창조적인 능력을 모방하여 새로운 콘텐츠를 생성하는 데 중점을 두고 있습니다. 기존의 인공지능 기술이 데이터 분석이나 패턴 인식에 주로 사용되었다면, 생성형 인공지능은 그 한계를 넘어서 스스로 창작하는 능력을 지니고 있습니다.

예를 들어 소설이나 시와 같은 특정 스타일의 글을 작성해달라고 요청하면, 그에 맞는 독창적인 작품을 생성해 냅니다. 이 기술은 대량의 데이터를 학습함으로써 다양한 글이나 그림을 이해하고 새로운 화풍의 그림을 창작할 수 있는 능력을 가지고 있습니다.

그러나 기술이 가진 무한한 가능성에도 불구하고, 여전히 극복해야 할 도전과제가 많습니다. 인공지능이 생성한 콘텐츠가 인간의 창의성을 대체할 수 있는지에 대한 의문, 인공지능이 만든 작품의 저작권 문제 등 법적 및 윤리적 이슈가 대표적인 예입니다.

대표적인 생성형 인공지능 제품으로는 OpenAI의 GPT 시리즈, DALL-E, Google의 DeepDream이 있습니다. GPT 시리즈는 자연어 처리를 기반으로 텍스트 생성에서 뛰어난 성능을 자랑하고, DALL-E는 이미지 생성에 특화되어 있습니다. DeepDream은 이미지 내 숨겨진 패턴을 강화하여 환상적인 이미지를 생성하는 데 사용됩니다. 이처럼 각각의 분야에서 생성형 인공지능의 가능성을 보여주고 있습니다.

생성형 인공지능 서비스는 02-3절에서 자세히 살펴보겠습니다.

혁신적인 인공지능 모델
트랜스포머 `hard`

트랜스포머는 인공지능 분야에서 매우 중요한 모델로, 데이터 처리뿐만 아니라 자연어 처리, 이미지 인식 등 다양한 분야에 활용됩니다. 트랜스포머의 가장 큰 특징은 인코더-디코더 구조를 띄고 있으며, 어텐션 메커니즘, 그리고 피드 포워드 신경망을 사용한다는 것입니다.

인코더와 디코더

트랜스포머 모델은 **인코더**와 **디코더**로 구성됩니다. 인코더는 입력 데이터를 처리하고 이해하는 데 사용되며, 디코더는 인코더로부터의 정보를 받아 출력 데이터를 생성합니다. 예를 들어, 기계 번역에서 인코더는 원본 언어의 문장을 분석하고, 디코더는 그 분석을 바탕으로 대상 언어로 문장을 생성합니다.

어텐션 메커니즘

어텐션 메커니즘은 트랜스포머의 핵심 기능 중 하나입니다. 이름 그대로, 글에서 어느 정보에 '집중'해야 할 지 판단하도록 돕습니다. 모델이 입력 데이터의 다양한 부분에 적절한 가중치를 부여하여, 중요한 요소에 주목하고 불필요한 부분은 무시할 수 있게 합니다.

피드 포워드 신경망

인코더와 디코더 내부에는 **피드 포워드 신경망**이 존재합니다. 이 신경망은 어텐션 메커니즘을 통해 얻은 정보를 사용하여 각 단어 또는 문장의 특징을 더욱 세밀하게 분석하고 변환하는 역할을 합니다. 피드 포워드 신경망은 간단한 구조이지만, 각 위치의 단어에 대해 독립적으로 동작하기 때문에 병렬 처리가 가능하여 매우 효율적입니다.

이처럼 트랜스포머 모델은 각 부분이 서로 긴밀하게 연결되어 있어, 복잡하고 다양한 데이터를 효과적으로 처리할 수 있습니다. 따라서 번역, 챗봇, 요약, 이미지 인식 등의 분야에서 매우 유용하게 활용됩니다. 자동응답 챗봇이 고객의 질문에 적절한 답변을 제공하고, 이미지 인식 프로그램이 사진의 주제를 정확히 인지하는 것은 트랜스포머의 능력 덕분입니다. 이로 인해 트랜스포머는 인공지능의 성능을 대폭 향상시키는 핵심 요소로 자리 잡았습니다.

초거대 인공지능

초거대 인공지능은 주로 크기나 처리 능력 측면에서 일반적인 인공지능보다 훨씬 큰 시스템을 의미합니다. 이는 방대한 양의 데이터를 처리하며, 복잡한 알고리즘과 네트워크 구조를 사용합니다. 이러한 인공지능 시스템은 자연어 처리, 이미지 인식, 복잡한 결정과 같이 인간의 뇌가 수행하는 수준의 복잡한 작업을 처리할 수 있습니다.

초거대 인공지능의 개발과 구현에는 대규모의 데이터 센터와 고성능 처리 장치가 필수적입니다. 의료 연구, 기후 변화 예측, 공학 문제 등 다양한 산업 분야에 특화된 솔루션을 제공해 복잡하고 어려운 문제를 해결해 줄 수 있지만, 이를 구축하고 운용하기 위한 막대한 비용과 기술적 지원이 필요합니다. 따라서 이러한 시스템의 개발은 주로 대기업이나 정부 기관에서 주도합니다. 또한, 엄청난 에너지를 소비하므로 지속 가능성에 대한 우려도 제기되고 있습니다.

초거대 인공지능은 주어진 특정 작업에 최적화되어 설계되었을 뿐, 자신에 대한 의식이나 이해를 가지고 있지 않다는 점이 강인공지능과 주된 차이점입니다.

> 초거대 인공지능은 거대한 규모에서 나오는 고성능을 갖춘 약인공지능이라고 이해해도 좋습니다.

▶ 6가지 키워드로 정리하는 핵심 포인트

- **약인공지능**은 매우 특정한 작업을 수행하도록 설계된 인간의 일부 인지 능력만 모방하는 인공지능입니다.

- **강인공지능**은 다양한 작업을 수행하고, 인간과 같은 방식으로 문제를 해결할 수 있는 이론적인 인공지능입니다.

- **모델**은 데이터로부터 학습된 패턴을 저장하고, 이를 통해 문제를 해결하는 인공지능의 알고리즘입니다.

- **자연어 처리**는 컴퓨터가 인간의 언어를 이해하고 해석할 수 있도록 하는 기술 분야입니다.

- **생성형 인공지능**은 창의적인 작업을 수행하며, 새로운 콘텐츠를 생성할 수 있는 인공지능 기술입니다.

- **트랜스포머**는 데이터 요소들 간의 연관성을 효과적으로 포착하여 맥락과 의미를 학습하는 인공지능 모델의 한 종류입니다.

▶ 확인 문제

1. 다음 중 인공지능 분야에서 '모델'에 대한 설명으로 가장 알맞은 것을 고르세요.

① 컴퓨터 시스템 내의 하드웨어 구성 요소를 가리킵니다.

② 데이터로부터 학습된 패턴을 저장하며, 이를 통해 새로운 데이터에 대한 예측이나 결정을 수행하는 알고리즘을 의미합니다.

③ 인공지능을 훈련시키기 위해 사용되는 다양한 물리적 장치들의 집합을 의미합니다.

④ 소프트웨어 개발 프로젝트 관리 방법 중 하나를 가리킵니다.

2. 다음 중 용어와 설명이 알맞게 짝지으세요.

① 모델 　　　　　•　　　　• ⊙ 인공지능에게 특정 작업을 수행하라는 지시나 원하는 형태의 출력을 요구하는 데 사용하는 텍스트

② 프롬프트 　　•　　　　• ⓛ 데이터로부터 학습된 패턴을 저장하고, 이를 통해 새로운 데이터에 대한 예측이나 결정을 수행하는 인공지능의 알고리즘

③ 어텐션　　　•　　　　• ⓒ 모델이 입력 데이터의 다양한 부분에 적절한 가중치
　매커니즘 　　　　　　　　를 부여하여 중요한 요소에 주목하도록 하는 기술

④ 강인공지능 •　　　　• ⓔ 다양한 작업을 인간과 유사한 방식으로 수행할 수 있으며 학습, 이해, 추론, 자기 인식까지 가능한 인공지능

3. 다음 중 어텐션 매커니즘에 대한 설명으로 가장 알맞은 것을 고르세요.

① 데이터의 모든 부분에 동일한 가중치를 부여하여 중요한 정보를 강조합니다.

② 모델이 입력 데이터의 다양한 부분에 적절한 가중치를 부여하여 중요한 요소에 주목하고, 불필요한 부분은 무시하도록 하는 기술입니다

③ 인공지능이 자동으로 데이터를 삭제하여 처리 속도를 향상시키는 방법입니다.

④ 데이터 처리 과정에서 오류를 자동으로 수정하는 알고리즘을 말합니다.

02-3 생성형 인공지능 서비스 둘러보기

챗GPT와 같은 생성형 인공지능 서비스들이 어떻게 변화를 이끌고 있는지에 대해 알아봅니다. 이 서비스들은 자연어 처리를 통해 상세한 대화를 할 수 있으며, 각기 다른 특성을 가지고 있습니다.

시작하기 전에

2022년 챗GPT가 대중에게 본격적으로 모습을 드러내면서, 생성형 인공지능 시대의 막이 올랐습니다. 인공지능이 마치 사람과 대화하는 것과 다를 바 없이 광범위한 분야의 질문에 자연스럽게 답할 뿐 아니라 시를 쓰고, 코딩을 하고, 농담까지 던진 것입니다. 처음 사람들은 이 모습에 큰 충격을 받았지만, 현재 인공지능은 그림을 그리고, 작곡을 하고, 영상을 제작하는 등 우리의 생산활동을 편리하게 도와주고 있습니다. 그러나 한편으로는 저작권 보호 및 일자리에 대한 우려와 같은 고민거리 또한 던져 주고 있습니다.

이번 절에서 소개할 서비스들은 현재 공개된 것 중 극히 일부이며, 여러분이 이 책을 읽을 때에는 이미 과거의 산물이 되어 있거나 더더욱 강력하게 발전했을 가능성이 큽니다. 그만큼 오늘날 인공지능 기술은 상상을 초월할 만큼 빠르게 발전하고 있습니다. 매일같이 새롭게 쏟아져 나오는 기술들에 대해 알아보겠습니다.

혁신적인 변화를 일으킨 인공지능
대표적인 대화형 인공지능 서비스 `easy`

OpenAI에서 개발한 챗GPT, 마이크로소프트의 코파일럿, 구글의 제미나이 등은 채팅을 하듯 텍스트로 문답을 주고받을 수 있는 대화형 인공지능입니다. 이들은 복잡한 자연어 처리 기술을 활용해 인간과 유사한 방식으로 대화하며, 사용자의 질문에 대해 지능적이고 상세한 답변을 제공합니다.

챗GPT는 창의적인 대화와 글쓰기에, 코파일럿은 실시간 정보 검색에, 제미나이는 광범위한 데이터 기반의 지식 제공에 강점을 보입니다. 이러한 대화형 인공지능의 등장은 정보 검색, 교육, 엔터테인먼트 등 여러 분야에서 혁신적인 변화를 일으키고 있습니다.

챗GPT

여러분에게도 가장 익숙할 서비스인 **챗GPT**(https://chatgpt.com/)는 창의성을 바탕으로 한 생성 작업에 가장 특화되어 있습니다. 챗GPT에게 주제를 제시하고 원하는 형식, 길이, 문체 등을 요구하면 기사, 산문, 대화체, 시 등 다양한 형태의 텍스트를 생성할 수 있습니다.

챗GPT에게 개발자와 디자이너 간의 대화를 대본으로 만들어 달라고 요청해 보겠습니다. 프롬프트에 요청한 대로 대화를 나누는 사람, 대사의 길이와 횟수에 맞게 작성해 준 것을 확인할 수 있습니다.

> **You**
> 개발자와 디자이너간의 대화를 대본으로 작성해 줘. 대사는 각각 한 문장씩 총 5개로 해줘.
>
> **ChatGPT**
> 개발자: "우리 앱의 사용자 인터페이스가 너무 복잡해, 좀 더 간단하고 직관적으로 만들 필요가 있어."
> 디자이너: "알겠어, 사용자 경험을 개선하기 위해 메뉴 구조를 단순화하고 색상 팔레트를 조정할게."
> 개발자: "그리고 반응 속도가 중요해, 디자인 변경이 성능에 영향을 주지 않았으면 좋겠어."
> 디자이너: "성능을 유지하면서도 시각적으로 매력적인 디자인을 만들 수 있을 거야, 몇 가지 아이디어가 있어."
> 개발자: "좋아, 그럼 네 아이디어를 바탕으로 프로토타입을 만들어보자."

이번에는 개발자와 디자이너에게 각각의 특성을 지정해서 문체를 바꿀 수 있는지 확인해 보겠습니다. 요청한대로 각자의 특성을 살려 문체를 변경해 주었습니다.

> **You**
> 중년의 개발자와 젊은 신입 디자이너로 설정해서, 개발자는 반말을 그리고 디자이너는 존대말을 사용하도록 바꿔줘.

> **ChatGPT**
> 개발자(중년): "이 앱 인터페이스 너무 복잡하다고, 좀 더 간단하게 바꿔봐."
> 디자이너(신입): "네, 사용자 경험을 고려해서 메뉴 구조를 간소화하고 색상도 조정하겠습니다."
> 개발자(중년): "그리고 반응 속도 중요하다, 디자인이 성능에 영향 없게 해."
> 디자이너(신입): "네, 성능을 유지하면서 시각적으로도 좋은 디자인 생각해볼게요."
> 개발자(중년): "그래, 네 아이디어로 프로토타입 한 번 만들어보자."

이와 같이 챗GPT는 사용자의 필요와 취향에 따라 커스터마이징이 가능합니다. 사용자가 누구인지, 어떤 일을 하고 어떤 관심사를 가지고 있는지, 원하는 답변 스타일을 설정해 두면 이에 맞춰 적절한 결과를 생성해줍니다. 즉, 챗GPT를 얼마나 세심하게 설정했는지, 질문을 얼마나 효과적으로 구성하는지에 따라 결과의 질이 크게 달라집니다.

챗GPT의 기능은 계속해서 발전하고 있습니다. 사용자가 PDF나 워드 문서를 업로드하면 이를 분석해서 정리해주고, 문서 기반으로 질문에 답변을 해줍니다. 이미지를 업로드할 경우 그 내용이나 위치, 제품 정보나 영양 정보 등도 인식하여 요약해줍니다. 또한 사용자가 직접 만들어 배포할 수 있는 플러그인의 기능들을 활용하면 유튜브 영상을 요약하거나 금융 데이터를 분석하는 등 특화된 요구사항을 충족시키는 맞춤형 솔루션을 제공할 수 있습니다.

코파일럿

코파일럿(https://copilot.microsoft.com/)은 마이크로소프트의 검색 엔진인 빙(Bing)의 데이터와 정보를 기반으로 하여 보다 정확하고 신뢰할 수 있는 답변을 제시합니다. 사용자가 질문을 던지면 빙에서 관련 정보를 검색한 뒤 이를 적절히 취사선택하고 조합하여 정리된 결과를 보여줍니다.

코파일럿은 해당 답변의 근거가 된 웹페이지의 링크들을 답변 하단에 제공하여 사용자들이 그 신뢰성을 확인해 보고 검증할 수 있다는 강점을 가지고 있습니다. 따라서 코파일럿은 결과의 정확성을 필요로 하는 검색에 특히 요긴하게 사용됩니다. 하지만 다채로운 작문과 같은 창의적인 작업에 있어서는 아직은 챗GPT에 비해 부족한 점이 있습니다.

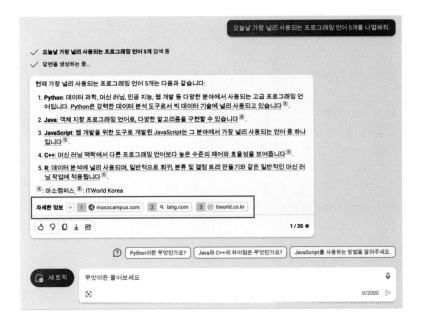

제미나이

제미나이(https://gemini.google.com)는 구글에서 개발한 챗봇입니다. 코파일럿이 빙을 기반으로 하듯, 제미나이는 구글의 실시간 검색 데이터를 기반으로 역시 신뢰성 있는 답변을 제공합니다. 또한 질문에 대해 추가적인 구글 검색을 할 수 있도록 유도함으로써 질문에 대해 보다 다양한 해답을 찾아가도록 도와줄 수 있습니다.

제미나이의 또 다른 강점은 구글의 다른 서비스들과 연계해서 다양한 작업을 할 수 있다는 점입니다. 예를 들어, "마지막으로 이용한 항공편을 이메일을 통해 확인해 줘"라고 요청하면, 제미나이는 이메일 기록을 확인하여 해당 예약 정보를 가져옵니다. 그 외에도 구글 지도, 구글 번역, 유튜브 등 자사의 서비스를 활용한 수많은 종류의 작업을 해낼 수 있습니다.

대화형 인공지능의 코딩 기능

챗GPT, 코파일럿, 제미나이와 같은 대화형 인공지능은 코딩 기능도 제공합니다. 서비스마다 방식과 성능의 차이는 있지만, 복잡한 문법 규칙을 따라 한 줄 한 줄 작성해야 했던 코드를 눈 깜짝할 사이 생성해 냅니다. 이 서비스들은 현업 개발자뿐 아니라 프로그래밍을 공부하는 사람들에게도 큰 도움이 되고 있습니다.

다음 그림은 **코파일럿**에서 사용자의 요구에 맞춰 원하는 알고리즘을 수행하는 코드를 요청한 결과입니다. 사용자의 요구사항을 정확히 이해하고 주어진 언어의 문법과 들여쓰기 방식을 따른 코드를 정확히 생성해 냈을 뿐 아니라, 코드의 구조를 자세히 설명하여 이해를 돕고, 손쉽게 복사할 수 있는 버튼도 제공합니다. 앞에서 설명한 것과 같이 참고한 온라인 자료의 링크를 하단에 첨부하여 사용자가 확인할 수 있도록 합니다.

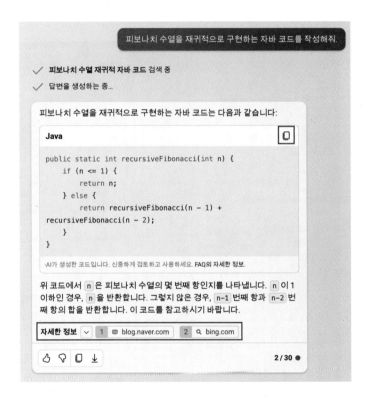

또한 단순히 주어진 알고리즘을 프로그래밍할 뿐 아니라, 제품으로서 구동하여 사용할 수 있도록 프레임워크를 활용한 전체 코드를 작성해 주기도 합니다. 다음 그림은 사용자가 요

청한 기능을 **챗GPT**가 Node.js 환경에서 운용할 서버 프로그램으로 구현해준 모습입니다.

You
HTTP의 post 요청으로 전송받은 값이 유효한 이메일 주소인지를 확인하는,
Node.js에서 동작하는 타입스크립트 코드를 가능한 한 간결하게 작성해줘

ChatGPT
Node.js 환경에서 TypeScript를 사용하여 HTTP의 POST 요청으로 전송받은 값이
유효한 이메일 주소인지 확인하는 작업은 다음과 같은 단계로 진행될 수 있습니다.

1. **Express 서버 설정:** Node.js의 Express 프레임워크를 사용하여 서버를 설정합니
   다. 이를 통해 POST 요청을 받을 수 있습니다.
2. **이메일 유효성 검사 로직:** 정규 표현식을 사용하여 이메일 주소의 유효성을 검사하는
   함수를 작성합니다.
3. **POST 요청 처리:** POST 요청을 받고, 요청 본문(body)에서 이메일 주소를 추출하
   여 유효성 검사를 수행합니다.

다음은 TypeScript로 작성된 간결한 코드 예시입니다.

```typescript
import express from 'express';
import bodyParser from 'body-parser';

const app = express();
app.use(bodyParser.json());

const validateEmail = (email: string): boolean => {
    const regex = /^[^\s@]+@[^\s@]+\.[^\s@]+$/;
    return regex.test(email);
};

app.post('/validate-email', (req, res) => {
    const { email } = req.body;
    if (validateEmail(email)) {
        res.send({ valid: true });
    } else {
        res.send({ valid: false });
    }
});

const PORT = 3000;
app.listen(PORT, () => {
    console.log(`Server running on port ${PORT}`);
});
```

해당 코드를 서버에서 구동하면 이메일 주소의 유효성을 확인해 주는 서비스가 곧바로 작동합니다. 서버 인프라와 같은 IT 실무에 대한 지식만 있다면 간단한 프로그램 및 서비스는 코드 한 줄 직접 짜지 않아도 만들어 낼 수 있게 되었습니다. 이제 개발자는 자잘한 세부 구현에 시간을 들이는 대신 보다 전반적인 설계와 운영에 집중할 수 있게 된 것입니다.

코드의 내용을 파악하고 문제점을 찾아내는 일도 인공지능에게 맡길 수 있게 되었습니다. 다음 그림에서 **제미나이**는 함수에서 발생 가능한 오류를 파악하고 이를 개선한 새 코드를 제시하고 있습니다.

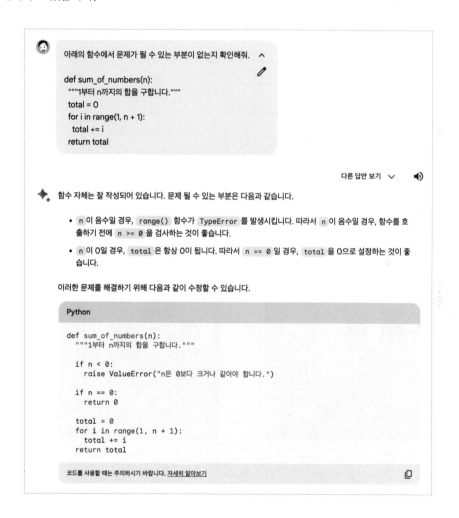

글도 쓰고 그림도 그리는
생성형 인공지능 서비스 `easy`

생성형 인공지능은 텍스트, 이미지, 심지어 영상까지 만들어 내는 단계에 이르렀습니다. 사용자가 원하는 내용과 스타일로 다양한 이미지를 생성하고, 텍스트 기반으로 동영상을 제작하거나 정적인 이미지를 움직이는 영상으로 변환하는 서비스까지 발전하고 있습니다.

달리

달리(https://openai.com/dall-e-3)는 OpenAI에서 개발한 이미지 생성형 인공지능 서비스로, 텍스트 설명을 보고 그에 맞는 이미지를 만드는 인공지능입니다. 달리는 2024년 현재 유료로 제공되는 챗GPT 4 버전에서 이용할 수 있습니다.

`note` 코파일럿을 통해서 무료로도 사용 가능합니다.

달리에게 템스 강의 오리배 위에서 코딩하는 여성 개발자를 그려달라고 요청하고 생성된 이미지에서, 내가 원하는 스타일로 변경해 달라고 추가 요청해 보겠습니다.

새로 요청한 스타일로 변경된 것을 확인할 수 있습니다. 이처럼 달리는 여러 문장으로 된 복잡한 요구를 이해하는 성능이 탁월하여 사용자의 상세한 요구에 적합한 이미지를 생성해 낼 수 있습니다.

미드저니

미드저니(https://www.midjourney.com/home)는 서비스명과 동일한 미드저니라는 연구실에서 개발한 인공지능 기반 이미지 생성 도구로, 현재는 유료로만 사용 가능합니다.

이 서비스는 주로 디스코드를 통해 사용되며, 사용자들은 디스코드의 특정 채널에서 직접 텍스트 명령으로 이미지를 요청하고 생성할 수 있습니다. 미드저니는 특히 예술적이고 독창적인 스타일의 이미지 생성에 강점을 가지고 있으며 실제 사진에 가까운 수준의 이미지들을 만들어 냅니다.

> **note** 디스코드는 채팅 메신저 프로그램으로, 텍스트와 음성 채팅뿐만 아니라 파일 공유도 가능합니다.

다음 그림과 같이 텍스트로 원하는 이미지를 요청하면 4개의 후보를 보여주고, 그중 원하는 것을 선택하거나 그것으로부터 또 다른 4개의 버전을 생성하여 사용자가 원하는 결과를 찾아갈 수 있습니다.

> 생성된 이미지는 위치에 따라 1~4번으로 정해집니다. 'U' 버튼은 선택한 이미지를 더 높은 해상도의 이미지로 업스케일(Upscale) 해주고, 'V' 버튼은 선택한 이미지를 기반으로, 추가 변형(Variation) 이미지를 생성해 준답니다.

> **note** 미드저니에게 '아시아계 프로그래머가 불안한 표정을 한 채 노트북으로 일하고 있고, 그 뒤에 위협적인 표정을 한 스파르타 전사가 서 있습니다.'라고 요청하고 있습니다.

드래그 겐

인공지능 기술을 통해 이미지 생성뿐 아니라, 기존 이미지의 수정도 자유롭게 할 수 있게 되었습니다. **드래그 겐**을 사용하면 사용자가 이미지의 특정 포인트를 마우스로 드래그하여 자세, 형태, 표정, 레이아웃 등을 정밀하게 조정할 수 있습니다.

예를 들면, 사람의 눈을 감았다 뜨게 하거나 고양이의 고개를 돌리는 것이 가능합니다. 특히 실제 사진에 가까운 정밀도를 제공하며, 객체의 자연스러운 디테일을 유지하면서 형태를 변형할 수 있습니다.

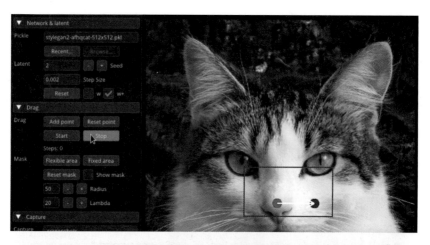

> **note** 드래그 겐은 아직 정식 출시되지 않았으며, 깃허브에 공개된 소스 코드를 통해 데모 버전을 사용해 볼 수 있습니다.

새로운 창조적 가능성을 탐색하는
기타 생성형 인공지능 서비스 medium

앞에서 살펴본 것과 같이 생성형 인공지능 서비스는 텍스트, 이미지, 음악 등 다양한 콘텐츠를 인공지능이 자동으로 생성해내는 기술을 말합니다. 이 기술은 창의적인 작업을 돕고 새로운 형태의 예술적인 표현을 가능하게 합니다. 이번에는 이러한 능력을 활용하여 새로운 창조적 가능성을 탐색하고 있는 서비스들에 대해 알아보겠습니다.

동영상 관련 서비스

미국의 런웨이 리서치에서 개발한 **런웨이 젠 2**(https://app.runwayml.com/)는 텍스트 입력이나 주어진 이미지를 바탕으로 동영상을 생성하고 편집하는 서비스입니다. 사용자는 작성한 시나리오에 따라 짧은 이미지를 생성하여 유튜브 영상 제작에 사용할 수 있습니다. 이 서비스는 영상 편집자나 콘텐츠 제작자들에게 유용하며, 빠르고 효율적인 영상 제작을 지원합니다.

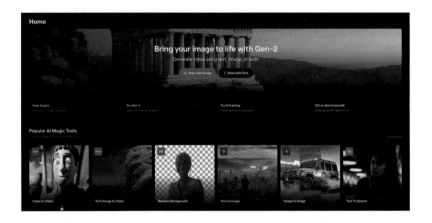

주어진 대본으로 사람이 말하는 것 같은 동영상을 만들어 내는 서비스도 있습니다. **신시시아**(http://www.Synthesia.io/)에서는 사용자가 화자의 얼굴과 목소리를 선택하고 내용을 입력하여 동영상을 생성할 수 있습니다. 이제 카메라나 녹음 장비 없이도 아이디어와 대본만으로 원하는 동영상을 손쉽게 만들어 낼 수 있는 것입니다. 챗GPT와 같은 텍스트 생성형 인공지능과 결합하면, 더 빠르고 효율적으로 창작 활동을 할 수 있습니다.

신시시아에 한국인 모델은 없지만, 한국어는 지원되고 있어.

작곡 서비스

인공지능은 음악 제작 분야에서도 주목받고 있습니다. 여러 서비스들이 이미 콘텐츠 창작자들에게 유용하게 사용되고 있죠. OpenAI의 **뮤즈넷**(https://openai.com/index/musenet/)은 다양한 악기와 스타일로 음악을 작곡하고, 구글의 **마젠타 프로젝트**(https://magenta.tensorflow.org/)는 인공지능을 통한 음악과 예술 창작에 중점을 두고, MIDI 생성을 용이하게 합니다. **Soundraw**(https://soundraw.io/)는 사용자가 원하는 장르, 기분, 템포에 따라 고유한 음악을 생성해 내고, **Soundful**(https://soundful.com/)은 인공지능으로 비디오, 스트림, 팟캐스트 등을 위한 로열티 프리 배경 음악을 만들어 냅니다.

이러한 인공지능 서비스들은 음악 제작 과정을 간소화하고, 전문가뿐만 아니라 일반 사용자들도 창의적인 음악 창작을 가능하게 해줍니다.

MIDI가 뭔가요?

MIDI란 여러 가지 전자적인 음악 장치들을 연결하여 서로 제어할 수 있도록 하는 표준 인터페이스로, 컴퓨터를 이용한 음악 편집이나 특수 효과를 내기 위해 사용됩니다.

설치형 코딩 지원 서비스

개발자들이 IDE 및 코드 에디터에서 사용할 수 있는 플러그인 형태의 인공지능 코딩 지원 서비스도 있습니다. 이러한 서비스는 개발자가 코드를 입력하고 편집하는 동안 바로 코드를 작성하고 제안함으로써, 다른 창이나 웹사이트를 방문하지 않고도 인공지능의 도움을 받을 수 있습니다. 대표적인 예로는 마이크로소프트가 제공하는 **깃허브 코파일럿**이 있습니다.

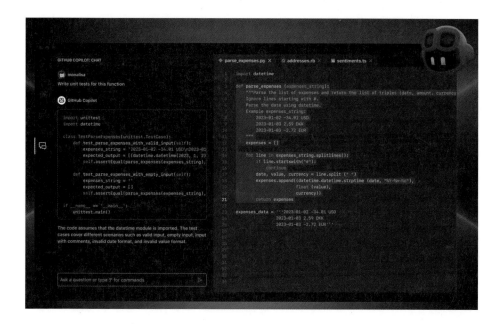

깃허브 코파일럿은 깃허브에 게시된 수많은 코드 데이터를 학습하여 개발된 서비스입니다. 사용자가 Visual Studio Code나 IntelliJ 등의 IDE에 이 플러그인을 설치하고 활성화 시키면, 프로그래밍을 할 때 실시간으로 코드 작성을 지원받게 됩니다.

다음 그림에서 박스 처리된 부분은 깃허브 코파일럿이 사용자가 작성한 주석과 코드의 앞부분을 바탕으로 자동으로 생성한 코드입니다. 이를 수락하면 복잡한 함수를 쉽게 구현할 수 있습니다. 이처럼 개발자는 인공지능이 생성한 코드를 활용해 보다 효율적으로 작업할 수 있게 될 것입니다.

```js.js
1    🖋 인자로 주어진 객체를 deep freeze하는 함수
2    function deepFreeze(obj) {
         // 객체가 아니거나 동결된 객체이면 무시하고 객체이고 동결되지 않은 객체이면 동결한다.
         if (obj && typeof obj === "object" && !Object.isFrozen(obj)) {
             Object.freeze(obj);
             // 객체의 속성들을 순회하면서 재귀 호출한다.
             Object.keys(obj).forEach(function (key) {
                 deepFreeze(obj[key]);
             });
         }
         return obj;
     }
```

이외에도 AWS의 **코드 위스퍼러, 탭나인, 코디움**과 같은 다양한 코딩 지원 플러그인이 있으며, 계속해서 새로운 제품들이 개발되고 있습니다. 이러한 도구들을 각각의 특성과 성능, 장점을 고려하여 프로젝트에 활용하면 개발 작업을 훨씬 빠르고 편리하게 수행할 수 있습니다.

코딩하지 않고 개발하기

마지막으로 최근에는 사용자가 코드 한 줄 작성하지 않고도 인공지능을 활용하여 프로그램을 만들 수 있는 서비스가 등장하고 있습니다. '**노코드**(No code)'라 불리는 이 플랫폼들은 개발자뿐 아니라 프로그래밍 지식이 없는 일반인들도 아이디어를 실현할 수 있도록 개발의 장벽을 낮춰주고 있습니다.

예전에는 윅스와 같은 서비스들이 HTML이나 CSS 코드를 작성하지 않고도 웹사이트를 만들 수 있도록 했지만, 이들은 개발자가 사전에 프로그래밍한 범위 내에서만 기능을 제공했습니다. 반면, 이마지카 인공지능과 같은 서비스들은 생성형 인공지능을 간편한 UI로 설계하고 이를 웹페이지에 적용할 수 있게 더욱 확장된 기능을 제공합니다.

다음은 사용자가 자연어와 드래그 앤 드롭 UI를 통해 어떤 입력과 동작을 할지 설계하는 과정을 보여줍니다. 여러 식재료를 입력하면 인공지능이 해당 재료로 만들 수 있는 요리를 찾아 레시피와 영양 정보를 제공하고, 최종적으로는 해당 요리의 이미지까지 생성해 주는 시스템을 구축할 수 있습니다. 이 모든 작업을 인공지능이 자동으로 처리하는 것입니다.

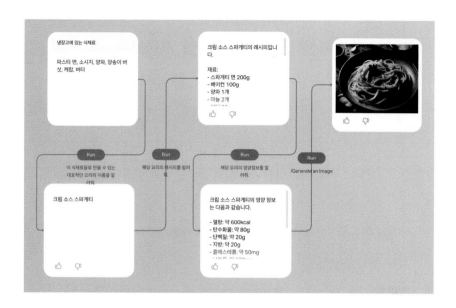

결과적으로 사용자는 이 시스템을 통해 다른 사람들이 웹사이트를 통해 이용할 수 있는 서비스를 링크로 제공할 수 있게 됩니다. 인공지능을 활용한 노코드 개발은 아직 초기 단계에 있지만, 이마지카 인공지능과 같은 예시를 보면 앞으로도 다양한 서비스들이 등장하여 창의적인 아이디어를 실현하려는 사람들에게 큰 도움이 될 것입니다.

혁신적인 인공지능 모델, 프롬프트

좋은 답변을 얻기 위해서는 질문을 잘하는 것도 중요합니다. 생성형 인공지능으로부터 효과적이고 목적에 맞는 답변을 얻기 위해서는 '잘 물어보는' 요령도 필요합니다. 이를 위해 **프롬프트 엔지니어링**이 중요하며, 이는 사용자의 의도를 명확히 전달하는 텍스트의 시작점입니다.

프롬프트는 우리가 인공지능에게 말을 걸 때 쓰는 특별한 종류의 '시작 신호'입니다. 프롬프트는 텍스트나 데이터와 같이 다양한 형태로 제공될 수 있습니다.

- **텍스트 프롬프트**: 질문, 설명, 배경지식, 제약 조건 또는 명령의 형태일 수 있습니다.
- **이미지 프롬프트**: 이미지를 사용하여 시각적인 정보를 제공합니다.
- **오디오 프롬프트**: 음성 인식, 음악 생성 등 오디오 관련 작업을 위해 사용합니다.

잘 구성된 프롬프트는 모델의 성능을 향상시키고 바람직한 출력을 유도할 수 있지만, 부적절한 프롬프트는 모델의 성능을 저하시킬 수 있습니다. 따라서 프롬프트 엔지니어링은 전문 분야로 부상하고 있으며, 다양한 기법과 모범 사례가 연구되고 있습니다.

그렇다면 어떻게 질문해야 '잘 물어본' 것일까요? 효과적인 프롬프트 작성 방법에 대해 알아보겠습니다.

- **명확하고 간결하게:** 프롬프트는 명확하고 간결하게 작성되어야 합니다. 모호하거나 복잡한 프롬프트는 인공지능이 이해하는 데 오류를 유발할 수 있습니다.

- **구체적인 정보 제공:** 프롬프트에는 원하는 결과를 얻기 위해 필요한 구체적인 정보가 포함되어야 합니다. 예를 들어, "이 사진에 있는 사람의 이름을 알려줘"보다는 "이 사진에 있는 고양이의 종류는 무엇일까?"와 같은 프롬프트가 더 효과적입니다.

- **목적을 분명히 하기:** 프롬프트를 작성할 때는 달성하고자 하는 목표를 분명히 해야 합니다. 이미지 생성을 요청할 때, 해당 이미지의 용도나 스타일에 대해 구체적으로 설명하는 것이 도움이 됩니다.

- **반복과 수정을 통해 개선하기:** 처음부터 완벽한 프롬프트를 작성하는 것은 어려울 수 있습니다. 여러 번 시도하고 결과를 검토하여 프롬프트를 조정하면 더 나은 결과를 얻을 수 있습니다.

아는 단어가 적으면 외국에서 말 꺼내기가 무서운 것처럼 업계에서 주로 사용하는 용어를 모르면 소통하기가 쉽지 않습니다. 3장에서는 IT 업계에서 보다 쉽게 소통하고 업무를 이해하는 데 필요한 기본적인 IT 용어와 개념을 배웁니다.

개발자와 소통하기:
IT 업계 용어 알기

학습목표

- IT 업계에서 많이 사용하는 용어들을 주제별로 알아봅니다.
- 웹사이트, 모바일 앱을 비롯한 IT 서비스의 전반적인 구조와 이를 구성하는 다양한 요소를 알아봅니다.
- 개발자는 어떤 방식으로 일하고 어떻게 소프트웨어를 만들고 운영하는지 알아봅니다.

"브라우저 문제는 클라이언트쪽이라 프론트엔드 담당에게 얘기해야 해요."

"이 기능을 넣으려면 네이티브로 해야 하는데 우리는 PWA라 어려워요."

"언어는 아는데 이 프레임워크는 안 써봐서 시간이 필요하겠어요."

실제 IT 업계에서 일할 때 나누는 대화입니다. 브라우저, 클라이언트, 프론트엔드, 네이티브… 대화의 반이 영어이고, 일상에서 못 알아듣는 용어가 많습니다. 어려운 용어는 의사들만 쓰는 줄 알았는데, IT 업계 용어도 알아듣기 만만치 않죠. 이처럼 비전공자들은 개발자 동료와 소통이 어려울 때가 많습니다. 개발자들 사이에서는 익숙한 용어인데, 이를 모르는 사람들에게 알아듣도록 설명하는 것은 쉽지 않거든요.

개발자와 협업하는 프로젝트에서 좋은 팀워크를 이루고 탁월한 결과물을 만들어내기 위해 그들과 원활하게 커뮤니케이션하는 것은 매우 중요한 일입니다. 프로그래밍에 대한 깊은 지식은 갖추지 못하더라도 IT 업계에서 널리 사용되는 주요 용어들을 알아 두는 것은 큰 도움이 됩니다.

이번 장에서는 업계에서 많이 사용하는 용어를 다룹니다. 개발자와 협업하는 비전공자는 개발자와 잘 소통할 수 있도록 돕고, 개발을 공부하는 입문자는 업계에서 다루게 될 내용을 전반적으로 이해할 수 있도록 도와줍니다.

03-1

서버는 뭐고 AWS는 뭔가요?

핵심 키워드

서버   클라이언트   데이터 센터   서버 호스팅   온프레미스
클라우드 컴퓨팅

IT 회사에서 사용자에게 제공하는 정보와 서비스는 어디에 있고, 어떤 경로로 오는지, 서버와 그 종류를 알아봅니다.

시작하기 전에

'서버가 다운된 것 같아', '서버가 터졌어!' 등의 표현은 컴퓨터를 자주 사용하는 우리 일상에서 많이 들어보기도 하고 말해본 적도 있는 표현입니다. 이처럼 **서버**는 일반인에게도 익숙한 단어이지만, 사실 무슨 뜻인지 정확히 이해하고 있는 사람은 많지 않습니다. 그러나 IT 업계의 서비스 구조를 이해하고 개발자와 원활히 소통하기 위해서는 서버가 무엇이고 어떻게 구축되는지 알아 두는 것이 매우 중요합니다. 이번 절에서는 IT 업계에서 자주 사용하는 서비스 구조와 관련 용어를 알아보겠습니다.

주는 컴퓨터와 받는 컴퓨터
서버와 클라이언트 easy

우리는 컴퓨터와 스마트폰, 자동차 내비게이션 등 다양한 매체에서 무수히 많은 정보와 콘텐츠를 접합니다. 유튜브에서는 동영상이 재생되고, 웹사이트에는 텍스트와 이미지가 화면을 가득 채우고 있습니다. 또한 앱이나 홈페이지에서 찾아가고자 하는 식당의 위치 정보를 확인할 수 있고, 그곳의 메뉴와 리뷰를 사진과 함께 살펴볼 수 있죠.

> 이렇게 많은 정보는 어디에 저장되어 있는 걸까요?

누구나 한 번쯤은 이렇게 많은 정보가 어디에 저장되어 있는지, 그리고 우리에게 어떻게 보여지는지 궁금했던 적이 있을 겁니다. 그 많은 정보가 전부 내 노트북이나 스마트폰 안에 들어 있는 건 아니니까요. 물론 개발자나 컴퓨터 전공자가 아니더라도, 우리가 필요한 정보는 이미 어딘가 '특수한' 곳에 저장되어 있고, 우리가 요청하면 인터넷을 통해 내 기기로 전송된다는 것은 막연히 알고 있을 겁니다. 네, 맞습니다. 우리 눈에 보이지는 않지만 정보나 서비스를 저장하고 있다가 필요한 경우 네트워크를 이용해 사용자의 컴퓨터 혹은 스마트폰으로 전달해 주는데, 이 컴퓨터를 **서버**라고 부릅니다.

사실 서버는 역할의 개념입니다. 카페 사장이 직장에서 일을 할 땐 서비스를 제공하는 입장이지만, 식사를 하기 위해 식당에 가면 서비스를 받는 입장이 되는 것처럼 컴퓨터가 인터넷을 이용해 정보나 기능을 제공하는지, 제공받는지에 따라 서버(주는 자)와 클라이언트(받는 자)로 나뉩니다. 즉 서버든 클라이언트든 기본적으로는 우리 책상에 놓인 PC와 다를 것 없는 컴퓨터입니다. 서버와 클라이언트 컴퓨터 모두 본체 안에 CPU와 메모리, 저장 장치가 있고 운영체제가 설치되어 있습니다.

데이터를 주는 서버와 반대되는 개념으로 데이터를 받는 **클라이언트**가 있습니다. 우리가 웹 서핑을 할 때 사용하는 컴퓨터, 동영상이나 사진을 보거나 SNS를 할 때 사용하는 스마트폰 모두 해당 정보를 서버 컴퓨터로부터 받아 오는 역할을 하므로 클라이언트가 됩니다. 위치 정보를 받아 오는 자동차의 내비게이션이나 날씨 등과 같은 각종 정보를 알려 주는 스마트홈, 손목에 차는 스마트 워치도 모두 클라이언트입니다.

note 컴퓨터 이상의 기능을 활용할 수 있도록 휴대폰과 컴퓨터를 결합한 것이 바로 스마트폰입니다 . 따라서 스마트폰도 작은 컴퓨터입니다.

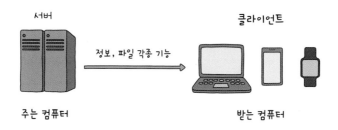

서버를 역할이란 관점에서 유추한다면 개인용 컴퓨터도 서버의 역할을 할 수 있습니다. 내 컴퓨터에 웹사이트를 구축해 서버가 하는 것처럼 정보를 전달하는 역할을 한다면 내 컴퓨터도 서버라고 할 수 있죠. 그러나 개인용 컴퓨터는 외부에서 접속할 수 있는 온라인 서비스를 제공할 수는 있지만, 제대로 된 서비스를 운영하기에는 여러 제약이 있습니다.

➕ 여기서 잠깐 웹 서버

개발자 사이에서 서버는 '컴퓨터에게 서버 역할을 시키는 소프트웨어'를 지칭하는 단어로도 널리 쓰입니다. 예를 들어 아파치 HTTP 서버와 같이 컴퓨터의 특정 폴더에 담긴 HTML 파일로 웹사이트를 띄울 수 있도록 하는 프로그램을 웹 서버라고 합니다. 그리고 웹 서버(소프트웨어)를 설치해 놓고 실행하는 컴퓨터(하드웨어) 또한 '웹 서버'로 정의됩니다.

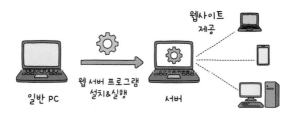

서버들이 모여 있는 곳
데이터 센터 `easy`

카메라로 사진을 찍는 건 누구나 할 수 있지만, 대부분 중요한 사진은 촬영 전문가에게 맡기죠. 촬영 스튜디오나 장비는 물론 기술 또한 남다릅니다. 컴퓨터 또한 마찬가지입니다. 수많은 사용자가 이용할 수 있는 서버는 역할에 적합한 하드웨어 성능을 갖춰야 하고 언제 어디서든 접속할 수 있는 안정적인 네트워크는 물론 해킹으로부터 안전해야 합니다. 적절한 온도와 습도를 유지해야 할 뿐만 아니라 정전이 나거나 기기에 물을 쏟거나 화재가 나는 등의 사고를 미연에 방지하고 혹여 사고가 났을 때 빠르게 대처할 수 있어야 하죠.

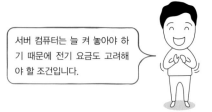

서버 컴퓨터는 늘 켜 놓아야 하기 때문에 전기 요금도 고려해야 할 조건입니다.

위와 같은 조건을 갖춘 전문 시설을 **데이터 센터**, 또는 **IDC**라고 합니다. 수많은 서버용 컴퓨터가 통신 설비, 냉각 장치와 함께 건물을 가득 메운 곳으로 일명 '서버 호텔'이라 불리기도 합니다.

note 과거에는 LG나 KT 같은 통신사업자들이 이용한 데이터 센터를 인터넷 데이터 센터(IDC)라고 하고, 일반 기업의 전산실을 데이터 센터(DC)라고 했는데, 최근에는 이 구분이 무의미해졌습니다.

2024년을 기준으로 한국에는 170곳이 넘는 데이터 센터가 있습니다. 네이버나 카카오 등과 같은 큰 기업들은 자사의 서버를 운영하기 위해 자체적으로 데이터 센터를 세우기도 합니다.

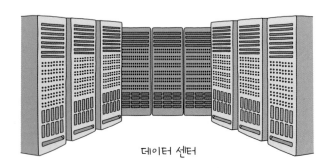

데이터 센터

물론 데이터 센터를 소유하지 않은 기업이나 개인에게 센터 안의 서버를 임대해 주는 데이터 센터도 있습니다. 이처럼 서버용 컴퓨터를 임대해 주는 서비스를 **서버 호스팅**이라고 합니다. 데이터 센터에 설치된 컴퓨터에 원격으로 접속해서 내 컴퓨터처럼 사용할 수 있도록 하는 것입니다. 많은 IT 업체들이 서버 호스팅을 통해 대여받은 서버에서 서비스를 운영합니다.

서버 호스팅을 외부 데이터 센터에 두기에 민감한 정보를 다루는 회사들은 사내 전산실에 서버를 구축합니다. 회사에서 자체적으로 서버를 갖추고 관리하는 것을 **온프레미스**라고 합니다. 보안 이슈뿐만 아니라 회사의 필요에 따라 서버를 자유롭게 구축하고 통제할 필요가 있는 경우에는 서버 호스팅 대신 온프레미스 서버를 사용합니다.

note 자사의 공간에 설치한 서버는 온프레미스(on-premise), 외부의 호스팅 서비스로부터 대여받은 서버는 호스티드 서버(hosted server)입니다.

> **➕ 여기서 잠깐** **온프레미스 VS 서버 호스팅**
>
> 온프레미스는 서버에 관한 모든 것을 직접 구성하고 통제할 수 있다는 장점이 있지만, 이는 그만큼 서버에 대한 해박한 지식과 경험이 있는 인력을 필요로 합니다. 자체 서버를 두기 위한 물리적 공간과 환경 또한 갖춰야 하죠. 서버 호스팅을 이용하면 이와 같은 한계로 인해 발생하는 비용을 절감할 수 있지만, 유출되어서는 안 되는 정보를 외부 컴퓨터에 둔다는 리스크도 있습니다.

단순 서버 호스팅은 컴퓨터를 집에 비유하면 주택에 월세로 입주하는 것과 같습니다. 주택을 살 수 있을 만큼 많은 자금이 없으니 일단 방 하나를 임대해서 사용하는데, 계약 기간 동안에는 원하는 대로 가구도 배치하고 작업 공간을 구성하여 내 집처럼 사용할 수 있죠. 마찬가지로 서버 호스팅은 데이터 센터(주택)의 컴퓨터를 한 대 빌려 그 컴퓨터가 서버 역할을 할 수 있도록 소프트웨어를 설치하고 설정(작업 공간 구성)한 뒤 온라인 서비스를 제공하는 것입니다. 이 방식은 적은 돈을 투자해 서버 컴퓨터를 빌려 원하는 대로 자유롭게 사용할 수 있다는 장점이 있지만 단점도 있습니다.

첫째, 사용 가능한 용량이 한정적입니다

사용할 수 있는 공간이 주택 한 채로 한정된다는 것입니다. 혼자 살 때는 좁은 줄 몰랐지만 같은 공간에 가족이 하나 둘 생기면 개인당 사용 범위가 좁아지죠. 서버도 마찬가지입니다. 배달 앱 서비스를 제공한다고 생각해 봅시다. 평소에는 컴퓨터 한 대만으로 주문, 결제, 문의 등과 같은 서비스를 충분히 적절한 속도로 제공할 수 있지만, 올림픽이나 성탄절 같이 갑자기 주문이 많은 날에는 접속자가 한꺼번에 몰려 컴퓨터가 다운되거나 먹통이 되는 경우가 생깁니다.

둘째, 서버에 대한 많은 지식이 필요합니다

간단한 서비스라도 제대로 돌아가게 하기 위해서는 서버 컴퓨터에 운영체제부터 네트워크, 보안 솔루션 등 다양한 프로그램을 구축해야 합니다. 서버에 대한 많은 지식을 충분히 숙지한 후 운영해야 하므로 규모가 작은 기업이나 개인에게는 부담스러울 수 있습니다.

AWS는 기존 호스팅과 어떻게 다를까
클라우드 컴퓨팅 medium

단순 호스팅 방식은 호스팅 업체가 데이터 센터에 설치된 서버 컴퓨터를 회사나 개인 등 고객에게 대여해 주고, 고객은 대여한 컴퓨터에 원격으로 접속해서 웹사이트를 가동시키는 등 비교적 단순했습니다. 그럼에도 앞서 설명한 단점들을 보완할 수 있는 방법이 필요했는데, 바로 신뢰할 만한 기업에서 운영하는 클라우드 컴퓨팅 서비스를 이용하는 것입니다.

클라우드 컴퓨팅 서비스는 마치 호텔을 이용하는 것처럼 평소에 방을 필요한 만큼만 빌려 사용하다가 더 많은 공간이 필요할 때 추가로 방을 빌리는 방법입니다. 임대 주택에서 도배도 하고 가구도 배치하고 에어컨, 냉장고를 들여놓는 등 스스로 해야 했던 작업을 할 필요가 없죠. 기업에서 각 분야의 전문가를 고용해 다 갖춰 놓았기 때문입니다. 심지어 돈만 더 지불하면 세탁이나 방 청소 등과 같은 서비스도 제공받을 수 있습니다. 단점이라면 평당 가격이 주택 임대보다 높다는 점입니다. 즉 클라우드 컴퓨팅 서비스는 서버, 저장소, 데이터베이스, 네트워킹, 소프트웨어 등과 같은 컴퓨팅 서비스를 인터넷(클라우드)으로 제공하는 방식입니다.

아마존의 AWS, 마이크로소프트의 애저, 구글의 GCP, 네이버의 NCP 등이 클라우드 컴퓨팅 서비스입니다. 이들은 컴퓨터 한 대를 통째로 임대하는 것이 아니라, 가상화 기술을 사용하여 수많은 컴퓨터를 클라우드 형태로 합친 다음 사용자들에게 필요한 만큼 작은 조각들로 떼어서 임대합니다.

클라우드 컴퓨팅 서비스를 사용하면 필요에 따라 사용량을 탄력적으로 조절할 수 있고, 서버 사용에 필요한 어려운 기술적 요소들도 제공받을 수 있습니다. 무엇보다 자체적으로 서버 전문가를 두지 않아도 안정적으로 자사 또는 개인 서비스를 손쉽게 운영할 수 있습니다.

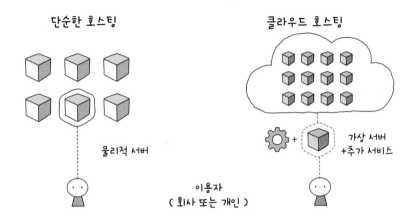

이와 같은 장점 때문에 요즘 IT 기업들은 온프레미스와 같은 단순 호스팅에서 클라우드로 변경하는 추세입니다. 하지만 제한된 자유도, 서버가 회사 외부에 있다는 점, 높은 비용 등의 한계 때문에 회사의 상황과 제공할 서비스의 특성에 따라 적합한 방식을 선택하는 것이 좋습니다.

+ 여기서 잠깐　**AWS**

AWS는 아마존에서 제공하는 클라우드 컴퓨팅 서비스입니다. 네트워킹을 기반으로 가상 컴퓨터와 스토리지, 네트워크 인프라 등의 다양한 서비스를 제공합니다.

알아 두어야 할 클라우드 서비스 종류
인프라 vs 플랫폼 vs 소프트웨어 `hard`

클라우드로 제공되는 서비스의 종류를 알아 두면 필요할 때 서비스를 알맞게 선택하고 사용하는 데 도움이 됩니다. 클라우드 업체가 '어디까지' 해주는가에 따라 각 서비스는 아래 세 카테고리 안에 속하게 됩니다.

IaaS

IaaS(이아스, 아이아스)는 클라우드를 이용해서 서버용 **인프라**, 즉 가상화된 서버 컴퓨터를 대여해 주는 서비스입니다. 이는 단순 호스팅과 크게 다를 바 없이 이용자가 대여받은 서버에 보안, 네트워크 등 각종 설정부터 소프트웨어 설치, 서비스 실행 및 관리까지 직접 수행합니다. 이용자의 자유도가 높은 만큼 손이 많이 가는 서비스로, AWS의 EC2가 대표적인 이아스입니다. 이외에도 마이크로소프트, IBM 등의 기업에서 IaaS를 제공합니다.

PaaS

PaaS(파스)는 애플리케이션을 개발하고 서비스하기 위해 필요한 서버, 운영체제, 개발 환경 등을 자동으로 설치하고 제공함으로써 사용자가 애플리케이션 개발에만 집중할 수 있도록 **플랫폼**을 제공하는 서비스입니다. PaaS를 이용하는 사용자는 인프라 구축과 유지 비용 등을 고려할 필요 없이 소프트웨어만 개발하면 손쉽게 애플리케이션을 실행, 배포할 수 있다는 장점이 있습니다. 대표적인 PaaS에는 AWS의 일래스틱 빈스토크나 헤로쿠 등이 있습니다.

note 일래스틱 빈스토크와 헤로쿠를 사용하면 별도의 서버 관련 작업 없이 프로그래밍한 소스 코드를 업로드해서 웹사이트와 같은 온라인 프로그램을 서비스할 수 있습니다.

SaaS

SaaS(싸스)는 소프트웨어가 이미 완성된 형태로 제공되는 클라우드 서비스입니다. 이용자가 SaaS를 이용하기 위해 따로 인프라나 개발 환경을 구축할 필요 없이 사용료만 지불하면 이미 만들어진 **소프트웨어**를 사용할 수 있습니다. 그렇기 때문에 IaaS나 PaaS와 달리 초기 구축 비용을 줄일 수 있는 장점이 있습니다. 하지만 제공 업체가 만들어 놓은 서비스를 그대로 사용해야 하기 때문에 불필요한 기능이 비용에 포함되어 있기도 합니다. 대표적인 SaaS에는 구글 드라이브, 네이버 MYBOX, 드롭박스, MS 오피스 365 등이 있습니다.

▶ 6가지 키워드로 정리하는 핵심 포인트

- **서버**란 정보나 서비스를 제공하는 컴퓨터입니다.

- **클라이언트**란 서버가 제공하는 것을 받아 사용하는 컴퓨터입니다.

- **데이터 센터**는 수많은 서버를 한 곳에서 안정적으로 관리하는 시설입니다.

- **서버 호스팅**은 서버용 컴퓨터를 대여해 주는 서비스입니다.

- **온프레미스**는 민감한 정보를 다루는 회사들의 경우 호스팅을 외부 데이터 센터에 두지 않고 사내 전산실에 서버를 갖추고 관리하는 것을 말합니다.

- **클라우드 컴퓨팅 서비스**는 서버를 가상화하여 각종 편의 기능과 함께 필요한 만큼 사용할 수 있는 서비스입니다.

▶ 표로 정리하는 핵심 포인트

클라우드 서비스 특징

	사용자	특징
IaaS	각종 서버 설정부터 서비스 운영까지 직접 수행하는 운영자	가상화된 서버 컴퓨터에서 필요한 모든 인프라를 사용자가 구축
PaaS	인프라와 플랫폼을 사용하여 소프트웨어를 개발하는 개발자	이미 구축된 인프라 또는 플랫폼을 이용하여 애플리케이션 개발, 실행 및 관리
SaaS	클라우드 서비스 소비자	모든 인프라, 플랫폼 및 애플리케이션은 제공 업체가 관리하며 웹 브라우저로 제공

▶ 확인 문제

1. 다음 문장 중 괄호 안에 알맞은 내용을 보기에서 찾아 작성해 보세요.

> **보기** ① IaaS ② 클라우드 컴퓨팅 서비스 ③ 역할
> ④ 온프레미스 ⑤ SaaS

- 서버와 클라이언트의 차이는 (　　　　　　)입니다.
- (　　　　　　)는 회사에서 자체적으로 갖추고 관리하는 서버입니다.
- AWS, 애저와 같은 서비스를 (　　　　　　)라고 합니다.
- (　　　　　)는 가상화된 서버 인프라를 대여하는 클라우드 서비스입니다.
- 사용자가 코딩이나 서버 관리를 할 필요 없이 사용할 수 있는 종류의 클라우드 서비스를 (　　　　　　)라고 합니다.

2. 다음 문장 중 괄호 안에 알맞은 내용을 보기에서 찾아 작성해 보세요.

> **보기** ① IaaS ② PaaS ③ SaaS ④ 서버 호스팅 ⑤ 온프레미스

- 서버용 컴퓨터를 임대해 주는 서비스를 (　　　　　), 회사에서 자체적으로 서버를 갖춰서 관리하는 서비스를 (　　　　　)(이)라고 합니다.
- 가상화된 서버 컴퓨터를 대여해 주는 서비스를 (　　　　　), 사용자가 개발에만 집중할 수 있도록 서버용 플랫폼을 제공하는 서비스를 (　　　　　)(이)라고 합니다.
- 사용자가 사용료만 지불해서 서비스를 이용할 수 있는 것을 (　　　　　)(이)라고 합니다.

3. 다음 중 온프레미스를 사용하는 것이 적합한 서비스를 고르세요.

① 학기초에 접속량이 몰리는 인터넷 강의 플랫폼

② 회원들의 개인 정보와 금융 정보가 보관되는 데이터베이스 서버

③ 스타트업에서 소수 인력이 개발하는 온라인 서비스

④ 전국적 또는 전 세계적인 확장을 목표로 하는 서비스

⑤ 서버에 대한 지식이 부족한 초보 개발자의 개인 프로젝트

4. 다음 중 틀린 것을 고르세요.

① 클라이언트용 컴퓨터는 사용하기에 따라 서버가 될 수 있습니다.

② 서버 호스팅을 사용하면 IDC에 있는 컴퓨터를 사용할 수 있습니다.

③ AWS는 서버 관련 지식이 부족한 사람도 쉽게 서버를 구축할 수 있습니다.

④ 단순 호스팅은 클라우드 호스팅보다 탄력적인 운영이 가능합니다.

⑤ IaaS와 PaaS, SaaS는 업체가 제공하는 서비스의 범위로 구분됩니다.

5. 다음 중 각 문장에 해당하는 클라우드 서비스의 종류를 작성해 보세요.

• 서버 엔지니어 고객이 커스터마이징 가능한 가상 서버 제공 (   )

• 일반적인 고객을 위해 온라인에서 사용 가능한 업무 스케줄링 서비스 (   )

• 개발자가 코드를 업로드하면 서버 프로그램을 실행해 주는 서비스 (   )

03-2 웹사이트는 어떻게 만들어지나요?

핵심 키워드

HTML CSS 자바스크립트 웹 표준 반응형 웹 적응형 웹

우리 삶에서 널리 사용되는 웹사이트의 핵심 개념을 살펴보고 웹 페이지를
만드는 방법에 대해 알아봅니다.

시작하기 전에

오늘날 사용자가 가장 많이 접하는 소프트웨어는 바로 웹사이트입니다. 유튜브에서 영상을
보거나 온라인 쇼핑몰에서 물건을 주문하면서, 검색 사이트에서 궁금한 것을 검색하면서 우
리는 하루에도 수십 번씩 웹사이트에 접속합니다. 사람들이 그냥 **모바일 애플리케이션**(일명
'앱')으로 알고 사용하는 소프트웨어 중에 사실은 웹사이트인 것도 많습니다.

웹사이트는 우리 삶 구석구석 깊숙이 들어와 널리 그리고 자주 사용되는 소프트웨어입니
다. 그래서 특히 IT 업계에서도 웹 개발자 비율이 매우 높은 편입니다. 이번 절에서는 웹사
이트가 무엇으로 만들어지고, 어떤 기준으로 만들어지는지, 또 어떤 종류가 있는지 알아보
겠습니다.

웹사이트 열람에 사용되는 소프트웨어
웹 브라우저 `easy`

컴퓨터나 스마트폰에서 웹사이트를 열 때(인터넷 서핑 할 때) 어떤 프로그램을 사용하는지 생각해 보세요. 구글 크롬이나 마이크로소프트 엣지를 사용하는 사람도 있고 애플 기기에서는 사파리를 사용하는 사람도 있습니다. 이제는 구시대의 유물이 된 인터넷 익스플로러도 예전에는 많이 사용했죠. 이처럼 웹사이트를 열어 인터넷 서핑을 하는데 사용되는 소프트웨어를 **웹 브라우저**, 흔히 줄여서 **브라우저**라고 부릅니다.

위의 아이콘 모두 웹 브라우저야.

파일명 뒤에 docx 확장자가 붙은 문서는 마이크로소프트 워드로 읽을 수 있고, psd 파일은 어도비 포토샵으로 열 수 있는 것처럼 브라우저는 html이란 형식의 문서를 읽는 데 사용됩니다.

사용자가 구글 크롬을 사용해 네이버 웹사이트에 접속하는 경우를 살펴보겠습니다.

01 구글 크롬 검색창에 네이버 홈페이지 주소(www.naver.com)를 입력합니다.

02 구글 크롬은 네이버 서버에 '네이버 홈페이지에 접속하겠다'는 요청을 보냅니다.

03 그러면 네이버 서버는 HTML 문서를 비롯해 각종 파일과 데이터를 보내면서 응답합니다.

04 구글 크롬은 네이버 서버로부터 받은 문서를 실행해 네이버 홈페이지를 화면에 보여줍니다.

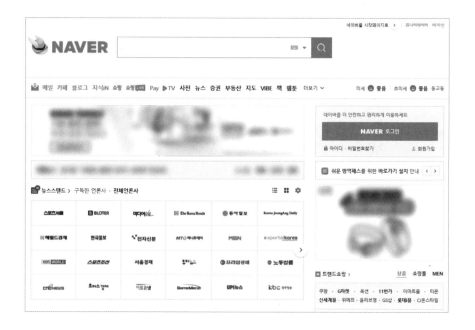

위 내용에서 알 수 있듯이 우리가 이용하는 웹 페이지는 HTML를 읽어서 브라우저 화면에 나타난 결과입니다. 그리고 HTML과 함께 웹사이트를 구성하는 다른 핵심 요소가 있는데, 바로 CSS와 자바스크립트입니다. **HTML**이 웹 페이지의 각 요소들을 배치하는(가져다 놓는) 역할을 한다면, **CSS**는 요소를 디자인하는(꾸미는) 역할을 하고, **자바스크립트**는 요소에 프로그래밍으로 기능들을 넣어주는(시키는) 역할을 합니다. HTML, CSS, 자바스크립트, 이 세 가지가 웹사이트의 뼈대를 이루는 삼총사입니다.

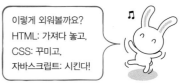

이렇게 외워볼까요?
HTML: 가져다 놓고,
CSS: 꾸미고,
자바스크립트: 시킨다!

+ 여기서 잠깐 | **정적인 언어와 동적인 언어**

텍스트로 웹 페이지 정보를 배치하는 HTML과 배치된 요소를 디자인하는 CSS는 정적인 언어입니다. HTML과 CSS만으로 웹 페이지를 구성하면 마치 '그림의 떡'처럼 버튼을 클릭하고 검색 창에 검색어를 입력해도 아무 반응이 없습니다. 그래서 자바스크립트가 필요합니다. 자바스크립트는 동적인 언어로, 각 요소들을 실제로 작동하게 합니다.

요소를 가져다 놓는 마크업 언어
HTML `easy`

웹사이트는 의미가 같은 웹 페이지 여러 개가 모여서 만들어집니다. 예를 들어 이메일 사이트는 받은 편지함 페이지, 보낸 편지함 페이지, 주소록 페이지 등 메일과 관련된 웹 페이지들이 모여 하나의 이메일 사이트를 구성합니다. 그럼 웹 페이지를 만드는 데 사용되는 세 가지 언어를 하나씩 살펴보겠습니다.

HTML 문서는 다음과 같은 모습을 하고 있습니다.

HTML 코드	웹 페이지에 나타난 모습

``html
<body>
  <div>
    <h1>버튼 클릭 수 표시</h1>
    <span>0</span>
    <button>클릭!</button>
  </div>
</body>
``
	
	버튼 클릭 수 표시
	
	0 [클릭!]

HTML 코드를 처음 접한다면 어렵게 느껴질 수 있지만, 잠시 살펴보면 꽤 단순한 구조로 이루어져 있습니다. '〈 〉' 안에 글자가 들어간 body, div, h1 같은 요소를 **태그**라고 부르는데요. 대부분의 태그는 시작 태그와 끝 태그로 구성되어 있습니다. 쉽게 말해 〈태그〉로 열고, 〈/태그〉로 닫는 형태인 거죠. 그리고 이 시작 태그와 끝 태그 사이에 또 다른 태그나 글자가 들어갈 수 있습니다. 앞서 나온 코드는 body 안에 div가, div 안에 h1과 span, button이 들어간 구조입니다. 각 태그는 웹 페이지 화면에 놓일 요소를 뜻합니다. 코드 옆에 그려 넣은 선을 따라가면 태그가 포함된 HTML 구조가 웹 페이지에 그대로 반영되어 있음을 알 수 있습니다.

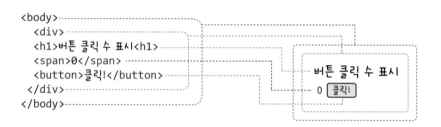

이와 같이 HTML의 기본 역할은 단순히 웹 페이지에 어떤 요소를 어떻게 놓을지 배치하는 설계도입니다. 어떤 논리나 지시를 담은 것이 아닌, 단지 화면에 글자나 이미지, 버튼 등을 '가져다 놓는' 구조도에 지나지 않죠. 때문에 HTML의 HyperText Markup Language라는 이름에서 알 수 있듯 프로그래밍 언어가 아닌 **마크업 언어**로 분류됩니다.

문서나 데이터의 구조를 표현하는 데 사용되는 언어를 마크업 언어라고 해!

요소를 꾸미는 스타일 언어
CSS `easy`

HTML 코드로 화면에 각종 요소들을 올려놓았지만, 보다시피 사용자가 보기 좋게 다듬어 놓은 모양은 아닙니다. 사용자들이 이용할 웹사이트에 텍스트만 쭉 나열해 놓은 모습은 곤란하겠죠. 글자를 어떤 글꼴과 크기로 나타낼지, 버튼은 어떤 모양과 색으로 만들지, 테두리는 모서리를 둥글게 할지, 점선으로 할지 등 **디자인 요소**를 넣어 줘야 합니다. HTML

코드를 예쁘게 꾸며 주는 것이 바로 **CSS**입니다.

note CSS는 HTML과 같은 마크업 언어가 실제로 표시되는 방법을 기술하는 스타일 언어(style sheet language)입니다.

다음 코드를 살펴보겠습니다. 한 줄 한 줄의 의미는 모르더라도 앞서 HTML 코드에 있던 body, div, h1 등과 같은 요소가 어떤 디자인 속성을 가지는지 지정하는 코드라는 것을 알 수 있습니다. 그 결과로 보다 깔끔하게 정돈된 파란색 톤의 둥글둥글한 인터페이스가 완성되었습니다.

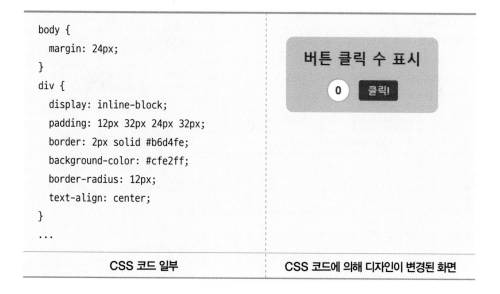

```
body {
    margin: 24px;
}
div {
    display: inline-block;
    padding: 12px 32px 24px 32px;
    border: 2px solid #b6d4fe;
    background-color: #cfe2ff;
    border-radius: 12px;
    text-align: center;
}
...
```

CSS 코드 일부	CSS 코드에 의해 디자인이 변경된 화면

CSS 역시 특정 요소들의 디자인 속성을 지정해 주는 역할만 담당하기 때문에 프로그래밍 언어가 아닌 **스타일 언어**로 불립니다.

HTML, CSS와 같은 비프로그래밍 언어는 프로그래밍 언어에 비해 비교적 쉽게 익힐 수 있습니다. 이런 언어를 다루는 것은 웹 디자이너에게도 도움이 되니, 관심이 있다면 두려워하지 말고 도전해 보세요!

일을 시키는 프로그래밍 언어
자바스크립트 easy

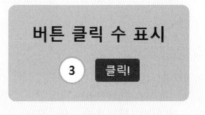

웹 페이지는 단순히 화면을 보여주는 것에 그치지 않습니다. 사용자의 클릭에 따라 각종 기능을 수행하고, 화려한 그래픽 애니메이션을 보여주고, 드래그로 조작 가능한 지도를 화면에 넣는 등 풍성한 기능을 제공합니다. 구글 문서나 G메일과 같은 웹 기반 서비스처럼 기존 PC용 소프트웨어(MS 워드, MS 아웃룩 등)가 하던 작업을 대신하기도 합니다. 이와 같이 동적인 기능을 구현하는 데 비로소 프로그래밍 언어인 **자바스크립트**가 사용됩니다.

```let count = 0;\ndocument.querySelector('button')\n .addEventListener('click', () => {\n document.querySelector('span')\n .innerText = ++count;\n})```	버튼 클릭 수 표시 3 클릭!
자바스크립트 코드	**[클릭!] 버튼을 3회 클릭한 화면**

자바스크립트는 웹 페이지를 구성하는 요소에 생명을 불어넣는 과정입니다. 위 코드는 파란색 [클릭!] 버튼이 사용자의 클릭에 반응하도록 만든 것입니다. count라는 변수에 초기값 0을 지정한 뒤, 사용자가 버튼을 클릭할 때마다 count를 1씩 증가시켜 동그라미 안에 숫자를 출력하도록 만들죠. 자바스크립트 코드를 작성하기 전까지는 무늬만 버튼이었던 것이 사용자가 버튼을 클릭할 때마다 숫자를 카운트하고 출력하는 동적인 버튼이 되었습니다.

> 자바스크립트는 웹사이트에 각종 기능을 달아주는 프로그래밍 언어야!

➕ 여기서 잠깐   변수란

변수는 데이터를 담는 주머니로, 고정된 데이터만 담는 주머니인 상수와는 달리 안에 든 데이터가 변경될 수 있는 것을 말합니다. 위 자바스크립트 코드의 경우 'count'라는 변수 안에 숫자 0을 담은 후 클릭 버튼을 클릭할 때마다 숫자가 1씩 커지면서 count 변수에는 증가된 새로운 숫자가 담깁니다.

HTML로 '가져다 놓고' CSS로 '꾸며 놓은' 요소에 자바스크립트로 '일을 시킴'으로써 우리가 사용하는 다채로운 웹사이트가 만들어집니다. 그리고 브라우저가 이 세 가지 언어를 해석해 화면에 보여줌으로써 우리는 웹사이트 구석구석을 누빌 수 있습니다.

HTML과 CSS, 자바스크립트는 웹사이트의 핵심이자 웹 개발자에게는 필수로 익혀야 할 언어야.

브라우저 간 약속
웹 표준 medium

동영상 강의

오늘날에는 넓은 사용자층을 가진 구글 크롬, 맥과 윈도우에서 많이 사용하는 사파리와 마이크로소프트 엣지, 네이버 기능에 특화된 네이버 웨일, 독자적인 기능을 갖춘 브레이브 등 다양합니다. 이처럼 많은 웹 브라우저 소프트웨어는 사용자들의 취향이나 필요, 사용 환경에 따라 선택되어 웹 서핑에 활용됩니다.

+ 여기서 잠깐 **웹 서핑**

웹 서핑은 거미줄과 같은 통신망을 뜻하는 웹(web)과 바다에서 파도타기를 뜻하는 서핑(surfing)을 결합해 놓은 합성어로, 웹 서핑(web surfing)이란 바다에서 파도를 타듯 이리저리 움직이며 여기저기 둘러본다는 것을 뜻합니다.

브라우저의 기본 역할은 HTML과 CSS, 자바스크립트 코드를 하나의 웹 페이지로 만들어 띄우고 기능들을 실행시키는 것입니다. 그런데 브라우저마다 세 가지 코드를 읽어 들이는 방식이 각각 다르다면 어떻게 될까요? 구글 크롬과 마이크로소프트 엣지에서 사용 가능한 HTML 요소나 자바스크립트 기능이 다르고, 사파리와 모질라 파이어폭스가 CSS 디자인을 화면에 그리는 방식이 다르다면 어떻게 될까요? 웹사이트를 개발하는 개발자들은 사용자가 어떤 브라우저를 사용해도 문제없이 작동하는 웹사이트를 만들기 위해 골머리를 앓아야 할 것입니다. 똑같은 화면을 만들기 위해 브라우저에 맞는 코드를 각각 새로 짜야 하기 때문이죠.

개발자

웹 표준은 이러한 문제를 방지하기 위해 국제적으로 권고된 사항입니다. 브라우저마다 HTML, CSS, 자바스크립트 코드를 실행하는 방식에 유의미한 차이가 없도록 해서 개발자들이 브라우저 문제로부터 자유롭게 웹사이트를 프로그래밍할 수 있도록 한 것입니다.

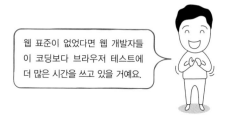

웹 표준의 존재에도 불구하고 오랫동안 웹 개발자들을 고생시킨 것이 현재 마이크로소프트 엣지로 대체되고 있는 **인터넷 익스플로러**입니다. 홀로 브라우저 시장을 지배했던 시절, 익스플로러는 파이어폭스나 오페라 등 다른 브라우저들이 따르기 시작한 웹 표준을 지키지 않고 독불장군의 길을 걸었습니다. 때문에 개발자들은 주류인 익스플로러와 웹 표준을 준수하는 다른 브라우저에서 작동할 수 있는 웹사이트를 각각 제작해야만 했습니다. 익스플로러 환경과 웹 표준 환경 둘 다 만족시켜야 했기에 웹 개발이 정말 까다로웠죠.

이후 크롬 등 웹 표준을 준수하는 브라우저가 급부상하며 익스플로러의 점유율이 급락했지만 상황은 크게 나아지지 않았습니다. 윈도우에 기본적으로 설치된 브라우저가 익스플로러였기 때문에 여전히 일부 사람들은 익스플로러로 웹 서핑을 했거든요. 물론 익스플로러 사용자들이 점차 줄어들었지만 이를 배제할 수는 없었습니다. 특히 액티브X 플러그인을 사용하는 웹사이트가 많았던 한국은 크롬이 전 세계적으로 주류가 된 이후에도 익스플로러가 오랫동안 높은 점유율을 차지했습니다.

note 액티브X 플러그인은 공공기관 사이트의 사용자 인증 등에 사용되던 익스플로러 전용 확장 프로그램입니다.

그래서 한국의 웹 개발자들은 울며 겨자 먹기로 여전히 익스플로러 호환성을 고려해서 웹사이트를 만들어야 했습니다. 그들에게 익스플로러는 눈엣가시와도 같은 존재였죠. CSS와 자바스크립트의 최신 기능들은 익스플로러에서 작동하지 않는다는 점 또한 개발자들을 답답하게 했습니다.

그러나 2022년 6월부터 인터넷 익스플로러는 사용할 수 없어요. 사용자가 익스플로러를 실행해도 엣지로 넘어갑니다. 이 또한 2029년 이후에는 완전히 종료될 예정이니 크롬이나 엣지 등과 같은 다른 브라우저를 사용하는 것이 좋습니다. 웹 개발자들에겐 공공의 적이었던 익스플로러가 지원 종료된다니 정말 기쁜 소식이죠.

웹 페이지의 다양한 화면 크기
반응형 vs 적응형 `hard`

우측 상단 QR

네이버 웹사이트를 PC에서 접속했을 때의 화면과 스마트폰에서 접속했을 때의 화면을 떠올려보세요. 같은 주소의 웹사이트라도 어떤 기기에서 여는지에 따라 보이는 모습이 다르지 않나요? 화면의 가로세로 비율과 크기가 다른 것을 고려해 웹 페이지의 구조와 글꼴 크기 등이 각각의 환경에 적합하게 바뀌는 것입니다.

예전의 웹 개발자들은 가로로 긴 모니터 화면만을 고려해서 웹 페이지를 디자인했습니다. 그러나 모바일 기기가 널리 보급되면서 스마트폰은 물론 태블릿 환경에서도 사용자가 편리하게 이용할 수 있는 웹사이트를 만드는 것이 필수가 되었습니다. 서비스 특성에 따라 오히려 모바일에 비중을 더 크게 두는 사이트들도 많아졌죠.

스마트폰, 태블릿에서 본 애플 홈페이지 화면

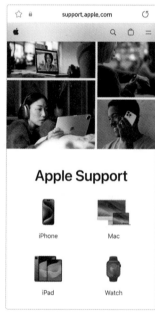

PC에서 본 애플 홈페이지 화면

PC와 모바일 화면에 각각 적합한 모습으로 웹 페이지가 나타나도록 하는 방법은 크게 두 가지로 나뉩니다.

첫째, 반응형 웹사이트로, 줄여서 '반응형 웹'이라 부릅니다

반응형 웹은 페이지 내 요소들을 신축성 있게 만들어 기기나 화면 크기에 맞게 너비나 높이, 위치 등을 자동으로 조절하는 웹사이트입니다.

상단의 〈PC에서 본 애플 홈페이지 화면〉을 살펴보세요. 만약 컴퓨터에서 가로로 긴 검색 창이 스마트폰에서도 똑같은 크기라면 검색 버튼을 누르지 못할 수도 있습니다. 이처럼 화면 크기가 다른 기기에서도 똑같은 기능을 문제없이 실행하려면 PC와 스마트폰, 태블릿 등 각 기기의 크기와 비율에 맞게 요소를 설계해야 합니다.

반응형 웹사이트는 각 웹 페이지를 하나씩만 만들되, 메뉴나 본문 영역, 메인 이미지 등과 같은 콘텐츠들의 모습을 화면 크기에 따라 어떻게 바꿀지 CSS와 자바스크립트로 프로그래밍합니다. PC와 태블릿, 모바일 전용 웹 페이지를 따로 만들 필요가 없습니다.

그런데 사이트 구조가 단순한 블로그와 같은 웹사이트는 반응형 웹으로 만들어 PC와 모바일에서 모두 동작하도록 만드는 것이 유리하지만, 사이트 안에 들어갈 내용이 많고 복잡한 구조일 때는 반응형으로 만드는 것이 어렵습니다. 화면 크기에 따라 검색 창이나 긴 서브 메뉴는 어떻게 배치할지, 손가락으로 터치하기에는 너무 작은 버튼은 어떻게 구성할지 등 고려해야 할 요소와 변수가 너무 많기 때문입니다. 코드는 점점 복잡해져서 알아보기도 힘들어지겠죠. '차라리 모바일용을 따로 만드는 게 덜 힘들겠다'는 생각을 하게 될 거예요.

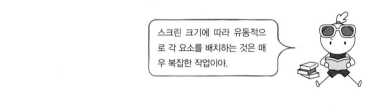

스크린 크기에 따라 유동적으로 각 요소를 배치하는 것은 매우 복잡한 작업이야.

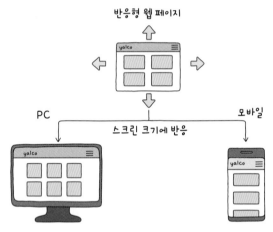

반응형 웹 페이지

PC   모바일

스크린 크기에 반응

둘째, 적응형 웹사이트로, 줄여서 '적응형 웹'이라 부릅니다

적응형 웹은 화면 크기에 따라 PC용과 모바일용 웹사이트를 따로 만드는 것입니다. 스마트폰의 브라우저로 접속했을 때 m.naver.com과 같이 앞에 m이 붙는 것처럼 PC와는 다른 주소로 열리는 웹 페이지가 바로 적응형 웹사이트입니다.

적응형 웹은 웹 페이지를 각각 PC용과 스마트폰용을 따로 만들어야 하지만, 복잡한 사이트 일 경우에는 오히려 반응형보다 경제적인 선택일 수 있습니다. 각 환경에 맞게 최적화된 코드를 짤 수 있는 만큼 반응형 웹보다 코드가 단순하고 어렵지 않기 때문입니다. 따라서 웹 사이트를 기획할 때 만들고자 하는 페이지가 어떤 특성과 구조를 가질 것인지를 고려해서 반응형으로 만들지, 적응형으로 만들지 정하는 것은 매우 중요합니다.

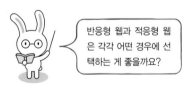

반응형 웹과 적응형 웹은 각각 어떤 경우에 선택하는 게 좋을까요?

단순한 구조의 웹사이트는 하나의 반응형 웹으로, 복잡한 구조의 웹사이트는 PC용과 모바일용 웹 페이지가 따로 있는 적응형 웹으로 만드는 것이 유리합니다.

마무리

▶ 6가지 키워드로 정리하는 핵심 포인트

- HTML은 웹 페이지에 요소들을 '가져다 놓는' 마크업 언어입니다.

- CSS는 HTML로 올려놓은 요소들을 '꾸미는' 스타일 언어입니다.

- **자바스크립트**는 웹 페이지에 기능들을 부여해 '일을 시키는' 프로그래밍 언어입니다.

- **웹 표준**은 브라우저가 HTML, CSS, 자바스크립트를 읽는 표준화된 방식입니다.

- **반응형 웹(사이트)**은 화면 크기에 따라 홈페이지의 크기가 변화하는 웹사이트입니다.

- **적응형 웹(사이트)**은 정해진 화면 크기나 기기에 맞게 홈페이지를 따로 제작하는 웹사이트입니다.

▶ 확인 문제

1. 다음 문장 중 괄호 안에 알맞은 내용을 보기에서 찾아 작성해 보세요.

> **보기** ① 반응형　　② 적응형　　③ 웹 브라우저

- 사람들이 웹 서핑을 할 때 사용하는 크롬 등의 프로그램을 (　　　　) 라고 합니다.

- 웹 페이지의 콘텐츠가 화면의 크기에 따라 조절된다면 (　　　　) 웹, 화면 크기에 따라 다른 웹 페이지에 접속된다면 (　　　　) 웹입니다.

2. 다음 중 각 문장에 해당하는 언어를 작성해 보세요.

- 각 요소가 실제로 동작하게 하는 언어 (　　　)

- 텍스트로 웹 페이지 정보를 배치하는 언어 (　　　)

- 배치된 요소를 디자인 하는 언어 (　　　)

3. 다음 중 문장에 들어갈 알맞은 단어를 작성해 보세요.

- HTML은 (　　　) 언어

- CSS는 (　　　) 언어

- 자바스크립트는 (　　　) 언어

4. 다음 중 틀린 것을 고르세요.

① HTML은 마크업 언어입니다.

② 자바스크립트는 동적인 언어입니다.

③ 웹사이트의 요소를 디자인하는 CSS는 정적인 언어입니다.

④ 구조가 단순한 블로그형 웹사이트는 적응형으로 만드는 것이 유리합니다.

⑤ 웹 표준은 모든 브라우저가 HTML, CSS, 자바스크립트를 읽는 방식을 통일하도록 권장합니다.

03-3
쿠키, 토큰, 캐시는 일상에서 쓰는 그 단어인가요?

핵심 키워드   쿠키   세션   토큰   캐시   CDN

효율적인 웹 운영과 사용을 위해 데이터가 저장되는 다섯 가지 개념인 쿠키, 세션, 토큰, 캐시, CDN에 대해 알아봅니다.

시작하기 전에

반복되는 작업은 줄일수록 좋습니다. 자주 사용하는 웹사이트에 들어갈 때마다 매번 로그인해야 한다면 웹사이트를 이용하는 것이 스트레스겠죠. 때문에 이러한 정보는 한 번 작성하거나 사용한 뒤에는 반복적으로 작업하지 않도록 저장해 두는 것이 효율적입니다.

웹 환경에서는 이처럼 반복적으로 사용되는 데이터나 정보를 종류와 특성에 맞게 저장하고 재활용하기 위해 여러 방식을 사용합니다. 이번 절에서는 웹 생태계를 파악하는 데 큰 도움이 되는 쿠키, 세션, 토큰, 캐시, CDN을 소개하겠습니다.

브라우저에 저장되는 정보
쿠키 `easy`

웹 서핑을 하면서 어떤 사이트에 들어가면 쿠키를 설정하라는 문구를 본 적이 있을 겁니다. 이 쿠키 때문에 쇼핑 사이트에 로그인하지 않아도 장바구니에 물건을 담아두거나 검색 기록에서 이전에 입력했던 검색어들을 찾아볼 수 있습니다. 나의 웹 서핑 내역이 마케팅과 광고에 활용되는 것도 쿠키를 통해 이뤄지는 일이죠.

쿠키는 크롬이나 사파리 같은 브라우저에 저장되는 작은 텍스트 조각입니다. 브라우저는 사용자의 컴퓨터에 설치된 소프트웨어이므로 쿠키는 사용자가 갖고 있는 정보라고 할 수 있죠.

사용자는 브라우저의 설정 화면이나 개발자 도구에서 쿠키를 확인하고 수정, 삭제할 수 있습니다. 다만 쿠키는 당사자뿐만 아니라 제 3자가 조회하는 것도 가능하기 때문에 개인 정보를 담은 내용이나 보안 상 민감한 정보를 저장하는 데에는 적합하지 않습니다. 따라서 혹여 남에게 탈취되거나 사용자에 의해 조작되어도 크게 문제되지 않을 정보를 브라우저에 저장함으로써 웹사이트 이용을 편리하게 해 주는 것이 쿠키입니다. 예를 들면 자주 보는 웹툰 목록이나 웹 페이지의 다크 모드 설정 여부 등과 같은 간단한 정보 말이죠.

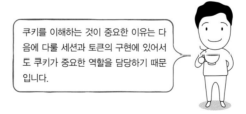

서버가 나를 알아보는 방법
세션 `easy`

웹사이트에 아이디와 비밀번호를 입력해서 로그인하면 해당 사이트의 회원에게만 허용된 기능들을 사용할 수 있습니다. 마이페이지를 클릭해서 내 정보를 볼 수도 있고, 회원 전용 게시판의 글쓰기 버튼을 클릭해서 질문을 남기거나 리뷰를 쓸 수도 있죠.

문제는 이와 같은 클릭 하나하나는 매번 서버에게 새로 보내는 익명 편지와도 같아서, 각각의 클릭은 이전 행동들과 연결되어 있지 않다는 것입니다. 다시 말해 서버는 아이디와 비밀번호를 입력해 로그인에 성공한 사용자와 로그인한 다음 마이페이지 버튼을 누른 사용자가 동일 인물임을 알지 못한다는 것입니다. 그렇기 때문에 사용자가 사이트에 로그인한 상태라는 점을 서버에 인증하지 못하면 클릭을 할 때마다 반복해서 아이디와 비밀번호를 서버에 제공해야 합니다. 이런 번거로움을 해결하기 위해 사용하는 것이 바로 **세션**입니다.

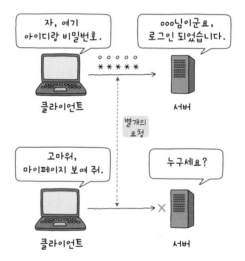

사용자가 사이트에 한 번 로그인하면 유효기간이 끝날 때까지 더 이상 아이디와 비밀번호를 입력하지 않아도 되도록 사용자가 이미 서버로부터 인증받았음을 증명해 주는 세션이라는 증서가 필요합니다.

사용자가 서버에 올바른 아이디와 비밀번호로 로그인에 성공하면 서버는 세션 아이디라는 데이터를 만듭니다. 보통은 '2sd98dbawix4'와 같은 식으로 알파벳과 숫자가 혼합된 형식을 갖고 있습니다. 서버는 영화관에서 티켓을 보관용 부분만 찢어 건네주듯 세션 아이디를 사용자에게 전달하고, 메모리에 아이디 사본을 어떤 사용자의 것인지 적어서 보관합니다.

사용자는 서버로부터 받은 세션 아이디를 쿠키로 저장한 다음 앞으로의 모든 요청에 함께 전달합니다. 친구 목록을 볼 때, 댓글을 작성하거나 삭제할 때, 구매한 상품 내역을 볼 때도 서버에게 세션 아이디를 적은 편지를 보냅니다.

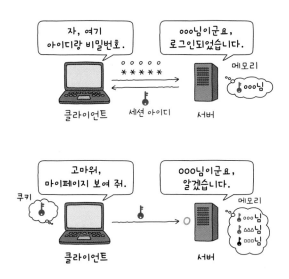

서버는 사용자에게서 친구 목록을 보겠다는 요청을 받으면 그 편지에 세션 아이디가 적혀 있는지를 확인합니다. 아이디가 있다면 서버가 보관하고 있는 세션 아이디 중에 동일한 정보가 있는지 찾아보고 그것이 누구의 계정인지도 알아내죠. 그렇게 편지를 보낸 사람이 누구인지 파악한 다음 해당 사용자의 친구 목록을 보내주는 것입니다.

note 세션은 로그인 여부 등 사용자와 서버의 관계가 기억되어 보존되고 있는 상태를 말합니다.

세션과는 또 다른 로그인 유지 방식
토큰 medium

세션 방식은 안전하고 효과적이지만 단점도 있습니다. 서버는 요청마다 함께 딸려 오는 세션 아이디를 바로바로 확인할 수 있도록 로그인한 사용자의 아이디를 메모리라는 '책상'에 올려둡니다. 메모리에 올려둔 데이터를 빠르게 확인할 수 있다는 장점이 있는 대신 공간이 한정되어 있죠. 서버에 동시 접속하는 사용자가 많아지면 메모리 공간이 부족해져서 서버에 부하가 걸리고 화면이 움직이지 않는 등의 문제가 발생할 수 있습니다.

> 하드디스크나 SSD는 책상 여러 개를 보관해 놓을 수 있는 '창고'와 같아서 메모리보다 저장 공간이 훨씬 넓지만, 저장된 정보를 꺼내는 데 시간이 오래 걸립니다. 그렇기 때문에 빠르고 많이 들어오는 요청에 맞게 세션 아이디를 찾아 확인하는 작업에는 용량은 적지만 더 빨리 이용할 수 있는 메모리가 적합합니다.

메모리 공간을 많이 차지하는 세션 방식의 대안은 로그인한 사용자에게 세션 아이디 대신 **토큰**을 발급해 주는 것입니다. 이러한 토큰에는 특수한 수학적 원리가 적용되어 있어서 마치 위조 방지 장치가 있는 지폐처럼 서버만이 유효한 토큰을 발행할 수 있습니다.

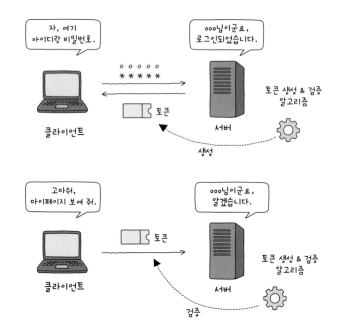

그렇기 때문에 토큰을 받아간 사용자가 이를 쿠키로 저장해 두고 필요할 때마다 제시하면 서버는 따로 책상에 올려놓은 것을 확인할 필요 없이 자기가 발급한 토큰임을 알아보고 사용자의 요청을 허가해 주는 것입니다. 더 이상 이미 로그인한 사용자의 티켓을 책상(메모리)에 올려 두고 있을 필요가 없으니 서버 부하를 줄일 수 있는 것이죠.

note 토큰 방식은 해당 서버만이 만들 수 있는 토큰을 발급함으로써 상태를 저장하지 않고도 사용자의 로그인 여부를 파악할 수 있도록 하는 것입니다.

물론 토큰 방식에도 한계는 있습니다. 여러 기기에서의 로그인을 제한하려면 서버가 필요한 경우 기존에 로그인한 사용자를 강제로 로그아웃시킬 수 있어야 합니다. 세션은 메모리에 저장된 세션 아이디를 삭제함으로써 이 기능을 구현할 수 있지만, 토큰 방식에서는 특정 토큰을 기억하는 것이 아니므로 이것이 불가능합니다. 한 번 발행한 토큰은 유효기간이 끝나기 전까지 따로 통제할 수 없기 때문에 세션에 비해 토큰 정보를 탈취당할 가능성이 높습니다. 그러나 토큰은 쿠키처럼 만료 기간을 정할 수 있어서 만료 시간을 짧게 지정해 피해를 줄일 수 있습니다. 토큰 방식은 쿠키와 세션을 적절히 섞은 것과 비슷합니다.

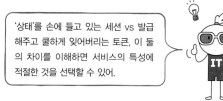

'상태'를 손에 들고 있는 세션 vs 발급해주고 쿨하게 잊어버리는 토큰. 이 둘의 차이를 이해하면 서비스의 특성에 적절한 것을 선택할 수 있어.

	세션 방식	토큰 방식
장점	사용자의 상태를 원하는대로 통제 가능	상태를 따로 기억해 둘 필요가 없음
단점	메모리에 로그인되어 있는 사용자의 상태를 보관해야 함	한 번 로그인한 사용자의 상태는 토큰이 만료될 때까지 제어가 불가능함

전송량은 줄이고 속도는 높이고
캐시 `easy`

우리는 매일같이 웹사이트나 유튜브, 온라인 게임 등을 통해 이미지, 동영상, 웹 페이지 코드와 같은 대량의 데이터를 서버로부터 전송받습니다. 이러한 데이터 전송에는 시간이 소요될 뿐만 아니라 통신비도 지출됩니다. 고화질 동영상처럼 크기가 큰 데이터일수록 비용은 더욱 커집니다.

그러나 한 번 전송받은 데이터를 저장해 놨다가 다시 사용할 때 꺼내 쓴다면 반복적으로 서버에 데이터 전송을 요청할 필요가 없습니다. 이때 사용되는 기술이 **캐시**(cache)입니다. 캐시 덕분에 우리는 반복적으로 사용하는 콘텐츠를 빠르게 이용할 수 있고 데이터 사용량도 줄일 수 있습니다.

➕ 여기서 잠깐 　 캐시란

캐시는 인터넷 환경뿐만 아니라 다양한 곳에서 사용되는 개념입니다. 컴퓨터의 하드웨어 안에서도 메모리 안에 들어 있는 정보를 더 빨리 가져올 수 있도록 하는 CPU 캐시 등이 있습니다.

일반적으로 사용자 입장에서 가장 가까이 접하는 캐시는 브라우저 캐시입니다. 사용자가 컴퓨터나 스마트폰에서 인터넷 서핑할 때 받아온 데이터는 브라우저에 캐시 형태로 저장됩니다. 쿠키와 같이 캐시도 각 브라우저의 설정 화면에서 조작해 비울 수 있습니다. 캐시 덕분에 사용자는 같은 사이트를 다시 방문하거나 동영상을 다시 시청할 때 추가로 통신비를 지출하지 않고 로딩 없이 콘텐츠를 이용할 수 있습니다.

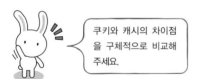

쿠키와 캐시의 차이점을 구체적으로 비교해 주세요.

쿠키와 캐시 모두 정보를 저장하여 재활용하는 기술이지만, 쿠키는 사용자의 수고를 덜어주는 데 목적을 두고 캐시는 데이터의 전송량을 줄이고 서비스 이용 속도를 높이는 데 목적을 둡니다.

서버 부담은 줄이고 사용자와는 가깝게
CDN `hard`

캐시를 사용하지 않고 매번 정보가 전송되는 것은 사용자로서도 불편하지만, 이용자가 많은 서비스일수록 서버에도 큰 부담이 됩니다. 전 세계의 수많은 사용자로부터 끊임없이 들어오는 요청을 처리하다 보면 아무리 고사양의 컴퓨터도 감당하기 어려운 부하가 걸리거든요. 이로 인한 응답 속도 저하나 서버 오류는 결국 사용자의 불편으로 이어집니다.

이런 문제를 해결하기 위해 사용하는 것이 바로 **CDN**(콘텐츠 전송 네트워크)입니다. CDN은 지리적으로 분산된 여러 개의 서버를 이용해 웹 콘텐츠를 사용자와 가까운 서버에서 전송함으로써 전송 속도를 높입니다.

치킨 체인점이 전국의 주문을 본사에서 전부 처리하지 않고 각지의 체인점에서 받는 것처럼 일정 규모 이상의 사용자를 가진 서비스들은 CDN을 사용하여 사용자의 요청을 가까운 서버에서 분산 처리합니다. 서버가 데이터를 전 세계 각지에 세워진 캐시 저장 및 전달용 컴퓨터(CDN 업체 소유)들에 보내면 사용자는 본 서버가 아닌 본인에게서 가장 가까운 캐시 서버로 요청을 보내고 데이터를 받아오는 것입니다.

> `note` CDN은 여러 지역에 설치된 캐시 서버들을 사용하여 본 서버로 들어오는 요청들을 분산 처리하는 서비스입니다.

CDN을 사용하면 본 서버는 캐시 서버에 데이터를 한 번씩만 전송하면 됩니다. CDN이 마치 세계적으로 유명한 체인점 같아서 본사의 부담을 최소화하고 사용자 역시 데이터를 보다 빠르고 안정적으로 받아올 수 있는 것입니다. 대량의 데이터를 전송하는 서비스, 특히 유튜브나 넷플릭스와 같은 동영상 서비스에 CDN은 필수입니다.

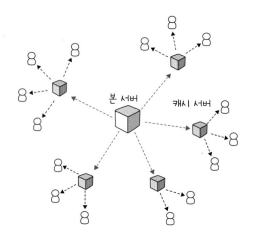

본 서버 캐시 서버

AWS의 CloudFront나 CloudFlare, Akamai 등이 전 세계 캐시 서버를 운영하는 대표적인 CDN 업체입니다. GS 네오텍, SK 브로드밴드, KT 등 한국 서비스에 최적화된 국내 CDN 업체들도 많이 있죠. 온라인 서비스를 운영할 때는 필요에 따라 호스팅 업체와는 별개의 CDN 서비스를 선택하여 이용하기도 하고, AWS의 CloudFront 등 호스팅 및 클라우드 업체에서 함께 제공하는 CDN을 사용하기도 합니다. 서비스의 특성과 사용자 규모, 대상 지역에 따라 적합한 CDN 업체와 상품을 선택함으로써 안정적으로 서비스를 제공할 수 있습니다.

▶ 5가지 키워드로 정리하는 핵심 포인트

- **쿠키**는 사용자의 브라우저에 저장되는 정보입니다.

- **세션**은 서버가 사용자를 기억하고 있는 상태입니다.

- **토큰**은 서버가 기억해 둘 필요 없이 사용자가 스스로를 증명할 수 있는 수단입니다.

- **캐시**는 데이터를 다시 가져오지 않도록 가까이 저장해 두는 기술입니다.

- **CDN**은 각지에 캐시 서버를 두어 부하를 분산시키는 기술입니다.

▶ 표로 정리하는 핵심 포인트

쿠키와 세션

	쿠키	세션
저장 위치	사용자의 브라우저	서버(세션 쿠키 제외)
관리 주체	사용자	서비스 제공자
저장 대상	가벼운 편의를 위한 정보	서버가 관리해야 할 정보(예: 로그인)
유지 기간	브라우저를 종료해도 데이터 유지	브라우저 종료 시 데이터 삭제
요청 속도	빠름	느림(서버 처리 필요)
보안	취약(로컬 기기에 저장)	좋음(브라우저 메모리에 저장)

▶ 확인 문제

1. 다음 중 틀린 것을 고르세요.

① 사용자의 집 주소와 계좌 비밀번호는 쿠키에 저장하는 것이 좋습니다.

② 세션 방식에는 쿠키도 사용됩니다.

③ 하나의 클라이언트에서만 회원 전용 서비스를 사용할 수 있도록 하려면 토큰 방식보다 세션 방식이 적합합니다.

④ 캐시는 데이터의 반복적인 전송량을 줄이는 데 유용합니다.

⑤ CDN은 서버의 부담을 줄여줄 뿐만 아니라 사용자의 편의도 향상시킵니다.

2. 다음 문장 중 괄호 안에 알맞은 내용을 보기에서 찾아 작성해 보세요.

> **보기** ① 캐시 서버　　② 세션　　③ CDN　　④ 토큰

- 사용자 로그인 관리에 있어 서버의 자원을 효율적으로 사용하는 데는 (　　　　　) 방식이, 로그인 등 사용자의 상태를 보다 철저히 통제하는 데는 (　　　　　) 방식이 유리합니다.

- 온라인 서비스나 콘텐츠를 해외에 빠르고 안정적으로 제공하기 위해서는 각 국에 (　　　　　)(을)를 둔 (　　　　　)(을)를 이용할 필요가 있습니다.

3. 다음 중 각 문장에 해당하는 단어를 보기에서 찾아 작성해 보세요.

> **보기** ① 브라우저   ② CDN   ③ 세션 아이디

> - 쿠키는 사용자의 정보를 (　　　　)에 저장합니다.
> - 세션은 로그인 상태를 기억하기 위해 (　　　　)(을)를 쿠키에 저장합니다.
> - 서버를 분산해서 응답 속도 저하나 서버 오류를 최소화하기 위해 사용하는 것을 (　　　　)(이)라고 합니다.

4. 다음 중 옳은 것을 고르세요.

① 쿠키는 보안에 강하기 때문에 개인 정보 같은 중요한 데이터를 저장하기 좋습니다.

② 토큰은 사용자의 컴퓨터에서 발행됩니다.

③ 쿠키는 사용자가 원하는 유효 기간을 서버에 지정할 수 있습니다.

④ 세션은 사용자의 컴퓨터에 저장되는 쿠키입니다.

⑤ 세션 대신 토큰을 발급하면 메모리 사용량을 줄일 수 있습니다.

5. 다음 중 용도에 적합한 단어를 작성해 보세요.

- 메모리 제한이 있는 서버에서 사용자 로그인 관리 (　　　)
- 브라우저에 사용자의 검색어 입력 기록 저장 (　　　)
- 다국적으로 서비스되는 온라인 게임을 위한 지역별 데이터 저장소 구축 (　　)
- 재생한 동영상 데이터를 일시적으로 스마트폰에 저장 (　　　)
- 각 사용자의 로그인 상태를 제어할 수 있어야 하는 온라인 서비스 (　　　　)

03-4 스마트폰 앱인데 웹사이트라고요?

핵심 키워드

네이티브 앱　크로스 플랫폼　웹 앱　하이브리드 앱　PWA

애플리케이션을 만드는 방법에는 무엇이 있는지, 어떤 특징과 차이점을 가지고 있는지 알아봅니다. 그리고 애플리케이션 개발에 관련된 용어와 개념을 학습합니다.

시작하기 전에

오늘날 사람들이 가장 많이 사용하는 소프트웨어는 모바일 애플리케이션입니다. 아침에 날씨를 확인하거나, 출근길에 음악을 들을 때, SNS를 보거나, 유튜브에서 흥미로운 영상을 시청할 때도, 심지어 라면을 끓이기 위해 타이머를 맞출 때도 우리는 스마트폰에서 앱을 실행하죠. 이처럼 애플리케이션이 우리 삶 깊숙이 들어오면서 이를 만드는 앱 개발자들의 수요도 높아졌습니다. 겉보기에 앱은 모두 비슷해 보이지만, 사실 모바일 애플리케이션을 만드는 방법에는 여러 종류가 있습니다. 앱의 특성과 서비스의 종류에 따라 어떤 방법으로 앱을 개발할지 선택하는 것은 앱을 원활히 운영하기 위해 고려할 중요한 사안입니다. 이번 절에서는 스마트폰 애플리케이션을 만드는 방법을 알아보겠습니다.

개발자　　　　　　　　　　　　　　　　　　　기획자

플랫폼별로 애플리케이션 맞춤 제작이 가능한
네이티브 앱 easy

윈도우와 맥을 모두 접해 본 사람이라면 이 두 컴퓨터가 서로 다른 운영체제를 사용하고 있다는 것을 알고 있을 것입니다. 운영체제가 다르다는 것은 화면 디자인뿐만 아니라 컴퓨터가 일하는 방법과 이를 사용하는 법, 그리고 실행할 수 있는 프로그램 또한 다르다는 의미입니다. 예를 들어 윈도우 버전의 MS 워드는 맥에 설치할 수 없고, 애플이 개발한 동영상 편집기인 파이널 컷은 맥에서만 쓸 수 있으며, 포토샵은 윈도우용, iOS용이 각각 따로 있죠.

스마트폰도 마찬가지입니다. 모바일 기기는 크게 스마트폰과 태블릿으로 나뉩니다. 그리고 그 중 iOS 운영체제를 사용하는 기기에는 애플의 아이폰과 아이패드 시리즈, 안드로이드 운영체제를 기반으로 하는 기기에는 안드로이드 스마트폰과 갤럭시 탭 시리즈가 시장을 양분하고 있죠. 이들이 서로 다른 플랫폼을 사용하기 때문에 스마트폰 앱은 주로 안드로이드 버전과 iOS 버전으로 개발됩니다. 그리고 해당 운영체제에 맞는 앱 마켓(구글 플레이스토어와 애플 앱스토어)에 업로드됩니다. 이렇게 각 운영체제에 맞는 앱을 개발하는 방법을 **네이티브 앱** 개발이라고 합니다.

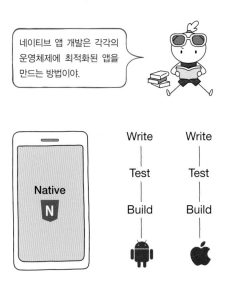

네이티브 앱 개발은 각각의 운영체제에 최적화된 앱을 만드는 방법이야.

네이티브 방식은 안드로이드와 iOS가 각각 '우리 운영체제에서 돌아가는 앱을 만들려면 이 언어랑 도구를 써서 만들어야 해!'라고 정해준 방식대로 제작하는 것입니다. 물론 언어와 도구는 시대에 따라 바뀔 수 있습니다. 예전에는 안드로이드 앱을 만들려면 자바와 이클립스를 사용해서 만들었습니다. 그러나 오늘날에는 코틀린이라는 언어도 많이 사용하며, 안드로이드 스튜디오가 정식 도구로 자리 잡았죠. 이렇게 만들어진 앱은 앱 마켓에 업로드해서 안드로이드 스마트폰에서 사용할 수 있습니다. 물론 이 또한 iOS를 사용하는 아이폰에서는 무용지물입니다. 아이폰용 앱을 개발하기 위해서는 스위프트라는 언어를 배우고 엑스코드라는 도구를 사용해야 합니다. 언어뿐만 아니라 각종 화면 요소와 기능을 구현하는 방식도 안드로이드와 iOS는 많은 차이가 있습니다.

네이티브 앱은 안드로이드 스마트폰에서는 안드로이드 방식으로, 아이폰에서는 iOS 방식으로 개발되는 앱이기 때문에 각 스마트폰의 모든 기능을 사용할 수 있고 성능 또한 최대치로 활용할 수 있습니다. 작동하는 기기에 최적화된 형태로 개발되기 때문이죠. 그래서 카메라나 GPS, 블루투스 등 기기 내 장치들을 세밀히 다루거나, 영상 편집 앱과 같이 성능을 최대한 사용해야 하는 앱은 네이티브 앱으로 만드는 것이 좋습니다.

애플리케이션을 네이티브 앱으로 개발하는 방법의 단점은 안드로이드 개발자와 iOS 개발자, 또는 이 둘을 모두 능숙하게 프로그래밍할 줄 아는 개발자가 필요하다는 점입니다. 같은 기능을 각각 안드로이드와 iOS에서 돌아가는 애플리케이션으로 만들어야 하기 때문에 개발에 소요되는 인력과 시간이 가장 많이 필요하죠.

또한 앱을 공개하거나 업데이트하는 데 있어서도 까다로움이 있습니다. 새 버전이 출시될 때 안드로이드 앱과 iOS 앱은 각각 구글의 플레이스토어와 애플의 앱스토어 심사를 거칩니다. 심사 신청을 올리고 나면 몇 시간 안에 통과되기도 하지만 며칠씩 걸리거나 소프트웨어 문제 등으로 반려될 때도 있습니다. 심사에 각각 걸리는 시간을 예측할 수 없기 때문에 동시에 새 버전을 출시해야 하는 종류의 앱은 이런 점에 있어 운영에 어려움을 겪습니다.

네이티브 앱으로 개발된 앱은 컴퓨터로는 접속이 불가능해.

안드로이드와 iOS, 두 마리 토끼 다 잡는
크로스 플랫폼 `easy`

용어가 궁금해

하나의 모바일 앱을 두 개의 운영체제로 개발해야 하는 번거로움을 해소하기 위한 고민과 노력이 있었고, 그 결과로 크로스 플랫폼 프레임워크가 만들어졌습니다. **크로스 플랫폼**은 같은 소스 코드로 안드로이드 버전과 iOS 버전에서 모두 작동할 수 있는 앱을 만드는 개발 도구 입니다. 대표적으로 구글에서 출시한 플러터, 페이스북의 리액트 네이티브, 그리고 마이크로소프트의 닷넷 마우이(구 자마린)가 있습니다.

> **note** 네이티브와 크로스 플랫폼이라는 용어는 안드로이드와 iOS를 비롯한 모바일 진영에 국한되지 않습니다. 소프트웨어를 운영체제별로 개발하는 기술을 네이티브, 여러 운영체제에서 동작할 수 있는 앱을 한 번에 프로그래밍하는 기술을 크로스 플랫폼이라고 합니다.

크로스 플랫폼을 사용하면 양쪽 진영의 앱을 하나의 언어로 프로그래밍할 수 있습니다. 플러터에서는 다트라는 언어를 사용하고 리액트 네이티브에서는 자바스크립트, 닷넷 마우이에서는 C#을 사용하죠. 안드로이드와 iOS에서 기능을 구현하는 방법도 통일되어 있습니다. 때문에 크로스 플랫폼을 사용하면 각각의 플랫폼에서 네이티브 앱으로 제작하는 것보다 더 쉽고 적은 자원으로 애플리케이션을 제작할 수 있습니다.

> **note** 대표적인 크로스 플랫폼 앱으로는 에어비앤비와 페이스북, 인스타그램이 있습니다.

그러나 크로스 플랫폼의 성능에는 한계가 있습니다. 플러터나 리액트 네이티브, 닷넷 마우이 등과 같은 크로스 플랫폼 프레임워크로 개발된 소프트웨어는 안드로이드 앱과 iOS 앱으로 변환되어 출력됩니다. 각 운영체제에 특화된 방식으로 제작된 '순정' 프로그램은 아니기 때문에 프레임워크마다 정도의 차이는 있지만, 네이티브 앱에 비해 성능을 100% 끌어올릴 수 없고 기기의 활용도 떨어집니다. 또한 앱의 주요 기능을 업데이트할 때마다 양쪽 앱 마켓의 심사를 거쳐야 한다는 단점 역시 여전히 존재합니다.

각 크로스 플랫폼 프레임워크마다 스마트폰의 기능을 얼마나 지원하는지, 자원을 얼마나 활용할 수 있는지 확인한 후에 선택해야 해!

이러한 특성 때문에 **크로스 플랫폼 프레임워크**는 주로 한정된 자원을 가진 기기에서 비교적 단순한 기능으로 이뤄진 앱을 제작하는 데 사용합니다. 예를 들어 스케줄 관리 앱이나 쇼핑 앱, 사진 보정 앱과 같이 캘린더, 카메라 등 스마트폰의 기본 기능들을 활용하면서도 높은 성능을 요구하지 않는 앱을 개발하기에 적합합니다.

모바일 앱의 모습을 한 웹사이트
웹 앱 `easy`

웹 앱은 스마트폰의 기종이나 기기에 상관없이 모든 단말기에서 같은 콘텐츠를 볼 수 있는 웹사이트입니다. 반응형 혹은 적응형 방식을 사용해서 모바일 기기에서 사용하기 적합한 형태로 만든 웹사이트죠.

> **note** 반응형 방식과 적응형 방식은 152쪽에서 확인할 수 있습니다.

웹 앱은 앱 마켓에서 다운로드해 설치하는 응용 프로그램이 아니라 크롬이나 사파리 등의 브라우저 앱에 접속해서 이용할 수 있는 애플리케이션입니다. 넓게는 모바일에서 사용하기 좋은 모습으로 만들어진 모든 웹사이트를, 좁게는 다른 스마트폰 애플리케이션과 유사한 디자인과 UI/UX를 제공하는 웹사이트를 말합니다.

다음 그림을 보면 왼쪽은 구글의 크롬 앱에서 본 구글 사이트이며, 오른쪽은 사파리 웹사이트에서 본 구글 사이트입니다. 웹사이트에서도 앱과 거의 동일하게 로그인 버튼과 검색 바를 이용할 수 있는 것을 볼 수 있습니다. 다만 앱에서 지원하는 북마크나 읽기 목록, 최근 탭, 방문 기록 확인 기능은 웹사이트에서는 지원하지 않습니다. 이처럼 모바일 앱과 비슷한 UI/UX를 지원하는 웹사이트를 **웹 앱**이라고 합니다.

웹 앱은 정확히는 애플리케이션이 아닌 웹사이트입니다. 그렇기 때문에 안드로이드용과 iOS용 앱을 따로 개발하거나 다소 까다로운 크로스 플랫폼을 익힐 필요 없이 웹 개발만으로 모바일용 앱을 만들 수 있죠. 또한 새 기능을 추가할 때마다 앱 마켓의 심사 과정을 거치는 앱과 달리, 웹 앱은 서버에 파일을 업로드해서 사이트 내용만 바꿔주면 업데이트되므로 언제든 최신 버전으로 유지할 수 있습니다. 웹 개발을 통해 만들어지기 때문에 플랫폼 제작 비용도 저렴하고 개발 기간도 짧은 편입니다.

웹 앱 예시

왼쪽은 크롬 앱에서 본 구글 화면이고, 오른쪽은 사파리 브라우저에서 본 구글 화면이야.

하지만 편리한 만큼 단점도 있습니다. 스마트폰에 설치된 브라우저에서 동작하는 웹사이트이기 때문에 웹 앱으로 할 수 있는 일은 '브라우저로 할 수 있는' 기능에 한정되죠. 때문에 웹 앱은 기기의 활용도와 성능 면에서 네이티브 앱은 물론 크로스 플랫폼보다도 뒤쳐집니다. 웹 앱으로는 높은 사양이 요구되는 작업이나 스마트폰 내부의 파일들을 다루는 기능, 각종 하드웨어 장치를 다루는 기능은 구현이 불가능하거나 어렵습니다.

이 뿐만이 아닙니다. 모바일 앱은 앱 마켓에서 해당 앱을 찾을 수 있고 설치하고 나면 아이콘을 클릭해서 앱을 열 수 있지만, 웹 앱은 브라우저를 연 다음 필요한 앱 주소를 입력해서 접속해야 합니다. 사용자에게 반드시 필요한 기능이 아닌 이상, 여러 단계를 거쳐야 비로소 접속할 수 있는 앱을 불편을 감수하면서까지 사용할 거라고 기대하기는 어렵습니다. 그렇기 때문에 웹 앱은 그 자체로 서비스되기보다는 하이브리드 앱 또는 PWA의 형태로 보완되어 제공됩니다.

웹 앱은 앱과 유사하게 생긴 웹사이트야.

네이티브 앱과 웹 앱의 장점을 합친
하이브리드 앱 medium

스마트폰에서 기본으로 제공하는 브라우저에서 다음 사이트(www.daum.net)에 접속해 보세요. 그리고 앱 마켓에서 다음 앱을 다운로드해서 비교해 보세요. 웹과 앱 화면이 상당 부분 동일함을 알 수 있습니다. 이는 다음 앱이 사실은 웹사이트로 제작되어 있다는 것을 짐작할 수 있습니다. 하지만 브라우저에서 접속할 때와 달리, 앱에서 접속하면 음성 검색이나 QR 코드 검색 같은 추가 기능을 사용할 수 있습니다. 이처럼 앱의 대다수 콘텐츠를 웹사이트로 제공하면서 추가로 네이티브 앱에서 사용 가능한 기능까지 제공하는 앱을 **하이브리드 앱**이라고 합니다.

하이브리드 앱 예시

왼쪽은 앱에서 접속한 화면이고, 오른쪽은 웹 브라우저에서 접속한 화면이야.

하이브리드 앱의 원리는 간단합니다. 네이티브 또는 크로스 플랫폼 방식으로 앱을 만들되 화면 안에 요소를 직접 만들지 않고, 브라우저 역할을 하는 **웹 뷰**라는 요소를 만들어 대신 웹 화면을 띄웁니다. 그러면 웹 뷰는 지정된 주소로 접속해서 웹 앱 형태로 만들어진 웹사이트를 화면에 보여줍니다. 사용자는 이 웹 뷰를 통해 웹사이트로 만들어진 기능을 앱 기능처럼 사용합니다. 그리고 웹사이트에서 제공할 수 없는 하드웨어 기능인 카메라나 푸시 알림 같은 기능은 네이티브 단에서 자체적으로 수행하도록 하는 것입니다.

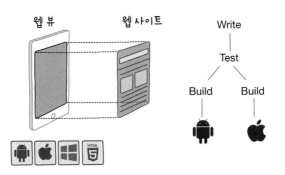

앱을 하이브리드 형태로 만들면 네이티브 앱과 웹 앱의 장단점을 활용해서 제품을 유연하게 운영할 수 있습니다. 웹사이트로 구현이 불가능한 필수 기능들만 네이티브 앱으로 개발하고, 나머지 기능은 모두 웹 뷰 안에 들어갈 웹사이트로 만들면 되기 때문에 비교적 개발 부담이 적습니다. 네이티브 쪽 기능을 업데이트할 때를 제외하고 앱 마켓의 심사 없이 언제든지 앱의 내용을 수정할 수 있다는 장점도 있죠. 또한 앱의 특성에 따라 네이티브로 제작할 부분과 웹 뷰로 제공할 부분을 다양하게 구성할 수 있습니다.

모바일 브라우저의 발전
PWA easy

174쪽에서 웹 앱의 한계는 브라우저에서 제공하는 기능만 가능하다는 점이라고 말했습니다. 하지만 오늘날 브라우저가 점차 더 많은 기능을 제공할 수 있게 되면서 모바일 웹의 활용도도 점점 높아지고 있습니다. 이에 따라 새로운 기술도 등장하고 있죠. 이번 절에서 설명할 내용은 바로 PWA(Progressive Web Apps, 프로그레시브 웹 앱)입니다. **PWA**는 기본적으로 앱이 아닌 모바일 웹사이트입니다. 웹 앱이지만 스마트폰과 PC의 바탕 화면에 아이콘 설치가 가능하고, 푸시 알림을 보낼 수 있는 등 기존의 웹 앱이 갖추지 못했던 접근성과 편의성을 제공합니다.

모바일용으로 만든 웹사이트가 있다면 이 웹사이트에 간단한 작업을 더해 PWA로 만들 수 있습니다. 그리고 나면 브라우저에서 '홈 화면에 바로가기' 기능을 이용해서 스마트폰 홈 화면에 앱 아이콘을 추가할 수 있습니다. 이 아이콘을 터치하면 해당 웹사이트를 앱처럼 실행할 수 있을 뿐만 아니라 웹 앱처럼 별도의 업데이트 과정을 거칠 필요도 없죠. 브라우저마다 다르지만 오늘날에는 푸시 알림 기능뿐만 아니라 카메라, 블루투스, 진동 알림 등 다양한 스마트폰 기능까지 활용이 가능해지면서 PWA의 활용도가 갈수록 높아지고 있습니다.

pwa 앱 예시

PWA는 일단 홈 화면에 저장되면 브라우저에서 실행되고 네이티브 앱처럼 작동해.

그러나 PWA도 한계가 있습니다. 바로 브라우저마다 사용할 수 있는 기능의 차이가 있다는 점입니다. 2024년 4월 기준으로 안드로이드 폰에서 크롬을 사용하면 다양한 PWA 기능을 제공하지만, 아이폰의 경우 사파리를 제외한 다른 브라우저의 PWA 기능이 차단되었으며, 사파리에서 제공하는 PWA 기능 또한 매우 제한적입니다. 그렇기 때문에 PWA는 기존의 모바일 웹사이트를 보다 편리하게 제공하는 방안일 뿐, 모바일 앱을 대체하는 독립된 형태의 선택지로는 아직까지 자리잡지 못하고 있습니다.

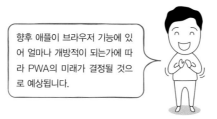

향후 애플이 브라우저 기능에 있어 얼마나 개방적이 되는가에 따라 PWA의 미래가 결정될 것으로 예상됩니다.

앱별 개발 및 운영 편의성 비교

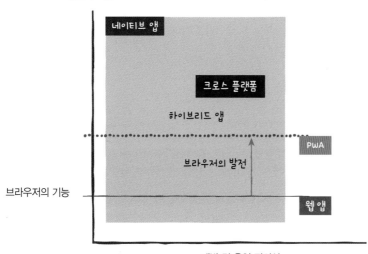

▶ 5가지 키워드로 정리하는 핵심 포인트

- **네이티브 앱**은 기기에 작동하는 운영체제에 특화된 방식으로 제작된 앱입니다.

- **크로스 플랫폼**은 하나의 소스 코드로 여러 개의 운영체제에서 작동할 수 있는 프로그램을 만드는 방식입니다.

- **웹 앱**은 모바일 기기의 브라우저에서 접속할 수 있는 모바일 웹사이트로, 모바일 앱과 비슷한 UI/UX를 제공합니다.

- **하이브리드 앱**은 네이티브 앱 안에 웹 뷰로 웹사이트를 실행해서 네이티브 앱과 웹앱의 장점을 취할 수 있는 앱입니다.

- **PWA**는 아이콘 추가 등 진보된 브라우저 기능을 활용해서 네이티브 앱 같은 다양한 편의 기능을 제공하는 웹 앱입니다.

▶ 확인 문제

1. 다음 중 틀린 것을 고르시오.

① 크로스 플랫폼으로 만든 앱은 앱 마켓의 심사 과정을 거치지 않습니다.

② 하이브리드 앱은 기기의 성능을 최대한으로 활용할 수 있습니다.

③ 웹 앱이 있다면 이를 PWA로 만드는 것이 가능합니다.

④ 안드로이드는 코틀린 언어를 사용하여 개발할 수 있습니다.

⑤ 웹 앱은 브라우저에서 제공되는 기능만 사용할 수 있습니다.

2. 다음 문장에 가장 적합한 앱 종류를 작성해 보세요.

- 카메라의 QR 코드 스캔 기능이 필요한 대학생용 학사 정보 앱 (　　　)
- 고사양을 요구하는 전문가용 3D그래픽 제작 앱 (　　　)
- 웹사이트로 제공 중인 상점 소개 페이지 (　　　)
- 소규모 개발 인력으로 단기간에 제작해야 하는 사진 공유 앱 (　　　)

3. 다음 중 하이브리드 앱에 대해 틀린 것을 고르세요.

① 개발 시 크로스 플랫폼을 활용할 수 있습니다.

② 일부 기능을 마켓 심사 없이 추가할 수 있습니다.

③ 기기의 기능들 중 필요한 것을 탑재할 수 있습니다.

④ 웹사이트로 제공되는 콘텐츠를 활용할 수 있습니다.

⑤ 안드로이드 폰에서 iOS의 기능을 사용할 수 있습니다.

4. 다음 중 PWA 앱에 대해 틀린 것을 고르세요.

① 기본적으로는 웹 앱입니다.

② 홈 화면에 아이콘을 추가할 수 있습니다.

③ 환경마다 활용될 수 있는 기능의 차이가 있습니다.

④ 브라우저에서 제공하는 것 이상의 기능을 탑재할 수 있습니다.

⑤ 스토어에서 다운로드하는 종류의 앱을 완전히 대체하지는 못합니다.

hint 2. 규모가 작은 기업에서는 안드로이드와 iOS를 따로 개발하기 어려운 경우가 많습니다.

03-5 웹의 보이는 곳과 보이지 않는 곳

프론트엔드   백엔드   프레임워크   API   XML   JSON
YAML

웹사이트를 이루는 프론트엔드와 백엔드는 무엇인지 알아보고, 이들 사이에 어떤 일이 일어나는지 작동 방법을 알아봅니다.

시작하기 전에

"저는 웹 개발자입니다."와 같은 자기소개는 모호한 표현이 되었습니다. 초창기 웹사이트는 서버에서 동작하는 단일 애플리케이션 형태였지만, 웹 개발 기술이 발달한 현대에는 프론트엔드와 백엔드로 구분됩니다. 웹을 개발하는 사람도 프론트엔드 개발자와 백엔드 개발자, 그리고 이 둘의 역할을 모두 해내는 풀스택 개발자로 구분하죠.

웹 개발자의 역할을 정확히 이해하기 위해서는 프론트엔드와 백엔드가 무엇인지, 각각 어떤 역할을 수행하며 어떻게 상호 작용하는지 알아야 합니다. 이번 절에서는 웹 개발 기술이 무엇이고 웹사이트는 어떻게 개발되며, 어떤 구조로 사용자에게 제공되는지를 알아보겠습니다.

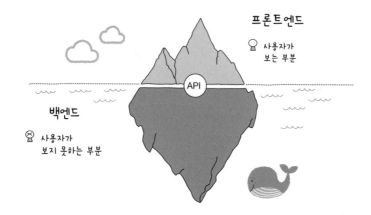

사용자의 컴퓨터에서 작동하는 부분
프론트엔드 easy

프론트엔드는 웹사이트를 구성하는 부분 중 브라우저에서 동작하는 쪽을 말합니다. 03-2 절에서 웹사이트는 사용자의 컴퓨터에 설치된 브라우저를 통해 실행되는 프로그램이라고 배웠습니다.

초창기 웹사이트의 동작 방식은 단순했습니다. 사용자가 브라우저에 주소를 입력하면 브라우저는 주소에 해당하는 서버에 요청을 보내고, 서버로부터 받은 결과를 화면에 표시하는 뷰어 프로그램과 크게 다르지 않았습니다. 사용자가 웹사이트에 게시글을 올리든, '좋아요'를 누르든, 어떤 행동을 하든지 간에 서버는 이 행동으로 인해 브라우저로부터 전송되는 요청을 받으면 관련된 리소스 전체를 전달하는 방법으로 작동했습니다.

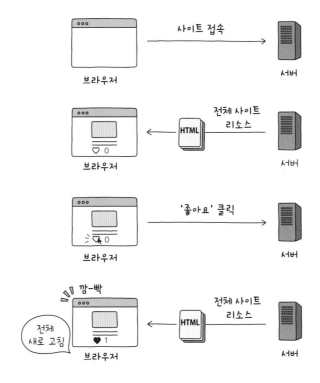

이처럼 서버는 브라우저로부터 요청받아 그에 맞는 화면을 HTML로 만들어 전달하는 전체 과정을 혼자 처리했습니다. 그렇기 때문에 이를 수행하는 프로그램을 만드는 것이 웹 개발자의 주 업무였습니다.

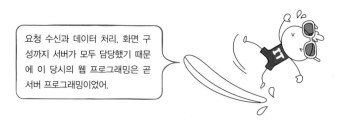

요청 수신과 데이터 처리, 화면 구성까지 서버가 모두 담당했기 때문에 이 당시의 웹 프로그래밍은 곧 서버 프로그래밍이었어.

이후 자바스크립트 기능이 강력해지고 브라우저 기능이 발달하면서 웹 개발자들은 브라우저에 많은 역할을 맡길 수 있게 되었습니다. 예전에는 '좋아요'만 눌러도 페이지 전체가 새로 고침되는 방식이었기 때문에 서버가 너무 무겁고 느려서 사용하기 불편했다면, 이를 개선한 새로운 방식은 '좋아요'를 클릭하면 서버가 자바스크립트 코드로 필요한 데이터만 처리해서 '좋아요'의 수만 바꿔주기 때문에 보다 매끄러운 웹 서핑이 가능해졌죠. 그 덕분에 웹 개발자는 브라우저의 보다 다양한 기능을 활용해 사용자의 경험을 대폭 개선하는 데 집중할 수 있게 되었습니다.

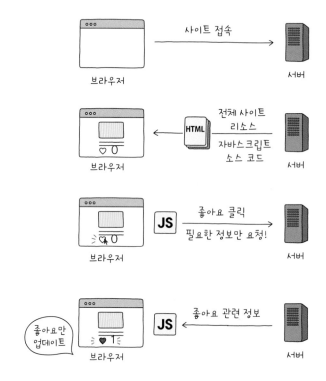

그런 만큼 브라우저에서 자바스크립트로 동작하는 부분은 점점 늘어났고, 이를 프로그래밍하는 일도 복잡해지고, 고도화되었습니다. 이에 따라 웹 개발자 중에서도 해당 부분을 전문적으로 개발하는 직군이 새롭게 파생되었고, 이들을 **프론트엔드 개발자**라 부르게 되었습니다. 프론트엔드는 브라우저, 즉 클라이언트 컴퓨터에서 동작하는 부분이므로 프론트엔드 개발자를 **클라이언트 개발자**라고 부르기도 합니다.

프론트엔드 개발자는 웹사이트 중 눈에 보이는 요소에 밀접한 부분을 개발합니다. HTML과 CSS로 이뤄지는 디자인 요소부터 이미지 슬라이드나 팝업, 스크롤 등 자바스크립트로 프로그래밍하는 부분을 전담하죠. 웹사이트에 필요한 데이터를 서버에 요청하고 반환된 정보를 활용해서 화면을 구성하고 사용자에게 보여주는 과정에 프론트엔드 개발자가 참여하는 것입니다.

프론트엔드 개발자들은 어떤 언어를 사용하나요?

브라우저는 자바스크립트로 작동하기 때문에 프론트엔드 개발자가 되기 위해서는 자바스크립트를 제대로 익혀야 합니다. 최근에는 타입스크립트도 많이 사용합니다. 타입스크립트는 자유분방한 자바스크립트에 타입을 부여해서 코딩할 때 오류의 소지를 줄이고 자동 완성 기능을 더해 생산성을 향상한 언어입니다.

서버에서 동작하는 부분
백엔드 easy

백엔드는 브라우저가 요청하는 부분, 즉 서버에서 작동하는 부분을 말합니다. 브라우저가 수행하는 프론트엔드 부분을 제외한 웹사이트의 모든 기능은 바로 서버 단계인 백엔드에서 이뤄진다고 할 수 있습니다. 그렇기 때문에 **백엔드 개발자**를 **서버 개발자**라고도 합니다. 웹사이트는 프론트엔드와 백엔드, 서버 측과 클라이언트 측이 짝을 이뤄 만들어집니다.

데이터 처리같이 눈에 직접 보이지 않는 웹사이트의 요소들은 백엔드에서 수행됩니다. 페이스북과 같은 SNS를 예로 들어 보죠. 사용자가 SNS에 접속하면 브라우저는 프론트엔드에서 프로그래밍한 대로 서버에 친구들의 피드를 보여달라고 요청합니다. 서버는 이 요청을 받아 데이터베이스로부터 사용자의 친구 목록을 얻은 다음, 그들이 올린 피드를 최신순으로 뽑아내어 클라이언트로 전송하죠. 사용자가 어떤 피드에 좋아요를 누르면 서버는 이 요청을 받아 데이터베이스에 반영하고, 사용자가 직접 게시물을 올리면 텍스트와 이미지를 저장한 뒤 업로드 성공 여부를 알려줍니다.

이 외에도 클라이언트의 요청을 받아 서버에서 수행하는 온라인 서비스의 모든 기능은 프론트엔드와 백엔드의 긴밀한 역할 분담 아래 이뤄집니다. 대표적으로 03-3절에서 다루었던 캐시와 세션이 있습니다. 백엔드에서 발급한 세션 아이디를 프론트엔드에서 요청마다 함께 전송하고, 백엔드에서는 세션을 확인해서 사용자의 로그인 여부를 식별하고 접근을 허가합니다.

로그인 예시에서 알 수 있듯이 프론트엔드 개발자와 백엔드 개발자의 원활한 소통은 성공적인 웹 개발의 필수 요소입니다. 좋은 개발자가 되려면 개발 실력뿐만 아니라 커뮤니케이션 능력과 협업 능력을 갖추는 것도 중요합니다.

프론트엔드와 백엔드는 웹사이트에서만 사용하는 개념이 아닙니다. 데이터 통신을 사용하는 모바일 앱 또한 스마트폰에 설치된 프로그램에서 동작하는 프론트엔드와 서버에서 동작하는 백엔드로 나뉘죠. 예를 들어 내비게이션 앱의 경우 사용자의 스마트폰에 설치된 앱(클라이언트)이 현재 위치와 목적지의 주소를 요청하면, 서버는 GPS 데이터와 실시간 교통 정보를 활용해서 최단 시간 경로, 무료 이동 경로 등을 계산한 다음 이 정보를 다시 앱(클라이언트)으로 전송합니다. 채팅 앱에서는 사용자가 클라이언트에 메시지를 입력하면 서버가 요청을 받아 대화를 데이터에 저장하고 상대방의 기기에서 알림이 울리도록 하죠.

프론트엔드 개발은 브라우저에서 동작할 수 있는 언어인 자바스크립트 중심으로 이뤄지지만, 백엔드는 서버에서 돌아가는 프로그램을 만드는 것이므로 사용할 수 있는 언어가 훨씬 다양합니다. 널리 사용되는 언어만 해도 자바나 파이썬뿐만 아니라 자바스크립트, C#, PHP, 루비 등에 있고 이 외에도 수많은 프로그래밍 언어를 백엔드 개발에 사용할 수 있습니다.

✚ 여기서 잠깐　**프론트엔드단과 서버단?**

업계에서 '프론트엔드단'과 '서버단'처럼 '단'을 붙여 때로는 그룹의 의미로, 때로는 단계의 의미로 사용하는 경우가 많습니다. 사실 이는 'side'를 번역하는 데서 온 오류입니다. 정확히는 '프론트엔드 측'과 '서버 측'이라는 표현을 사용합니다. '프론트엔드단'과 '서버단'은 권장할 만한 표현은 아니지만, 업계에서 흔하게 사용하는 용어이므로 알아 두면 좋습니다.

편리한 개발을 위한 프로그램 제작 키트
프레임워크 `medium`

백엔드 개발자들이 보다 수월하게 개발할 수 있도록 도와주는 프로그램 제작 키트를 **프레임 워크**라고 부릅니다.

영화 '김씨표류기'에서는 무인도에 고립된 주인공이 한정된 자원으로 어설프게 자장면을 만들어 먹는 장면이 나옵니다. 이 영화처럼 아무런 산업 인프라가 없는 환경에서 제대로 된 자장면을 요리해야 한다면 어떤 과정을 거쳐야 할까요? 농사를 지어 밀과 콩, 각종 야채를 재배하는 과정, 콩을 오랜 시간 발효시켜 춘장을 만드는 과정, 밀을 곱게 갈아 반죽해서 면을 만드는 과정, 돼지를 사육해서 도축하는 과정, 이를 알맞은 방법으로 조리해서 익혀 먹는 과정이 필요합니다. 그런데 이 모든 과정을 스스로 해내야 하는 상황에서 자장면을 빠르고 완벽하게 완성해서 먹을 수 있는 사람이 있을까요?

지금은 마트만 가도 밀가루는 물론 가공된 면, 레토르트 형태의 춘장, 야채와 손질된 고기 같은 식재료를 쉽게 구할 수 있습니다. 마음만 먹으면 집에서 자장면을 만들어 먹는 일이 어렵지 않죠. 심지어 요즘은 대부분의 조리 과정을 거친 형태로 포장되어 면을 삶고 소스를 데우기만 하면 음식이 완성되는 밀키트도 많습니다.

응용 프로그램을 만드는 과정도 자장면을 직접 만드는 것처럼 복합적입니다. 아주 간단해 보이는 프로그램조차도 개발자가 무(無)에서 시작해 모든 것을 스스로 만들어야 하기 때문에 많은 공부와 복잡한 작업이 필요합니다. 그렇기 때문에 이 모든 과정을 혼자서 만들 수 있는 개발자를 찾기는 무척 어렵습니다. 서버 프로그램과 같이 복잡하고 다양한 기능을 갖춘 소프트웨어는 말할 것도 없죠. 그래서 개발자들은 개발에 필요한 필수 요소와 기본적인 기능이 이미 프로그래밍이 되어 있는 제작 키트를 사용하는데, 앞서 이야기한 자장면 예시에 프로그래밍을 대입해 보면 마트에서 구매할 수 있는 식재료는 **라이브러리**, 필요한 것들만 담아 놓은 밀키트는 **프레임워크**라고 할 수 있습니다.

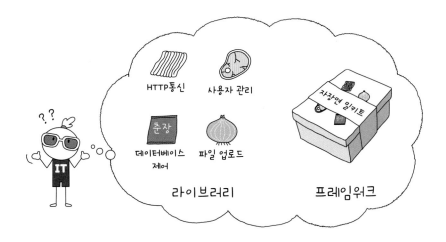

라이브러리가 특정 기능을 수행하는 소프트웨어 조각이자 여러 프로그램에 들어갈 수 있는 부품이라면, **프레임워크**는 라이브러리와 자체 코드를 엮어 필요한 소스 코드를 추가하는 것만으로 원하는 프로그램을 개발할 수 있도록 만들어진 키트입니다. 개발자가 프로그램을 만들기 위해 '가져다 쓰면' 라이브러리, 무언가를 기반으로 그 위에 프로그램을 '만들면' 프레임워크라고 생각하면 됩니다.

백엔드 개발자로 일하기 위해서는 프레임워크와 함께 사용되는 프로그래밍 언어를 익혀두는 것이 좋습니다. 국내에서는 자바로 만들어진 스프링을 가장 많이 사용하고 있기 때문에 자바에 능숙하고 스프링을 잘 다루는 개발자의 수요가 높습니다. 그 외에도 PHP로 만든 라라벨, 파이썬으로 만든 장고와 플라스크, 자바스크립트 기반의 익스프레스, C# 진영의 닷넷 등이 백엔드 개발에 많이 사용됩니다.

또한 클라이언트 측의 개발이 고도화되면서 오늘날에는 백엔드뿐만 아니라 프론트엔드도 프레임워크를 사용해서 개발하는 곳이 늘어나고 있습니다. 대표적인 프론트엔드 프레임워크로는 앵귤러와 뷰, 그리고 리액트가 있습니다. 그리고 이 세 가지 프레임워크는 브라우저에서 돌아가는 프로그램이기 때문에 공통으로 자바스크립트 또는 타입스크립트로 개발됩니다.

> 리액트는 특성상 프레임워크보다는 라이브러리로 구분됩니다. 앵귤러와 뷰, 리액트는 비슷한 역할을 하기 때문에 서로 자주 언급됩니다.

소프트웨어끼리 소통하는 법
API medium

자동차 운전자는 말이나 몸짓 없이도 자동차 등화 장치와 경음기를 사용해서 다른 운전자와 소통합니다. 방향 지시등으로 이동할 방향을 뒤차에게 미리 알려 주거나 특수한 상황일 때는 비상등을 켜서 뒤차가 안전히 지나가도록 유도하기도 하죠. 또한 제동등은 갑작스러운 감속을 뒤차가 인지할 수 있도록 해 주고 앞차에게 뭔가 문제가 발생했음을 알리기 위해 상향등을 깜빡이기도 합니다. 이와 같은 소통이 가능한 것은 교통 법규 또는 관행을 통해 사람들과 신호의 의미를 공유하고 있기 때문입니다. 군대에서 사용하는 수신호, 투수와 포수 간의 사인도 마찬가지죠.

이처럼 약속된 규칙과 신호는 말로 하는 소통이 어렵거나 소통이 불가능한 주체들 사이에 유용하게 사용됩니다. 오늘날 우리가 사용하는 상당수의 소프트웨어는 인터넷으로 연결된 여러 프로그램의 협업으로 작동합니다. 대표적인 것이 앞에서 설명한 프론트엔드와 백엔드입니다. 프론트엔드 측의 브라우저는 '이 게시판의 최신 글 목록을 보여 줘', '이 뉴스 기사에 댓글을 등록해 줘', '이 피드는 삭제해 줘' 등의 요청을 백엔드 측 서버에 보냅니다. 브라우저가 보낸 이 요청을 서버가 알아채기 위해서는 둘 사이에 약속된 신호가 있어야 합니다. 여기에 사용되는 것이 바로 **API**(Application Programming Interface)입니다.

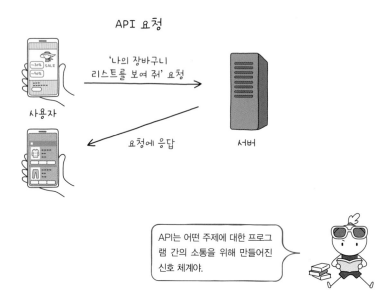

API 요청

'나의 장바구니 리스트를 보여 줘' 요청

사용자

요청에 응답

서버

API는 어떤 주제에 대한 프로그램 간의 소통을 위해 만들어진 신호 체계야.

API는 예를 들어 'A−B−C라고 신호를 보내면 1−2−3을 수행한다'라고 정한 약속입니다. 일반적으로 하나의 서비스를 만드는 프론트엔드 개발자와 백엔드 개발자 사이에 만들어지죠. 합의된 API 목록에 따라 프론트엔드 개발자는 요청을 보내고 응답으로 반환된 결과를 화면에 반영하는 기능을 다루며, 백엔드 개발자는 요청된 작업을 수행하는 기능을 다룹니다.

➕ 여기서 잠깐 　 REST API

프로그램마다 API 설계 방식이 다르다면 개발자들은 새로운 서비스를 만들 때마다 새로운 API를 고안하거나 다른 팀에 합류할 때마다 기존 API를 읽는 데 어려움을 겪을 것입니다. 자동차의 운전 수칙이 전 세계적으로 비슷한 것처럼 개발자 사이에도 보편적으로 공유되는 방식이 있는데, 이를 **REST API**(REpresentational State Transfer API)라고 합니다. REST API를 사용함으로써 개발자들은 '이 기능은 어떻게 요청하겠구나'하고 짐작할 수 있기 때문에 보다 수월하게 개발에 참여할 수 있습니다.

API는 한 주체가 다수의 타 주체에게 특정 기능을 개방할 때도 사용됩니다. 검색 엔진에 '공공 API'를 검색해 보면 공공 데이터 포털(https://www.data.go.kr) 사이트에서 날씨, 행정, 법률 등 다양한 종류의 데이터 사용법과 함께 API를 제공하는 것을 확인할 수 있습니다. 네이버나 다음, 구글의 지도를 여러 앱에서 제공하고 있는 것도 해당 기업에서 자사의 지도 기능을 유료 또는 무료 API로 공개했기 때문입니다. 마치 자판기 버튼을 누르면 원하는 제품이 나오는 것처럼 공개된 API 사용법에 맞게 요청을 보내어 원하는 기능을 사용할 수 있습니다.

API는 인터넷으로 연결된 주체뿐만 아니라 컴퓨터 내부의 시스템과 소프트웨어끼리 기능을 호출하는 데도 사용돼!

컴퓨터에 정보를 전달하는 방법
XML, JSON, YAML, AJAX `hard`

API를 사용해서 요청에 어떤 응답을 보낼지 정한다 해도 아직 해결할 문제가 남았습니다. 컴퓨터끼리 주고받는 정보는 한 줄로 이어진 텍스트로 작성됩니다. 단순한 정보를 주고받을 때는 문제가 없지만, 정보가 복잡한 구조를 가졌을 때는 이 텍스트를 어떻게 쓰고 읽을 것인지에 대한 정해진 형식이 있어야 합니다.

택배 배달을 예로 들면 프론트엔드에서 사용자의 주소 정보를 백엔드로 보낼 때 다음과 같이 보낼 수 있습니다.

> 한빛시 얄코구 혼공로 열공길

서버에서 해당 주소에 배달이 가능한 업체들의 이름을 전송할 때도 개수에 상관없이 쉼표로 구분해서 전송할 수 있죠.

> 얄코치킨, 중화반점, 피자리아, 할매분식, 카페원두, 스위트마카롱

이처럼 간단한 정보는 작성하는 측과 읽는 측이 형식을 합의하는 데 있어 큰 어려움이 없습니다. 하지만 사용자가 다음과 같은 구조를 가진 '얄코치킨' 항목을 선택했다면 서버는 이를 어떻게 한 줄의 텍스트로 보낼까요?

상호	얄코치킨			
주소	한빛시 얄코구 혼공로 열공길			
소유주		이름	김얄코	
		아이디	yalco01	
		전화번호	010-1234-1234	
메뉴	메뉴명	양념치킨	메뉴명	핫윙
	가격	18000	가격	10000
	재료	– 생닭 – 튀김가루 – 매콤소스	재료	– 닭날개 – 핫소스

이 정보는 분량이 많을 뿐만 아니라 복잡하고 다층적인 구조를 가지고 있습니다. 단순히 텍스트만 이어 붙이는 것으로는 '김얄코'가 이름인지, '튀김가루'가 재료인지 메뉴인지 혹은 상호인지를 컴퓨터는 알 수 없습니다. 컴퓨터가 사람처럼 시각화된 표 구조를 인지할 수 있는 것도 아니기 때문에 계층과 구조를 가진 정보를 텍스트로 표현할 수 있는 형식이 필요합니다. 이때 사용되는 형식이 바로 XML과 JSON입니다.

XML

대표적인 두 형식 중에 **XML** 형식을 먼저 살펴보겠습니다. 다음은 앞의 내용을 XML로 작성한 것입니다.

```xml
<?xml version="1.0" encoding="UTF-8"?>
<shop>
    <name>얄코치킨</name>
    <location>한빛시 얄코구 혼공로 열공길</location>
    <owner>
        <name>김얄코</name>
        <id>yalco01</id>
        <phone>010-1234-1234</phone>
    </owner>
    <menus>
        <menu>
            <name>매콤치킨</name>
            <price>18000</price>
            <ingredients>
                <ingredient>닭</ingredient>
                <ingredient>튀김가루</ingredient>
                <ingredient>매콤소스</ingredient>
            </ingredients>
        </menu>
```

```
        <menu>
            <name>핫윙</name>
            <price>10000</price>
            <ingredients>
                <ingredient>닭날개</ingredient>
                <ingredient>핫소스</ingredient>
            </ingredients>
        </menu>
    </menus>
</shop>
```

note 146쪽에서 설명한 HTML 태그와 같은 모양임을 확인할 수 있습니다. 〈태그〉의 이름으로 해당 글자가 어떤 내용인지 알 수 있도록 구성되어 있습니다.

앞서 컴퓨터가 읽은 정보는 텍스트 한 줄이라고 말했는데, 들여쓰기와 줄바꿈으로 여러 줄에 걸쳐 작성된 모습을 보고 의아할 수도 있습니다. 사실 위 내용은 사람이 작성할 때 알아보기 쉽도록 Enter 와 Tab 키를 사용한 것입니다. 실제 컴퓨터가 해당 문서를 읽을 때는 공백과 탭을 생략하고 다음과 같은 한 줄의 긴 텍스트로 인지합니다.

```
<?xml version="1.0" encoding="UTF-8"?><shop><name>얄코치킨</name>
<location>한빛시 얄코구 혼공로 열공길</location><owner><name>김얄코
</name><id>yalco01</id><phone>010-1234-1234</phone></owner><menus>
<menu><name>매콤치킨</name><price>18000</price><ingredients><ingredient>
닭</ingredient><ingredient>튀김가루</ingredient><ingredient>매콤소스
</ingredient></ingredients></menu><menu><name>핫윙</name><price>1000
0</price><ingredients><ingredient>닭날개</ingredient><ingredient>핫소스
</ingredient></ingredients></menu></menus></shop>
```

XML로 작성된 위 문서를 보고 HTML을 떠올린 사람도 있을 텐데요. XML은 HTML처럼 마크업 언어입니다. HTML과 같은 원리이며 XML에도 동일한 태그가 사용됩니다. 각 항목은 해당 이름의 태그 사이에 정보가 들어 있는 형태로 구성되어 있으며, 태그 안에 또

다른 태그를 다층적으로 포함할 수도 있습니다. 태그를 활용해서 복합적인 정보를 컴퓨터에 정확하게 전달할 수 있는 것입니다.

> HTML은 웹 페이지 구조를 개발하는 데 사용하는 반면, XML은 플랫폼 간 데이터를 주고받는 데 사용하는 언어야.

JSON

XML에서 사용하는 태그는 각 항목의 내용이 시작되는 곳과 끝나는 곳을 표시함으로써 데이터의 구조를 명확히 보여줍니다. 하지만 반복되는 텍스트가 많아 전체 길이가 길어진다는 단점이 있습니다. 중복되는 구문이 많아서 사람이 읽기에도 가독성이 떨어지고 컴퓨터가 읽고 쓰는 속도도 느립니다. 이를 보완한 또 다른 형식으로 **JSON**(제이슨)이 있습니다. 다음은 앞서 내용을 JSON 형식으로 작성한 문서입니다. 알아보기 쉽도록 줄바꿈과 들여쓰기를 하였습니다.

```json
{
    "name": "얄코치킨",
    "location": "한빛시 얄코구 혼공로 열공길",
    "owner": {
        "name": "김얄코",
        "id": "yalco01",
        "phone": "010-1234-1234"
    },
    "menus": [
    {
        "name": "매콤치킨",
        "price": 18000,
        "ingredients": ["닭", "튀김가루", "매콤소스"]
    },
    {
        "name": "핫윙",
        "price": 10000,
        "ingredients": ["닭날개", "핫소스"]
```

```
      }
    ]
}
```

다음은 줄바꿈과 들여쓰기를 제거한 형태입니다.

```
{"name":"얄코치킨","location":"한빛시 얄코구 혼공로 열공길","owner":{"name":
"김얄코","id":"yalco01","phone":"010-1234-1234"},"menus":[{"name":"매콤치
킨","price":18000,"ingredients":["닭","튀김가루","매콤소스"]},{"name":"핫윙",
"price":10000,"ingredients":["닭날개","핫소스"]}]}
```

JSON 형식으로 작성된 문서를 보면 XML보다 구문이 간단하고 높은 가독성을 가지고 있음을 확인할 수 있습니다. 각 항목마다 따옴표가 붙고 그 뒤에 대괄호[ ]로 둘러싸인 배열과 중괄호{ }로 둘러싸인 또 다른 객체가 오는 식으로 정보가 작성됩니다. 이는 각 항목이 어떤 형태의 정보인지 명확히 알 수 있도록 해 주죠. 이런 장점 때문에 읽기 어렵고 비효율적인 XML을 대신해 JSON이 더 많은 곳에 활용되고 있습니다.

그럼 무조건 JSON이 XML보다 나은 건가요?

JSON도 단점이 있어요. 문법 오류에 취약해서 따옴표나 괄호가 하나만 빠져도 문서 전체를 읽을 수 없습니다. 오탈자가 있어도 해당 항목을 제외하고 읽을 수 있는 XML과는 대조되죠. 주석을 달 수 없다는 점도 JSON의 한계입니다.

YAML

용도는 다르지만 XML, JSON과 함께 자주 비교되는 형식으로 **YAML**(야믈) 형식이 있습니다. YAML은 정보 인식을 위해 줄바꿈과 들여쓰기가 필수 문법 요소입니다. YAML은 XML이나 JSON 파일이 프로그램 간 정보 전달에 목적이 있는 것과는 달리, 주로 프로그램 설정 파일과 같이 개발자가 편리하게 읽고 작성하기 위한 용도로 사용됩니다. 다음은 [얄코치킨]의 정보를 YAML 형식으로 작성한 문서입니다.

```
name: 얄코치킨
location: 한빛시 얄코구 혼공로 열공길
owner:
    name: 김얄코
    id: yalco01
    phone:010-1234-1234
menus:
  - name: 매콤치킨
    price: 18000
    ingredients:
      - 닭
      - 튀김가루
      - 매콤소스
  2:
  - name: 핫윙
    price: 10000
    ingredients:
      - 닭날개
      - 핫소스
```

+ 여기서 잠깐　　**YAML이란?**

YAML은 'ML'이 붙어 마크업 언어처럼 보이지만, YAML Ain't Markup Language의 약자로 마크업 언어가 아닙니다. 하이픈(-)을 이용해 배열을 표시하기 때문에 XML이나 JSON 파일보다 가독성이 좋다는 장점이 있습니다.

AJAX

AJAX(에이잭스)는 정확히 형식이 아닙니다. AJAX는 자바스크립트를 이용해 서버와 브라우저가 데이터를 교환할 수 있는 통신 기능을 합니다. 184쪽에서 웹사이트에 필요한 정보만 서버로부터 받아와 부분적으로 업데이트할 수 있다고 했습니다. 이것이 가능한 것이 바로 AJAX 덕분입니다.

AJAX는 Asynchronous Javascript And Xml의 약자로, 이름 그대로 자바스크립트를 통해서 서버에 데이터를 비동기 방식으로 요청하는 것을 의미합니다. 비동기 방식이란 여러 기능이 순차적으로 실행을 기다리는 것이 아니라 각자 독립적으로 작업을 수행하며 결과를 제출하는 방식입니다. '좋아요' 버튼을 누르면 다른 요소의 로딩이나 동작 여부와는 상관없이 바로 서버에 정보를 업데이트한 뒤 하트가 채워지는 것이 그 예죠.

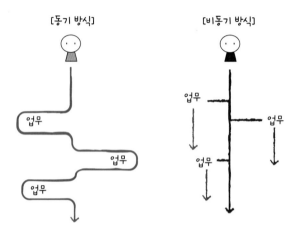

AJAX가 등장하기 전에는 웹사이트의 모든 클릭이 새로운 '접속'이었습니다. 기존 방식에서는 사용자가 게시판에 접속할 때, 게시판의 글 목록에서 원하는 글을 클릭해서 해당 글의 페이지로 들어갈 때, 해당 게시글에 좋아요 버튼을 클릭할 때 모두 '접속'으로 판단합니다. 브라우저는 접속을 감지하면 서버에 요청을 보내 HTML, CSS, 자바스크립트 등의 파일을 모두 새로 반환받은 후 이를 띄워 바뀐 화면을 보여 주었습니다. 워드 프로세서로 치면 새 문서를 여는 것과 같기 때문에 이 과정에서 화면 전체가 업데이트되고 요소가 다시 나타났죠.

AJAX가 웹 개발에 널리 사용되기 시작하면서 브라우저에서 동작하는 자바스크립트의 역할과 비중이 더욱 늘어났습니다. 그 결과 서버 프로그래밍 중심이던 웹 개발에서 웹사이트 화면을 전담하는 프론트엔드 분야와 자바스크립트가 생기게 되었죠.

HTML이라는 설계도의 결과물, 돔

AJAX는 여러 가지 기술이 복합적으로 사용됩니다. HTML, 자바스크립트, XML과 더불어 돔(DOM)이라는 기술도 사용되는데, 웹 개발자 중에는 돔을 잘 모르는 사람들도 간혹 있습니다. 그 이유는 돔을 잘 몰라도 웹사이트를 개발하는 실무에서 크게 문제되지 않기 때문인데요. 그러나 돔의 개념을 파악하고 나면 프론트엔드에서 일어나는 일을 보다 깊이 알 수 있어 효율적으로 웹 개발을 할 수 있습니다.

143쪽에서 브라우저는 'HTML 형식의 문서를 읽는 프로그램'이라고 했습니다. 다른 관점에서 보면 HTML은 설계도, 브라우저는 공장입니다. 그리고 그 공장이 HTML 설계도를 보고 생산해 낸 제품이 바로 돔이죠.

이런 의미로 **돔**은 'HTML 문서가 실체화된 API'라고 정의할 수 있습니다. 다음은 HTML 소스 코드입니다.

```html
<html>
  <head>
    <title>나의 웹사이트</title>
  </head>
  <body>
    <div>
      <h1 id="h1">사이트 제목</h1>
      <input type="text">
      <button id="button">확인</button>
    </div>
  </body>
</html>
```

코드의 가장 바깥쪽에는 ⟨html⟩ 태그가, 그리고 바로 안쪽에 ⟨head⟩와 ⟨body⟩ 태그가 있습니다. 그리고 ⟨body⟩ 태그 안에는 ⟨h1⟩, ⟨input⟩, ⟨button⟩ 태그가 있습니다. 이는 해당 웹사이트에 무슨 요소가 어떻게 들어가고 어떤 구조를 가지는지를 나타내는 설계도입니다. 이 HTML 문서를 크롬이나 엣지 등과 같은 브라우저로 가져가면 브라우저는 이를 토대로 다음과 같은 객체를 만듭니다.

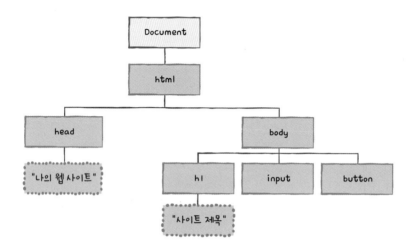

HTML 문서에서 태그의 포함 관계가 나무줄기와 같은 구조를 보여줍니다. 돔 구조가 나무 형태를 갖기 때문에 **돔 트리**(DOM tree)라고 부르기도 합니다. 우리가 브라우저에서 보는 웹사이트의 모습은 돔 트리가 시각화되어 나타난 결과물입니다.

그렇다면 돔은 왜 있는 것이며, 'HTML 문서가 실체화된 API'라는 말은 무슨 뜻일까요? 03-2절에서 HTML은 웹사이트에 요소들을 '가져다 놓고', CSS는 이를 '꾸민다'고 했습니다. 그리고 이 요소에 무언가 일을 '시키는' 것이 자바스크립트라고 했죠. 자바스크립트는 ⟨button⟩을 이용해 클릭 시 무언가를 실행하게 하고, ⟨input⟩에 입력된 글자들을 읽기도 하며, ⟨div⟩ 요소의 배경색을 바꾸거나 화면에서 보이지 않도록 감추기도 합니다. 이때 ⟨button⟩과 ⟨input⟩이 '자바스크립트로 제어할 수 있는' 대상이고, 이를 HTML 구조로 조립해 놓은 것이 바로 돔입니다.

다음은 앞의 예제에서 button을 클릭하면 [확인] 버튼 위의 글자가 '클릭했습니다.'로 변경되게 하는 자바스크립트 코드입니다. 먼저 getElementbyId로 button1과 h1 요소에 명령을 내릴 돔 객체를 가져옵니다. 돔 트리 맨 위쪽의 document에게 아래 줄기에서 id라는 속성의 button과 h1 객체를 찾아오라고 시키는 거죠.

```javascript
//button과 h1 요소의 DOM 객체를 선택
const button = document.getElementById('button')
const h1 = document.getElementById('h1')
//DOM 객체에 명령
button.addEventListener(
    'click',
    () => {h1.innerText = '클릭했습니다.'}
)
```

이처럼 document에 getElementbyId 명령을 내릴 수 있는 것은 돔이 API이기 때문입니다. 개발자가 내릴 수 있는 명령어와 명령에 맞게 실행하는 기능이 정해져 있기 때문에 자바스크립트를 사용해서 이들을 제어할 수 있는 것이죠. button에 addEventListener를 사용해서 버튼 클릭 시 실행할 일을 등록할 수 있고, h1에 innerText를 사용해서 텍스트 내용을 보거나 변경할 수 있는 것도 돔이 각 요소마다 명령어로 기능을 부여할 수 있는 API이기 때문입니다.

API란 소프트웨어에서 프로그램들 간의 소통을 위해 만들어진 신호 체계라고 배웠지!

▶ 7가지 키워드로 정리하는 핵심 포인트

- **프론트엔드**는 웹사이트의 구성 요소 중 클라이언트 컴퓨터의 브라우저에서 작동하는 부분입니다.

- **백엔드**는 웹사이트나 모바일 앱과 같은 온라인 애플리케이션의 구성 요소 중 서버에서 작동하는 프로그램입니다.

- **프레임워크**는 프로그램의 기본 골격이 갖춰져 있어 개발자가 원하는 제품을 수월하게 만들 수 있도록 출시된 개발 키트입니다.

- **API**는 여러 소프트웨어의 특정 기능들을 요청하고 호출하기 위한 약속입니다.

- **XML**과 **JSON**은 데이터를 저장하고 전달할 목적으로 구성된 표기 형식입니다.

- **YAML**은 사람이 이해하기 쉬운 형태로 구성된 표기 형식입니다.

▶ 확인 문제

1. 다음 중 문장에 들어갈 알맞은 단어를 보기에서 찾아 작성해 보세요.

> **보기** ① 프론트엔드   ② 백엔드   ③ 클라이언트   ④ 서버

- 프론트엔드 개발자는 다른 말로 (   ) 개발자, 백엔드 개발자는 (   ) 개발자라고도 합니다.

- 웹사이트 화면에 애니메이션처럼 작동하는 작업은 (   )에서, 로그인한 사용자를 위해 세션을 설정하는 작업은 (   )에서 진행합니다.

2. 다음 중 틀린 것을 고르세요.

① 프레임워크에는 라이브러리가 포함될 수 없습니다.

② 국가에서 공개적으로 제공하는 API로 세금 알림 앱을 만들 수 있습니다.

③ 프로그램 간 주고받을 데이터의 용량을 줄이려면 XML보다 JSON이 유리합니다.

④ 프론트엔드 개발자와 백엔드 개발자 사이에는 긴밀한 협업과 원활한 소통이 필요합니다.

3. 다음 중 나머지 넷과 성격이 다른 하나를 고르세요.

① 스프링   ② 라라벨

③ REST API   ④ 닷넷

⑤ 장고

4. 다음 문장 중 괄호 안에 알맞은 내용을 작성해 보세요.

> JSON은 XML과 비교할 때 간결하고 가독성이 좋은 대신 (　　　　　　)(을)를 달 수 없다는 단점이 있습니다.

5. 다음 중 틀린 것을 고르세요.

① 돔은 API입니다.

② 프레임워크는 프론트엔드와 백엔드 모두에서 사용될 수 있습니다.

③ YAML은 네트워크상의 주체 간 정보 전달을 목적으로 사용됩니다.

④ AJAX의 등장은 프론트엔드와 백엔드의 분리에 기여했습니다.

⑤ 프론트엔드와 백엔드의 개념은 모바일에서도 적용될 수 있습니다.

03-6
IP는 뭐고 HTTPS는 뭐죠?

IP · IP 주소 · 도메인 · DNS · WWW · HTTP · HTTPS

네트워크에서 자주 사용하는 기본 용어와 관련 기술의 원리를 배웁니다. 또한 사용자가 인터넷을 사용할 때 컴퓨터가 작동하는 과정에 대해서 알아봅니다.

시작하기 전에

우리는 아주 쉽게 브라우저 주소창에 사이트 주소를 입력하고 웹사이트를 이용합니다. 주소창에 naver.com을 입력하면 네이버 홈페이지가, gov.kr을 입력하면 정부24 홈페이지가 화면에 나타납니다. 이는 브라우저가 주소창에 입력된 텍스트를 사용해서 해당 웹사이트 서버를 찾아내고, 그 서버로부터 데이터를 요청해서 반환받기 때문입니다. 도대체 어떻게 브라우저는 지구 어디에 있는지 알 수 없는 서버에서 수많은 웹사이트와 온라인 서비스를 정확히 찾아내는 걸까요? 주소창에 입력하지도 않은 HTTP와 HTTPS는 자동으로 나타나는데, 이 둘의 차이는 뭘까요?

이번 절에서는 온라인 서비스를 운영하는 데 있어서 꼭 알아 두어야 하는 웹과 네트워크에 관련된 중요한 개념들을 알아보며, 궁금증을 해결해 보겠습니다.

내 컴퓨터의 주소
IP 주소 `easy`

우리는 한 번쯤 범죄 현장에 남은 지문을 분석해서 범죄자를 특정하거나 검거했다는 뉴스를 접한 적이 있습니다. 지문 분석으로 범죄자를 찾는 일은 사람마다 가지고 있는 고유한 지문 모양으로 개개인을 특정할 수 있기 때문에 가능한 일입니다. 사람의 지문처럼, 인터넷에 연결된 PC나 스마트폰도 각 기기를 식별할 수 있는 특수한 번호를 가지고 있습니다. 이 번호가 바로 **IP 주소**입니다.

우리가 인터넷으로 쇼핑이나 검색 등 여러 가지 활동을 할 때 PC나 스마트폰 같은 기기들은 인터넷상에서 서로 통신하며 데이터를 주고받습니다. 택배를 보낼 때 수신자 주소와 발신자 주소를 사용하는 것처럼 각 기기는 IP 주소를 사용해서 서로를 인식하고 통신할 수 있습니다. 사실 **IP 주소**는 기기 자체의 주소가 아니라 기기와 연결된 네트워크 끝 단의 주소입니다. 지금 사용하고 있는 노트북을 카페 인터넷에 연결하면 IP 주소도 바뀝니다.

> ### ➕ 여기서 잠깐 | IP와 IP 주소
>
> IP는 Internet Protocol의 약자로 인터넷 상에서 데이터를 주고받기 위한 통신 규약입니다. IP 주소는 이 통신을 위해 사용하는 식별 번호입니다. IP 주소를 줄여서 IP라고 부르기도 하지만, IP는 규약 자체를 가리키는 말이기 때문에 두 단어는 다른 의미입니다.

IP 주소도 집 주소와 비슷한 모양을 하고 있습니다. 집 주소가 '서울시/서대문구/연희로/2길'로 구분되듯 IP 주소도 123.123.123.123과 같은 모양으로 구분됩니다. 이렇게 0부터 255까지의 숫자가 네 마디로 구분되는 방식이 현재 주로 사용하는 **IPv4** 방식입니다. IPv4는 0.0.0.0부터 255.255.255.255까지를 주소로 사용하며, 대략 42억 개(2^{32})의 주소를 표현할 수 있습니다. 엄청나게 많은 것 같죠? 하지만 스마트폰, 태블릿, 스마트 워치 등 다양한 모바일 기기가 만들어지면서 IPv4 방식의 주소가 고갈되고 있습니다. 이런 IP 주소 부족 문제를 해결하기 위해 고안된 방법이 바로 **IPv6** 방식입니다.

IPv6 방식의 IP 주소는 1234:5678:9ABC:DEF0:1234:5678:9ABC:DEF0과 같은 모양을 하고 있습니다. 0~255까지의 숫자로 표현하던 기존 IPv4 방식에서 발전해 IPv6은 0~F로 표현하는 16진수를 4자리 숫자 8개로 표현합니다. 거의 무한 개라고 할 수 있는

2^{128}개로 표현하기 때문에 IP 주소가 소진될 염려가 없으며, 점점 IPv4를 대신해서 사용하는 추세입니다.

이렇게 할당할 수 있는 IP 주소가 늘어나면 PC나 스마트폰뿐만 아니라 TV, 냉장고, 세탁기 등 일반 가전제품에도 IP 주소를 부여할 수 있습니다. 이미 스마트 TV, 스마트 냉장고 같은 통신할 수 있는 스마트 기기가 출시되고 있는 것으로 보아 앞으로 우리 생활은 점점 스마트해질 것입니다.

공인 IP 주소

공인 IP 주소는 지구상 어느 것과도 중복되지 않는 고유 IP 주소로, 인터넷 서비스 제공업체에 의해 회사나 개인에게 부여됩니다. 공인 IP는 다른 어떤 IP와도 중복되지 않기 때문에 웹사이트 같은 서버를 찾기 위한 용도로 사용됩니다. 또한 외부에 공개된 주소이기 때문에 검색 엔진에서 IP를 검색해 확인할 수 있습니다.

사설 IP 주소

사설 IP 주소는 IPv4 방식의 공인 IP 주소가 부족해지면서 기기에 서로 다른 주소를 할당할 수 없기 때문에 생긴 개념입니다. 가정집이나 회사 사무실에서 쓰는 여러 가지 기기에 공인 IP를 부여할 수 없으니 공유기로 하나의 공인 IP 주소를 여러 기기가 함께 사용하도록 하는 거죠.

그러나 공인 IP를 공유하는 기기의 주소도 중복되면 안 되기 때문에 공인 IP를 공유한 기기에도 각각을 구분할 수 있는 주소를 할당하는데, 이때 쓰는 주소를 사설 IP 주소라고 합니다. 사설 IP 주소는 로컬 IP, 가상 IP라고도 불립니다.

> note 공유기는 하나의 IP 주소로 여러 대의 컴퓨터를 인터넷에 연결할 수 있도록 하는 네트워크 기기입니다.

고정 IP 주소

고정 IP 주소는 IP 주소가 영구적으로 할당되어 변경되지 않는 주소를 의미합니다. IPv4 체계에서는 사용할 수 있는 IP 주소가 한정되어 있기 때문에 모든 사용처나 기기에 IP를 고정적으로 부여하지 않고는 일정 주기마다 IP를 회수해서 필요한 곳에 다시 나눠주는 전략을 사용합니다. 이때 고정 IP 주소는 인터넷 사이트와 같이 변경되면 안 되는 사용처나 기기에 주로 사용합니다. 고정 IP를 사용하지 않으면 외부에 알려진 IP가 자칫 다른 사이트에서 사용될 수 있기 때문에 기업이나 기관에서는 고정 IP를 사용합니다.

유동 IP 주소

유동 IP 주소는 기기에 고정적으로 IP를 부여하지 않고 남아 있는 IP 주소를 골라 그때 그때 기기에 할당하는 방법입니다. 웹사이트나 API 같은 기능을 서비스하는 서버라면 고정 IP를 사용하는 것이 유리할 수 있습니다. 그 대신 고정 IP를 할당받기 위해서 더 큰 비용을 지불해야 하죠. 그러나 유동 IP 주소는 고정 IP 주소보다 저렴하게 이용할 수 있으며, 정기적으로 변동되기 때문에 고정 IP에 비해 보안 측면에서도 유리합니다. 일반적인 클라이언트 용도로는 유동 IP가 적합하지만, 기업이나 기관에서 서버를 운영할 때는 고정 IP를 사용합니다.

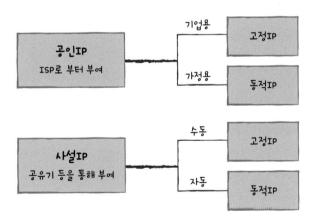

IP 주소를 담은 전화번호부
도메인과 DNS medium

웹사이트를 이용할 때마다 주소창에 125.209.222.142와 같은 IP 주소를 입력해야 한다면 어떨까요? 휴대폰이 없었던 예전에는 전화번호를 외우기도 하고 수첩에 기록해서 다녔습니다. 더 이상 전화번호를 외울 필요가 없는 시대에 살고 있는데, 자주 방문하는 웹사이트 접속을 IP 주소로만 해야 한다면 어떨까요? 마찬가지로 IP 주소를 외우거나 필요한 사이트의 IP 주소 목록을 적어서 다녀야 할 것입니다. 아니면 과거 노란색이 상징이었던 전화번호부처럼 각종 사이트의 IP 주소를 정리한 IP 주소부가 각집마다 놓여있을지도 모릅니다.

하지만 다행히 우리는 IP 주소 대신 naver.com, daum.net, wikipedia.org 등 기억하기 쉬운 주소를 사용해 웹사이트에 접속합니다. 이렇게 IP 주소를 이름처럼 사용할 수 있는 것을 **도메인**이라고 합니다. 비슷한 숫자를 여러 개 외우는 것보다 서비스 이름이 반영된 도메인을 기억하기 훨씬 쉽죠.

도메인은 도메인 등록 대행업체를 통해 구입합니다. 국내에는 가비아(www.gabia.com), 후이즈(whois.co.kr) 등 많은 업체가 있으며, GoDaddy(kr.godaddy.com) 같은 해외업체에서도 구입할 수 있습니다.

이런 도메인 등록 대행업체에서 원하는 도메인명을 검색해 보면 누가 이미 구매하지는 않았는지, 몇 년 단위로 얼마에 구입할 수 있는지 등을 확인할 수 있습니다. 업체마다 가격과 옵션이 다르므로 적합한 구매처를 찾아 필요한 기간만큼 도메인을 구입하면 됩니다.

하지만 도메인은 사람이 보다 쉽게 IP 주소를 사용하도록 돕는 역할을 할 뿐입니다. 내부적으로는 도메인에 해당하는 IP 주소로 변환해서 경로를 안내해 주는 역할이 필요하죠.

이 역할을 하는 것이 바로 **DNS**입니다. DNS는 Domain Name System의 약자로, 전 세계의 도메인과 각각의 도메인에 연결된 IP 주소들이 저장되어 있습니다. 그래서 사용자가 브라우저에 도메인(웹사이트 주소)을 입력하면 브라우저는 DNS에 요청을 보내서 도메인에 해당하는 IP 주소를 찾아 접속하는 거죠.

DNS에서 요청을 처리하는 순서는 다음과 같습니다.

❶ 사용자가 주소창에 www.naver.com을 입력하면 브라우저는 DNS에 IP 주소를 요청합니다.

❷ DNS는 해당 도메인에 맞는 IP 주소를 찾아 브라우저에 전달합니다.

❸ 브라우저는 해당하는 IP 주소의 웹 서버에 연결합니다.

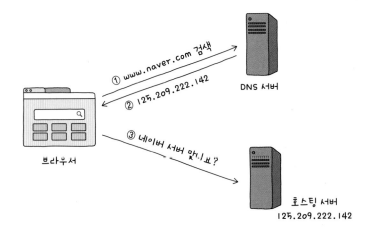

정보를 주고받기 위해 약속된 방식
WWW, HTTP medium

주소창에 'naver.com'을 입력해서 네이버 사이트로 이동한 다음 주소창을 보면 www. naver.com이나 https://www.naver.com으로 표기되는 것을 본 적이 있습니다. 왜 내가 입력하지 않은 글자들이 있는 걸까요? 그리고 브라우저마다 다르게 표시되는 이유는 뭘까요? 먼저 우리가 사용하는 IP 주소 구성을 살펴보겠습니다.

URL

통신 규약	호스트명	도메인
https://	www	.naver.com

https://search.naver.com?query=domain

링크를 복사해서 붙여넣기 할 때 사용하는 텍스트를 URL이라고 부릅니다. 하나씩 뜯어보면 맨 앞에 있는 https는 **통신 규약**으로, 어떤 종류의 통신이 이뤄질 것인가를 결정합니다. 그 다음으로 www가 붙은 자리는 **호스트명**입니다. 이 자리에 mail, map, shopping 등 다른 호스트가 들어올 수 있습니다. 그리고 호스트명 바로 뒤에서 시작해 .com, co.kr, .edu 등으로 끝나는 주소가 바로 **도메인**입니다.

WWW

먼저 호스트명을 살펴보겠습니다. **WWW**는 월드 와이드 웹의 줄인 말로, 쉽게 말해 인터넷에 연결된 컴퓨터를 통해 전 세계의 모든 사람이 정보를 공유하고 소통할 수 있는 인터넷 공간을 뜻합니다. 전 세계 사람들이 인터넷상에서 네트워크로 연결된 모습이 마치 거미집처럼 복잡하게 얽혀 있다고 해서 세계적인(World Wide) 거미집(Web)이라는 뜻으로 생긴 단어입니다. W3라고 하기도 합니다.

WWW는 메뉴 방식으로 서비스하던 기존 방식과 달리 **하이퍼텍스트**를 지원하기 때문에 문서 활용에 엄청난 편리성을 제공합니다. 그래서 인터넷에 연결된 컴퓨터의 정보를 모든 사람들이 쉽게 접근할 수 있게 되었죠. 그뿐만 아니라 WWW는 인터넷에 제공되는 많은 서비스를 통합 접속하는 역할을 합니다. 기존 프로토콜과 서비스를 제공할 뿐만 아니라 인터넷에 존재하는 텍스트 형태의 문서, 그림, 음성 등 각종 자료 또한 URL 형태인 인터넷 주소를 이용해서 하나의 문서로 관리 및 제공합니다.

> **+ 여기서 잠깐**   **하이퍼텍스트**
>
> 하이퍼텍스트란 꼭 전체 글자를 순서대로 읽지 않아도 되는 문서를 의미합니다. 책이나 종이 신문은 첫 페이지부터 마지막 페이지까지 작가의 의도대로 사용자가 따라가는 순차적인 형태입니다. 하지만 포털 사이트의 뉴스나 블로그 같은 웹사이트는 링크만 클릭하면 얼마든지 원하는 페이지로 자유롭게 이동할 수 있죠. 이처럼 한 문서에서 다른 문서로 즉시 접근할 수 있도록 비선형적으로 연결된 텍스트를 하이퍼텍스트라고 부릅니다.

HTTP

웹사이트 주소를 입력하면 맨 앞에 http:// 또는 https://가 자동으로 붙는 것을 볼 수 있습니다. 이는 **통신 규약**을 나타내는 것으로, 명함에서 전화번호 앞에 Tel(전화)이나 Fax(팩스)를 붙인 것처럼 네트워크로 이어진 두 컴퓨터가 어떤 종류의 소통을 할지 지정하는 것입니다.

HTTP는 클라이언트의 요청과 서버의 응답으로 구성된 방식입니다. 클라이언트 컴퓨터에서 서버 컴퓨터에 편지를 써 보내고, 서버는 책상에 쌓인 편지들을 하나하나 읽습니다. 편지에는 어떤 데이터를 요청하는 내용이 있을 수도, 어떤 일을 처리해 달라는 내용이 담길수도 있습니다. 서버는 이런 요청이 허가된 것이라면 요청을 수행한 결과를 답장으로 보내고, 허가되지 않은 요청이라면 거절 메시지를 보냅니다.

HTTP 통신을 편지에 비유한 이유는 각각의 요청과 응답이 모두 개별적이기 때문입니다. 사람끼리의 전화는 통화가 끝날 때까지 서로가 연결된 상태에서 대화하죠. 한 마디를 할 때마다 상대방에게 자신이 누군지 밝힐 필요가 없습니다. 하지만 HTTP는 서버와 동시에 통화하는 클라이언트 수가 많기 때문에 클라이언트가 요청을 두 번 보냈을 때 서버는 이 두 요청이 같은 클라이언트가 보낸 것을 알지 못합니다.

이처럼 어떤 공통된 상태 아래에 있지 않고 각각 개별적인 상태를 프로그래밍에서는 스테이트리스(stateless)라고 부릅니다. 이와 반대로 전화 통화처럼 공통된 상태를 갖는 것은 스테이트풀(stateful)이라고 하죠.

여기서 03-3절의 세션에서 배운 내용을 떠올려 봅시다. 웹사이트에서 세션이나 토큰을 사용해야만 로그인 상태를 유지할 수 있는 것은 웹사이트에서 사용하는 통신의 종류가 바로 **HTTP**이기 때문인 거죠. 이 HTTP의 한계를 극복하기 위해 브라우저에 쿠키로 세션 ID 또는 토큰을 담아 각 요청과 함께 반환해서 로그인 여부를 증명하는 것입니다.

HTTP를 보다 안전하게
HTTPS medium

보이스 피싱의 피해 사례나 예방법을 알려 주는 뉴스가 흔히 보입니다. 보이스피싱은 금융 기관이나 경찰을 사칭하는 수법으로 행해지는 범죄들이죠. 이로 인한 불안감 때문에 낯선 전화번호로 걸려 온 전화를 선뜻 받지 못하는 사람들이 많습니다. 각종 광고로 수신자를 귀찮게 하는 스팸 전화 또한 모르는 전화번호를 경계하는 이유가 되죠. 이런 불안감과 위험을 해소하기 위해 저장되지 않은 전화번호를 확인해서 스팸 여부를 알려 주는 앱들도 있습니다.

도메인으로 접속하는 웹사이트 역시 마찬가지입니다. 믿을 만한 기관이나 기업이 운영하는 안전한 사이트도 있지만, 나쁜 의도로 사용자를 유인해서 민감한 정보를 빼내는 피싱 사이트들도 있죠. 그러나 HTTP를 사용해서 접속하면 해당 웹사이트가 신뢰할 만한 곳인지 확인하기 어렵습니다.

HTTP의 또 다른 문제는 요청과 응답 사이에 아무런 보안 장치 없이 데이터가 그대로 보내진다는 것입니다. 클라이언트와 서버가 HTTP로 주고받는 편지는 암호화되지 않은 평문이기 때문에 중간에 누군가 들여다보면 내용이 그대로 노출됩니다. 만약 사용자가 로그인을 하기 위해 아이디와 패스워드를 입력하고 로그인 버튼을 눌렀을 때 이 정보를 서버로 보내는 편지가 탈취당하면 그야말로 큰일이겠죠.

이와 같은 HTTP의 취약점을 보완하기 위해 만들어진 것이 바로 **HTTPS**입니다. 이름에서 유추할 수 있듯 HTTP에 보안(Secure) 기능을 더한 프로토콜이죠. HTTPS의 원리는 매우 복잡하지만, 다음과 같이 요약할 수 있습니다. 도메인의 소유주는 CA라 불리는 인증 기관 중 하나로부터 유료 또는 무료로 인증서를 발급받습니다.

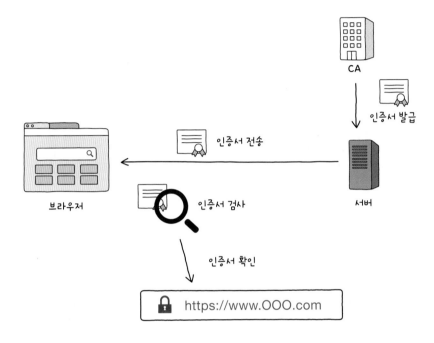

이 인증서를 웹사이트에 적용하면 이후 서버는 클라이언트가 접속할 때 먼저 인증서를 제시합니다. 브라우저에는 신뢰받는 CA 목록과 그들이 발급한 인증서를 판별할 수 있는 장치가 있죠. 브라우저는 이 장치를 사용해서 인증서가 유효한지 확인합니다. 인증서가 확인된 웹사이트는 주소창에 자물쇠 표시로 HTTPS를 사용하는 곳임을 나타냅니다.

note CA에서 발급받은 인증서는 기한이 있어서 만료가 가까워지면 새로 갱신해야 합니다.

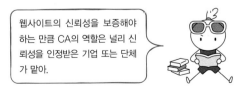

웹사이트의 신뢰성을 보증해야 하는 만큼 CA의 역할은 널리 신뢰성을 인정받은 기업 또는 단체가 맡아.

이후 클라이언트와 서버는 서로 비밀리에 약속된 방식을 통해 주고받는 내용을 암호화하고 해독합니다. 클라이언트가 보낸 편지는 내용이 암호화되어 있기 때문에 탈취자가 열어 보아도 내용을 확인할 수 없습니다. 해독법을 아는 서버만 열어 볼 수 있죠. 반대로 서버가 클라이언트에 보내는 편지 또한 마찬가지로 해독법을 아는 클라이언트 외에는 내용을 확인할 수 없습니다. 이처럼 HTTPS를 사용함으로써 클라이언트와 서버는 중요한 데이터를 보다 안전하게 주고받을 수 있습니다.

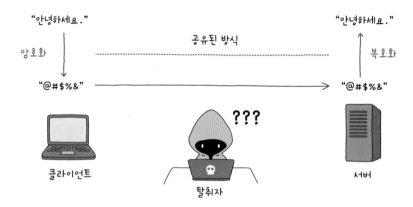

HTTPS의 또 다른 이점은 웹사이트 노출이 HTTP보다 유리하다는 것입니다. 웹사이트는 가능한 많은 사람이 방문하도록 하기 위해 구글 같은 검색 엔진의 검색 결과에 보다 많이, 보다 상위권에 나타나도록 여러 설정을 합니다. 이것을 **검색 엔진 최적화**, 다른 말로 **SEO**라고 하죠. 검색 엔진은 HTTPS로 제공되는 사이트에 우선순위를 부여하기 때문에 HTTPS는 검색 엔진 최적화에서도 매우 중요한 요소입니다.

그러면 HTTPS 웹사이트는 모두 신뢰할 수 있는 건가요?

꼭 그렇진 않아요. 주소창의 자물쇠와 https:// 표시는 도메인 주인이 인증서를 등록했고 주고받는 내용이 암호화된다는 점은 입증하지만, 해당 웹사이트가 '착한' 곳임을 보장하지는 않습니다. 어떤 인증서 발급 기관에서는 특별한 심사 없이 인증서를 발급해 주기 때문에 HTTPS를 사용하는 피싱 사이트도 많아졌거든요. 사용하는 웹사이트를 신뢰할 수 있는지 확인하기 위해서는 인증서의 발급자 정보 등을 꼼꼼히 살펴볼 필요가 있습니다.

클라이언트와 서버의 소통 방법
요청 메소드와 응답 코드 `hard`

편지 봉투에 '등기', '독촉', '군사 우편' 등의 도장이 찍혀 있다면 대략 어떤 내용인지 짐작이 가능합니다. 이 편지를 어떻게 다루어야 할지도 알 수 있죠. 컴퓨터에서도 마찬가지입니다. HTTP 통신에서 클라이언트와 서버는 각각 보내는 편지와 답장의 봉투에 메소드와 응답 코드라는 도장을 찍어 보냅니다.

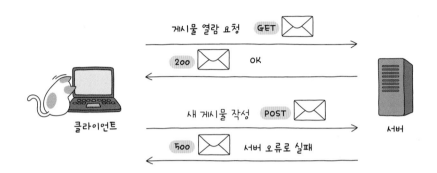

클라이언트에 의해 도장처럼 찍히는 메소드는 클라이언트가 서버에게 원하는 것이 무엇인지를 짐작할 수 있게 해줍니다. 주로 사용되는 메소드는 다음과 같습니다.

- **GET**: 서버에 HTML 등의 문서나 이미지, 기타 각종 데이터를 요청합니다. 브라우저에서 웹사이트에 접속할 때 보내는 요청이며, API에서도 서버로부터 데이터를 가져오기 위해 사용합니다.

- **POST**: 서버에 새로 저장될 자료를 보냅니다. 게시판이나 SNS에 새 게시물을 작성할 때 사용합니다.

- **PUT**: 특정 데이터 전체를 새로 저장합니다. 게시판의 게시물을 수정할 때 사용합니다.

- **PATCH**: 특정 데이터를 일부만 수정합니다. 게시물의 조회수나 '좋아요' 수를 올릴 때 등에 사용합니다.

- **DELETE**: SNS 게시물 등 특정 데이터를 삭제합니다.

- **OPTIONS**: 해당 URL이 어떤 메소드를 허용하는지 물어보기 위해 사용합니다.

서버의 응답에는 세 자리 숫자 형식을 가진 응답 코드가 찍힙니다. 100의 자리 숫자로 각 요청이 대략 어떤 결과물을 반환했는지 파악할 수 있습니다.

- **1XX** : 요청을 성공적으로 받았으며 서버가 해당 작업을 진행 중입니다.
- **2XX** : 요청을 성공적으로 받았으며 요청이 이루어졌습니다.

  〈자주 사용되는 코드〉

  - 200: 요청이 성공적으로 처리됨. 가장 흔히 사용
  - 204: 성공적으로 처리되었지만, 답장에 적어 보낼 내용은 없음
  - 206: 요청에서 지정한 대로, 일부 콘텐츠만 보냄

- **3XX** : 요청을 수행하기 위해서는 해당 요청을 다른 주소로 보내는(redirection) 등 추가 조치가 필요합니다. 자료의 위치가 변경되어 새 URL로 자동 이동시켜줄 때 사용합니다.

- **4XX** : 클라이언트 요청에 문제가 있기 때문에 수행할 수 없습니다.

  〈자주 사용되는 코드〉

  - 401: Unauthorized – 로그인이 필요한 요청인데 로그인되어 있지 않음
  - 403: Forbidden – 로그인되어 있지만 요청을 보낼 권한이 없음
  - 404: Not Found – 요청에 해당하는 데이터가 없음 또는 URL이 잘못되었을 때 등에 나타남

- **5XX** : 요청에는 문제가 없지만, 서버에 이상이 있어 응답할 수 없습니다.

  〈자주 사용되는 코드〉

  - 500: 서버 내부에 오류 발생
  - 502: 서버 과부하 또는 기타 네트워크 문제로 통신이 제대로 되지 않음

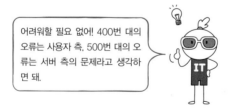

어려워할 필요 없어! 400번 대의 오류는 사용자 측, 500번 대의 오류는 서버 측의 문제라고 생각하면 돼.

DNS에서 네이버 IP를 찾는 과정

DNS 서버가 고성능으로 세상에 단 한 대만 있다면 207쪽의 내용처럼 작동한다고 이해해도 됩니다. 그러나 실제로는 세상에 엄청나게 많은 도메인이 존재하기 때문에 하나의 서버에서 전부 관리할 수 없습니다. 그래서 DNS 서버의 종류를 계층화해서 단계적으로 처리합니다. 여기서는 www.naver.com의 IP 주소를 찾는 과정을 그림과 함께 알아보겠습니다.

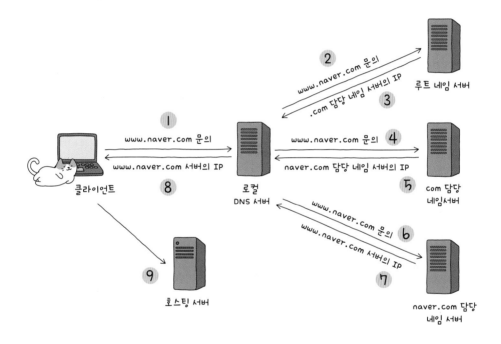

+ 여기서 잠깐　　**로컬 DNS 서버**

로컬 DNS 서버는 KT나 SKT 등과 같은 통신사 또는 구글 등과 같은 기업에서 운영하는 서버로, 인터넷 사용자가 가장 먼저 접근하는 DNS 서버를 말합니다. 로컬 DNS 서버는 시역마나 반응 속도, 도메인 징보 업데이트 속도, 특정 사이트 차단 여부 등이 다르기 때문에 필요에 따라 환경 설정을 통해 원하는 다른 지역으로 바꿀 수 있습니다.

❶ 먼저 브라우저는 www.naver.com을 로컬 DNS 서버에 보내 IP를 요청합니다. 로컬 DNS에 이 주소의 IP가 담긴 캐시가 있다면 곧바로 ❽로 넘어갑니다.

❷ 만약 www.naver.com의 정보를 갖고 있지 않다면 로컬 DNS 서버는 루트 네임 서버에 이 주소를 문의합니다.

❸ 루트 네임 서버는 최상위 도메인 주소만 관리하기 때문에 www.naver.com에서 .com만 확인한 다음 com 주소를 관리하는 com 담당 네임 서버로 안내합니다.

note com 담당 네임 서버는 .com 또는 .net 등 URL의 마지막 점 뒤에 오는 최상위 도메인 정보를 관리하는 서버입니다. TLD(최상위 도메인) DNS 서버라고도 합니다.

❹ 로컬 DNS 서버는 반환된 IP 주소를 보고 com 담당 네임 서버를 찾아가 www.naver.com을 문의합니다.

❺ 이 네임 서버는 www, mail, map 같은 호스트명과 naver.com이 연결된 조합의 IP 주소를 알고 있는 마지막 네임 서버의 IP을 알려줍니다.

❻ 로컬 DNS 서버는 해당 네임 서버에 www.naver.com의 IP 주소를 물어봅니다.

❼ 네임 서버는 드디어 www.naver.com의 IP 주소를 로컬 DNS 서버에 전달합니다.

❽ 그러면 로컬 DNS 서버는 이를 브라우저에 전달합니다.

❾ 이제 브라우저는 이 IP 주소로 해당 웹사이트의 서버에 요청을 보내고

❿ 드디어 우리는 웹사이트에 접속할 수 있게 되는 것입니다.

우리가 브라우저에 검색해서 화면이 뜨길 기다리는 그 잠깐 동안 내부적으로는 이렇게 복잡한 작업이 이루어지는 것입니다. 물론 네임 서버에서 받은 최종 IP 주소를 로컬 DNS 서버 캐시에 저장해 두면 번거로운 작업을 거칠 필요 없이 바로 IP 주소를 확인할 수 있습니다.

마무리

▶ 7가지 키워드로 정리하는 핵심 포인트

- **IP**는 데이터 통신 규약이며, **IP 주소**는 PC나 스마트폰 같은 기기의 네트워크 주소입니다.

- **도메인**은 사람이 기억하기 쉽도록 문자로 만들어 특정 IP에 연결한 인터넷 주소입니다.

- **DNS**는 IP 주소와 이에 해당하는 도메인의 IP 정보를 갱신하며, 특정 도메인에 대한 요청이 들어오면 IP 주소를 찾아 알려 주는 시스템입니다.

- **WWW**는 전 세계의 사람들이 정보를 공유하고 소통할 수 있는 인터넷 공간을 뜻합니다.

- **HTTP**는 클라이언트의 요청과 서버의 응답으로 이뤄지는 통신 규약입니다.

- **HTTPS**는 HTTP에 보안 기능을 추가해서 보다 안전하게 만든 통신 규약입니다.

▶ 확인 문제

1. 다음 문장 중 괄호 안에 알맞은 내용을 보기에서 찾아 작성해 보세요.

> **보기** ① IP 주소 ② IP

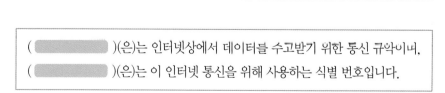

(   )(은)는 인터넷상에서 데이터를 수고받기 위한 통신 규약이며,
(   )(은)는 이 인터넷 통신을 위해 사용하는 식별 번호입니다.

2. 다음 중 문장에 들어갈 알맞은 단어를 보기에서 찾아 작성해 보세요.

> **보기** ① 사설 ② 유동 ③ 네임 서버 ④ 고정 ⑤ 공인 ⑥ 도메인

- IP는 절대 고유한 (　　　　　) IP와 그 아래 할당되는 (　　　　　) IP, 변하지 않는 (　　　　　) IP와 주기적으로 바뀌는 (　　　　　) IP로 구분됩니다.
- DNS는 여러 단계의 (　　　　　)들로 구성된 시스템으로, 주어진 (　　　　　)에 해당하는 IP 주소를 찾는 데 사용됩니다.

3. 다음 중 틀린 것을 고르세요.

① HTTPS 웹사이트는 항상 신뢰할 수 있습니다.

② HTTP의 각 요청은 이전 요청과 독립적입니다.

③ HTTPS는 HTTP보다 보안상 유리합니다.

④ HTTPS를 사용하면 사이트 접속수를 늘리는 데 유리합니다.

⑤ 순수 HTTP상에서는 서버가 이전에 통신을 주고받은 클라이언트를 기억하지 못합니다.

4. 다음 중 문장에 들어갈 알맞은 단어를 작성해 보세요.

> URL은 크게 (　　　　　), (　　　　　) 그리고 (　　　　　)으로 구성됩니다.

5. 다음 중 틀린 것을 고르세요.

① IPv6는 IPv4의 개수 한정 문제를 해결하기 위해 만들어졌습니다.

② 사설 IP는 외부에서 접속해 올 때 사용될 수 있습니다.

③ 도메인은 대행업체를 통해 구매할 수 있습니다.

④ HTTPS를 위한 인증서는 무료로 받을 수도 있습니다.

⑤ 응답 요청이 2로 시작하면 성공적으로 처리되었다는 의미입니다.

6. 다음 용도에 적합한 메소드를 작성해 보세요.

• SNS에 올린 게시물의 설명 텍스트 수정 (　　　)

• 배달 앱에 식당 리뷰 작성 (　　　)

• 구인 사이트에 올렸던 게시물 삭제 (　　　)

• 게시판의 최신 글 목록 보기 (　　　)

7. 다음 중 틀린 것을 고르세요.

① IP 주소를 이름처럼 사용하는 것은 도메인입니다.

② 도메인에 해당 경로를 안내하는 역할을 하는 것은 DNS입니다.

③ IP 주소가 0부터 255까지 숫자 네 마디로 구분된 방식은 IPv6 방식입니다.

④ 링크를 클릭해서 웹사이트 접속이 가능한 텍스트를 하이퍼텍스트라고 합니다.

⑤ 전 세계의 사람들이 정보를 공유하고 소통할 수 있는 인터넷 공간을 W3이라고 합니다.

03-7

디지털 시대,
데이터와 데이터베이스의 이해

핵심 키워드

데이터   정보   데이터베이스   DBMS   RDBMS   SQL   NoSQL

데이터베이스를 살펴보고 구성 요소와 종류를 알아봅니다. 그리고 관계형
데이터베이스와 비관계형 데이터베이스의 개념과 원리를 알아봅니다.

시작하기 전에

디지털 시대라고 불리는 오늘날 데이터 혹은 데이터베이스를 사용하지 않는 소프트웨어는
찾아보기 어렵습니다. 웹사이트뿐만 아니라 모바일 앱, 게임, 응용 프로그램에도 다양한 방
식으로 데이터베이스가 활용되죠. 이미 데이터는 일상 곳곳에서 우리의 삶을 메우고 있습
니다. 그리고 데이터는 소프트웨어의 데이터베이스로 구축되어 해당 제품이나 서비스의 로
직과 구조에 깊이 반영되어 있으며, 제품의 디테일에도 구석구석 영향을 끼칩니다. 그렇기
때문에 개발자가 아니더라도 데이터가 어떻게 만들어지고, 데이터베이스가 어떻게 구축되
어 있는지 알면 자사의 서비스를 제대로 이해하는 데도, 개발자와 원활히 소통하는 데도,
심지어 UX를 디자인하는 데도 도움이 됩니다. 이번 절에서는 데이터와 데이터베이스에 대
해 알아보겠습니다.

정보를 구성하는 자료
데이터와 데이터베이스 easy

데이터베이스를 이야기하기 위해서는 데이터라는 단어의 정확한 정의부터 알아야 합니다. 사람들이 흔히 정보와 데이터를 혼용하지만, 데이터는 정보보다 더 작은 개념입니다. **데이터**는 어떤 의미나 목적 없이 단순히 수집된 순수한 '자료'를 뜻합니다. 그리고 이런 데이터가 모여서 의도나 목적에 따라 분석되어 의미가 부여되면 **정보**가 됩니다.

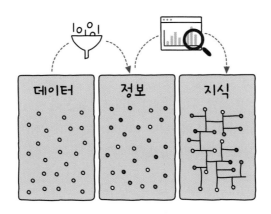

데이터는 자료입니다. 이 자료를 의미 있게 모은 것이 정보, 그 정보 간 관계를 통해 가치를 찾는 것을 지식이라고 하죠. 이를 위해 여러 데이터를 한데 모아 두는 것을 데이터베이스라고 합니다.

한 학급의 시험 성적 자료를 예로 들어보겠습니다. 철수가 1학기 중간고사에서 받은 국어 점수, 영희가 기말고사에서 받은 영어 점수는 모두 **데이터**입니다. 그리고 데이터 자체에는 아무런 판단이나 의미 부여 없이 사실 그대로만 반영되어 있죠. 그러나 이 데이터가 대량으로 모이면 이를 바탕으로 통계를 내고 흐름과 양상을 분석해서 **정보**를 얻을 수 있습니다. 예를 들어 '이 학급의 평균 성적은 78.5이다', '대체로 수학 성적이 높을수록 과학 성적도 높다', '1반 학생들의 성적이 3반 학생들의 성적보다 높으며, 학기가 진행될수록 차이가 벌어진다' 등이 성적 데이터를 기반으로 얻어낸 정보라고 할 수 있습니다.

그렇다면 **데이터베이스**는 무엇일까요? 데이터베이스는 데이터(data)와 기지(base)라는 단어로 구성되어 있습니다. 이름에서도 알 수 있듯이 많은 양의 데이터를 한데 모아 놓은 곳을 **데이터베이스**라고 부르죠. 일반적으로는 전산상에 저장되는 구조화된 정보 또는 조직화된 데이터 모음이라고 합니다. 즉 데이터베이스는 소프트웨어를 통해 데이터를 저장하고 읽고 수정하거나 삭제할 수 있는 형태의 데이터 집합을 의미합니다.

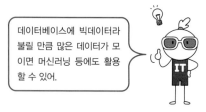

데이터베이스에 빅데이터라 불릴 만큼 많은 데이터가 모이면 머신러닝 등에도 활용할 수 있어.

하나의 데이터베이스는 여러 프로그램에서 활용될 수 있습니다. 마치 공용 ATM 기기를 사용하는 것처럼 여러 지점에서 데이터베이스에 접속하고 요청을 보내 데이터를 저장하거나 꺼내 쓸 수 있습니다. 예를 들어 특정 지역의 지리 정보는 관광 사이트에서, 지도 서비스에서, 지역 배달 앱에서도 활용할 수 있습니다. 그렇기 때문에 데이터베이스는 특정 프로그램에 종속되지 않은 독립된 소프트웨어로 구축됩니다.

데이터 창고를 관리하는 프로그램
DBMS easy

한 학교에서 학생들에 관한 데이터베이스를 구축하려고 합니다. 컴퓨터에 모든 학생의 데이터를 효율적으로 저장하고 관리하려면 어떤 방법을 쓰는 것이 좋을까요?

먼저 가장 단순한 방법은 메모장이나 워드 프로세서에 데이터를 입력해서 텍스트로 저장하는 것입니다. 한 파일에 모든 학생 정보를 다 넣을 수도 있고, 학급별 또는 학생별로 각각 다른 파일에 저장할 수도 있겠죠. 학생 수가 많지 않다면 텍스트 파일로 데이터를 관리하는 것이 아주 어렵지 않습니다. 하지만 웬만한 규모의 학교에서는 텍스트 파일로 저장할 데이터가 그다지 효율적이지 않습니다. 이는 보관하는 기능만 유효하고 중간고사의 과목별 평균을 학급에 따라 구하거나, 학생 이름순으로 정렬하거나, 특별 활동을 하는 학생들만 따로 조회하는 등의 작업은 텍스트 파일로 구축된 데이터베이스에서 수행하기에는 무리입니다.

텍스트 파일로는 방대하고 분산된 자료를 관리하기 어려워.

이쯤 되면 엑셀과 같은 스프레드시트 프로그램이 떠오르죠? 엑셀의 워크시트에 데이터로 구성할 학생 정보를 열(column)로 지정하고, 학생 한 명 한 명의 데이터를 행(row)으로 채워 넣는 방법도 있죠. 열과 행으로 구성된 표 형태로 데이터가 저장되기 때문에 모든 학생의 데이터를 일관된 형식으로 저장할 수 있고, 엑셀의 기능을 활용해서 통계를 내거나 필요한 학생들의 정보만 추출해서 원하는 기준대로 정렬하는 등 텍스트 파일에서는 불가능했던 다양한 업무를 수행할 수 있습니다.

이처럼 마이크로소프트의 엑셀이나 애플의 넘버스와 같은 프로그램은 다량의 데이터를 관리하는 데 있어 일반인이 사용하기에 충분한 기능을 제공합니다. 데이터를 더 깊이 있게 다루는 업무를 하는 사람들은 마이크로소프트의 액세스를 사용하기도 하죠. 하지만 많은 사람에게 서비스를 제공하는 소프트웨어에서는 훨씬 더 복잡하고 다양한 형태의 데이터가 저장됩니다. 그렇기 때문에 이들을 다루기 위해서는 일반 응용 프로그램보다 강력한 기능을 가진 전문적인 프로그램이 필요합니다. 이러한 데이터베이스 관리 프로그램을 **데이터베이스 관리**라고 부릅니다.

DBMS는 많은 양의 데이터를 효과적으로 관리하기 위한 여러 가지 기능을 갖추고 있습니다. 먼저 DBMS는 특정 데이터를 저장, 조회, 삭제, 수정할 수 있습니다. 그뿐만 아니라 데이터가 중복되거나 잘못된 형식으로 저장되는 것을 방지해서 양질의 데이터베이스를 유지합니다. 또한 외부의 접근을 통제하고 사용자마다 권한을 지정해서 보안을 유지할 수 있으며, 허용된 사용자가 원하는 대로 데이터를 살펴보고 조작할 수 있도록 여러 가지 인터페이스를 제공합니다.

프로그래밍을 공부하거나 IT 업계에서 일한다면 하나쯤은 들어보았을 오라클, MySQL(마이에스큐엘), MongoDB(몽고디비), 레디스 등은 모두 넓은 의미에서 DBMS에 속합니다.

다음으로 DBMS는 어떤 종류와 모델로 나뉘며, 각 모델이 어떤 방식으로 동작하는지 알아
보겠습니다.

데이터베이스계의 오랜 대세
관계형 데이터베이스 medium

동영상 강의

개발자들은 '데이터베이스'라는 말을 들으면 특별한 수식어를 붙이지 않는 이상 일반적으
로 **관계형 데이터베이스**를 떠올립니다. 엄밀히 말하면 **RDBMS**는 Relational Database
Management System의 약어로, **관계형 데이터베이스 관리 시스템**을 뜻하지만, 흔히 관
계형 데이터베이스라고 부릅니다. 가장 오래된 형태의 데이터베이스임에도 불구하고 오늘
날까지도 데이터베이스 관리 시스템의 주류로 자리 잡고 있는 대세이기도 하죠. 전 세계적
으로 널리 사용되는 DBMS의 순위를 검색해서 나오는 1위에서 4위까지의 데이터베이스가
모두 RDBMS입니다.

2023, 2024년 데이터베이스 순위

Rank			DBMS	Database Model
May 2024	Apr 2024	May 2023		
1.	1.	1.	Oracle ➕	Relational, Multi-model ℹ
2.	2.	2.	MySQL ➕	Relational, Multi-model ℹ
3.	3.	3.	Microsoft SQL Server ➕	Relational, Multi-model ℹ
4.	4.	4.	PostgreSQL ➕	Relational, Multi-model ℹ
5.	5.	5.	MongoDB ➕	Document, Multi-model ℹ
6.	6.	6.	Redis ➕	Key-value, Multi-model ℹ
7.	7.	⬆ 8.	Elasticsearch	Search engine, Multi-model ℹ
8.	8.	⬇ 7.	IBM Db2	Relational, Multi-model ℹ
9.	9.	⬆ 11.	Snowflake ➕	Relational
10.	10.	⬇ 9.	SQLite ➕	Relational

note 자료 출처: db-engines.com/en/ranking

국내에서 많이 사용하는
SQLite도 RDBMS야.

관계형 데이터베이스는 앞서 말했듯이 엑셀과 유사한 방식, 즉 테이블(표)에 데이터를 저장하는 방식으로 데이터베이스를 관리합니다. 테이블은 열과 행으로 이루어져 있으며, 각 열에는 텍스트를 넣을지, 숫자 또는 날짜를 넣을지와 같은 형식을 미리 설정하기 때문에 잘못된 데이터가 입력되는 것을 방지합니다. 예를 들어 학교의 학생들을 관리하는 데이터베이스라면 다음과 같은 테이블로 나타낼 수 있습니다.

학생 관리 테이블

Name	Class	Teacher	Sex	Dormitory	Birthday
이서아	1	이재림	여	하늘관	2/5
김하윤	1	이재림	여	하늘관	11/9
정이준	2	김태리	남	바다관	4/24
채이서	2	김태리	여	하늘관	5/1
한도윤	3	최민식	남	바다관	12/30
남아린	3	최민식	여	하늘관	1/14
고은우	4	박강현	남	바다관	10/1
차시우	4	박강현	남	바다관	8/14
유나은	5	오성은	여	하늘관	6/27
지수호	5	오성은	남	바다관	7/2

위와 같은 테이블을 사용하면 전교생 데이터를 입력하고 관리하는 데 큰 문제는 없지만, 테이블을 자세히 살펴보면 중복되는 부분이 많습니다. 학급(Class)마다 교사(Teacher)가 배정되어 있는데, 교사가 두 행에 걸쳐 반복 입력되어 있습니다. 학생들의 기숙사(Dormitory) 또한 성별(Sex)에 따라 나뉘어 있는데, 이들 역시 같은 기숙사가 여러 행을 차지하고 있습니다.

위와 같은 테이블에서는 어떤 학급의 교사가 바뀌면 반이 같은 모든 행을 찾아 수정해야 합니다. 그렇기 때문에 실수로 누락한 부분이 있으면 오류가 발생하죠. 이러한 문제를 해결하기 위해 관계형 데이터베이스에서는 테이블을 분할해서 데이터를 입력하는 방법을 제공합니다. 앞서 테이블은 다음과 같이 세 개의 테이블로 나눌 수 있습니다.

교사 테이블

Name	Class
이재림	1
김태리	2
최민식	3
박강현	4
오성은	5

기숙사 테이블

Dormitory	Sex
바다관	남
하늘관	여

학생 테이블

Name	Class	Sex	Birthday
이서아	1	여	2/5
김하윤	1	여	11/9
정이준	2	남	4/24
채이서	2	여	5/1
한도윤	3	남	12/30
남아린	3	여	1/14
고은우	4	남	10/1
차시우	4	남	8/14
유나은	5	여	6/27
지수호	5	남	7/2

반과 교사, 그리고 성별과 기숙사를 각각 다른 테이블로 분리함으로써 중복되는 부분을 줄였습니다. 그리고 학생 테이블은 반과 성별로 알 수 있는 교사와 기숙사 열을 제거함으로써 테이블의 데이터 총량을 줄였습니다. 이렇게 하면 어떤 반의 교사가 바뀌거나 남녀 학생들의 기숙사가 바뀔 때도 여러 행을 수정할 필요가 없죠.

관계형 데이터베이스는 이처럼 각각 나누어진 테이블을 열의 관계에 따라 하나로 합쳐서 조회할 수 있는 조인(join) 기능 덕분에 데이터를 효율적이고 안정적으로 관리하는 동시에 편리하게 활용할 수 있습니다.

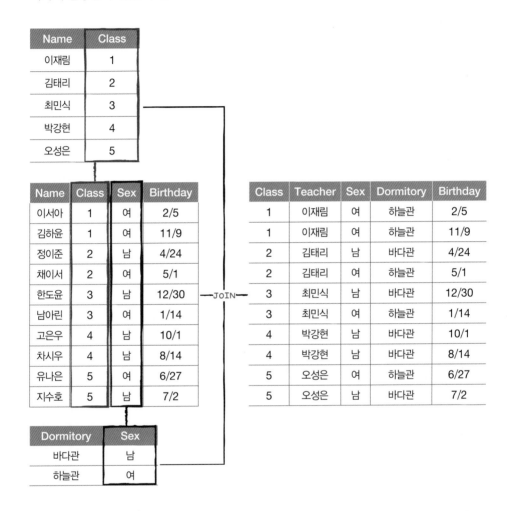

대표적인 관계형 데이터베이스는 다음과 같습니다.

오라클 데이터베이스

오라클 데이터베이스는 대형 기업 사이에서 가장 널리 사용되는 관계형 데이터베이스입니다. 미국의 거대 IT 기업인 오라클에서 만든 제품으로, 은행이나 대기업에서 사용할 만큼 강력한 기능과 안정성을 자랑하며 다양한 운영체제에서 운영이 가능합니다. 오라클 데이터베이스는 유료이며, 비교적 높은 가격입니다.

MySQL

MySQL(마이에스큐엘)은 오라클과 점유율 1, 2위를 다투는 RDBMS로, 오라클과는 달리 주로 스타트업이나 소기업에서 또는 개인 용도로 사용됩니다. 소스 코드가 공개된 오픈 소스 제품이며, 용도에 따라 무료로 이용할 수 있습니다. 오라클 데이터베이스와 같은 유료 DBMS만큼은 아니지만, 일반적인 규모의 소프트웨어에 사용하기 충분한 성능을 자랑합니다. 2010년 오라클에 인수되었지만, 아직 오픈 소스로 제공되고 있습니다.

마이크로소프트 SQL 서버

마이크로소프트 SQL 서버는 MSSQL이라고도 불리며, 마이크로소프트에서 만든 제품입니다. MSQL은 오라클 데이터베이스나 MySQL과는 다르게 윈도우 서버에서만 구동이 가능하고 윈도우 프로그래밍이 가능한 C#과 높은 호환성을 가집니다. MSSQL은 라이선스별로 금액이 다르며, 가용 범위도 다릅니다.

PostgreSQL

PostgreSQL(포스트그레스큐엘)은 MySQL과 마찬가지로 무료로 사용할 수 있는 오픈 소스 데이터베이스입니다. 다양한 데이터 타입을 지원하며 객체지향 프로그래밍을 적용할 수 있는 등 개발자에게 편리한 기능을 갖추고 있어 점점 많은 인기를 얻고 있습니다.

MariaDB

MariaDB(마리아디비)는 MySQL이 오라클에 인수되면서 오픈 소스 사용이 불확실해짐에 따라 PostgreSQL과 함께 대안으로 사용되는 오픈 소스 무료 데이터베이스입니다. MariaDB는 MySQL 5.5 버전에서 분리되어 독자적으로 발전하고 있으며, 뿌리가 같은 MySQL과 높은 호환성을 갖고 있습니다.

SQLite

SQLite(에스큐엘라이트)는 앞서 이야기한 DBMS처럼 서버가 아닌 클라이언트에서 작동하는 용도로 만들어졌습니다. 이름에서 알 수 있듯이 비교적 가벼운 데이터베이스로, 안드로이드와 iOS에 포함되어 있으며 응용 프로그램 실행에 필요한 데이터를 기기 내에서 관리하는 데 사용됩니다.

관계형 데이터베이스의 언어
SQL medium

우리가 워드나 엑셀을 사용할 때는 원하는 위치에 글자를 입력하거나, 마우스를 클릭하거나, 드래그하면서 편리하고 효율적인 인터페이스를 사용합니다. 하지만 개발자가 DBMS를 사용할 때에는 보다 정교하고 복잡한 로직으로 데이터를 작성하거나 다룹니다. 또한 사용자의 명령에 따라 작동하는 워드나 엑셀과 달리 DBMS는 주로 연결된 프로그램으로부터 각종 요청을 받아 데이터를 처리하기 때문에 그 요청에 포함할 수 있는 텍스트를 사용해야 합니다. 그렇기 때문에 관계형 데이터베이스는 텍스트로 작성된 명령어로써 데이터를 처리하기 위한 **SQL**(**구조화 질의 언어**, Structured Query Language)을 제공합니다.

앞서 학생(Students) 테이블에서 남학생들의 생일을 조회한다고 가정해 봅시다. SQL은 다음과 같은 구문으로 DBMS에 명령을 내립니다.

```
SELECT Name, Birthday FROM Students WHERE Sex = '남';
```

앞의 구문은 Students 테이블에서 성별이 '남'인 행들의 'Name'과 'Dormitory' 열을 선택해서 조회하라는 의미로, 이를 실행하면 다음 결과가 나타납니다.

Name	Birthday
정이준	4/24
한도윤	12/30
고은우	10/1
차시우	8/14
지수호	7/2

SQL은 구문이 영어 문장과 같은 구조로 되어 있어 비교적 직관적으로 명령의 의미를 파악할 수 있습니다. 데이터를 저장하거나 수정, 삭제하는 작업 또한 다음과 같은 구문으로 명령할 수 있습니다.

Teacher 테이블에 6반 담임 '조범수'를 추가합니다.

```
INSERT INTO HRTeacher (Name, Class) VALUES ('조범수', 6);
```

Students 테이블에서 이름이 '이서아'인 학생을 6반으로 이동합니다.

```
UPDATE Students SET class = 6 WHERE Name = '이서아';
```

Students 테이블에서 이름이 '지수호'인 학생을 삭제합니다.

```
DELETE FROM Students WHERE Name = '지수호';
```

위의 예시들은 SQL의 가장 기본적인 구문으로, 실제 업계에서는 더 복잡하지만, 이 SQL을 사용하면 프로그램에 필요한 모든 데이터 작업을 RDBMS에 요청할 수 있습니다.

오라클, MySQL, MSSQL 같은 관계형 데이터베이스는 세부 문법과 기능은 다르지만, 거의 유사한 SQL을 갖고 있습니다. 위의 SQL 예시문의 경우 모든 RDBMS에서 사용할 수 있는 공통 구문이죠. 관계형 데이터베이스 중 한 SQL만 잘 익혀 두면 고급 기능을 제외하고는 다른 제품들도 별다른 어려움 없이 사용할 수 있습니다.

SQL은 프로그래밍 언어에 비해 배우기가 쉽나요?

SQL은 일반적인 프로그래밍 언어에 비해 배우기 쉬우므로 개발자가 아니어도 SQL을 배워 업무에 활용하는 사람들이 많습니다. 데이터베이스를 조회하고 조작할 줄 아는 것은 개발자와 소통하고 협업하는 데에도 큰 도움이 됩니다.

관계형 데이터베이스를 제외한 DBMS
NoSQL medium

관계형 데이터베이스들의 공통적인 특징은 SQL을 사용한다는 것입니다. 이와 반대로 관계형이 아닌 데이터베이스는 'SQL을 사용하지 않는다'는 의미로 **NoSQL**이라고 부릅니다. DBMS 중에는 관계형 이외에도 다양한 종류가 있지만, 관계형 데이터베이스의 점유율이 워낙 독보적이기 때문에 그에 해당하지 않는다는 의미의 NoSQL이라는 카테고리로 묶이는 것입니다.

관계형 데이터베이스가 아니면서 SQL 기능이 있는 종류도 있고, SQL을 쓰지 않으면서 관계형 데이터베이스인 제품도 있지만, 매우 드물기 때문에 관계형 데이터베이스로 분류되지 않는 것은 통상적으로 NoSQL이라 부릅니다.

일반적인 데이터베이스 사용에 있어서는 관계형 데이터베이스가 가장 효과적인 방식입니다. 하지만 서비스나 프로그램에 따라서는 관계형 데이터베이스의 강력한 기능과 엄격한 제약이 불필요한 비용으로 작용하거나 관계형 방식이 효율적인 운영에 적합하지 않은 경우도 있습니다. 이러한 사용처에서 관계형 데이터베이스의 대안으로 NoSQL 데이터베이스를 사용합니다.

NoSQL의 종류는 매우 다양합니다. 널리 사용되는 NoSQL 데이터베이스 모델은 다음과 같습니다.

문서 데이터베이스

문서 데이터베이스는 데이터를 말 그대로 문서의 형태로 저장합니다. RDBMS같이 행과 열로 이뤄진 테이블이 아니라 각 데이터를 XML이나 JSON과 비슷한 형태의 문서로 저장합니다. 그래서 데이터마다 동일한 항목을 가질 필요가 없습니다. 학생 데이터의 경우 어떤 학생은 기숙사 항목이 있지만, 다른 학생은 기숙사 항목 대신 동아리 항목이 있을 수도 있는 것이죠. 일관성이 필요한 종류의 데이터에는 부적합하지만, 이와 같은 유연성이 강점으로 작용하는 곳에서는 유용하게 사용할 수 있습니다. 대표적으로 MongoDB와 CouchDB 등이 있습니다.

이름: 김한빛 직업: 회사원 직급: 대리	이름: 박열심 직업: 학생 학과: 컴퓨터공학 학년: 2	이름: 혼고양 직업: 무직

키-값 데이터베이스

키-값 데이터베이스는 키와 값의 쌍만을 저장하는 단순한 형태의 데이터베이스입니다. 기능은 한정되어 있지만 실행 속도가 빠르며, 용량 부족 시 다른 서버와의 분담이 용이한 수평 확장성을 갖고 있습니다. 예를 들어 03-3절에서 배운 세션을 구현하기 위해 세션 아이디(키)와 사용자 번호(값)를 메모리에 저장하는 용도로 사용됩니다. 대표적으로 레디스와 아마존 다이나모 DB, 멤캐시드 등이 있습니다.

세션ID (키)	사용자 번호(값)
p2I8QkrF3C	96123
ptLg5EyDQK	195
jdNI8UQwxy	23548

그래프 데이터베이스

프로그래밍에서 **그래프 데이터베이스**는 가족 구성원과의 관계도처럼 각 구성원을 뜻하는 여러 노드(node)와 그들 간의 관계를 뜻하는 엣지(edge)로 구성된 자료 구조를 뜻합니다. 그래프 데이터베이스는 여기에 각 노드의 정보인 프로퍼티(property)를 더해서 데이터로 저장합니다. 페이스북 같은 SNS에서 사용자 간의 친구 관계를 구현하는 용도로 유용하게 사용됩니다. 대표적으로 Neo4j, JanusGraph 등이 있습니다.

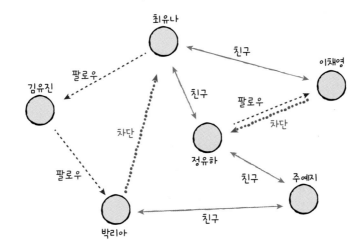

▶ 7가지 키워드로 정리하는 핵심 포인트

- **데이터**는 의미 없이 수집된 자료를 뜻하며, **정보**는 데이터가 보여서 어떤 의도나 목적에 따라 분석되어 의미가 생긴 자료입니다.

- **데이터베이스**는 전산상에 저장된 구조화된 데이터 집합입니다.

- **DBMS**는 데이터베이스를 구축하고 관리하는 프로그램입니다.

- **RDBMS**는 관계형 데이터베이스라고 하며, 컬럼(열) 간에 관계를 가질 수 있는 표 형태로 데이터를 저장하는 모델의 DBMS입니다.

- **SQL**은 관계형 데이터베이스에 작업을 지시하기 위해 사용되는 언어입니다.

- **NoSQL**은 관계형을 제외한 모델을 사용하는 DBMS를 가리키는 용어입니다.

▶ 확인 문제

1. 다음 중 문장에 들어갈 알맞은 단어를 보기에서 찾아 작성해 보세요.

> **보기** ① 데이터베이스   ② DBMS   ③ 정보

- 데이터를 분석하여 통계로 나타내거나 의미를 갖게 된 것을 (　　　　　　) (이)라고 하며, 데이터가 전산상에 집합으로 구축된 것을 (　　　　　　)(이) 라고 합니다.

- 데이터베이스를 구축하고 관리하는 프로그램은 (　　　　　　) 입니다.

---

2. 다음 중 틀린 설명을 고르세요.

① 하나의 데이터베이스는 여러 프로그램에 사용될 수 있습니다.

② SQL은 세부 문법과 기능에 있어 RDBMS마다 다소 차이가 있습니다.

③ NoSQL은 테이블을 분할해서 효율적으로 데이터를 저장할 수 있습니다.

④ 관계형 데이터베이스의 열에는 데이터 자료형이 저장되어 있습니다.

⑤ NoSQL은 통상적으로 관계형 데이터베이스를 제외한 나머지 종류의 데이터베이스를 뜻합니다.

3. 다음 중 문장에 들어갈 알맞은 단어를 보기에서 찾아 작성해 보세요.

> **보기** ① 행　　② SQL　　③ 열

> RDBMS의 테이블은 (　　　　　)와 (　　　　　)으로 구성되어 있으며, 그 안의 데이터를 다루기 위해 (　　　　　)이란 언어를 사용합니다.

4. 다음 중 용도에 적합한 데이터베이스의 종류를 작성해 보세요.

- 단순한 구조의 데이터를 빠르게 처리하여 로그인 등을 구현 (　　　　　)
- 여러 요소 간의 관계 표현 (　　　　　)
- 체계적이고 일관된 다량의 데이터 보관 및 처리 (　　　　　)
- 형태가 일정하지 않은 데이터를 문서 단위로 처리 (　　　　　)

03-8 개발자들은 왜 리눅스를 좋아하나요?

핵심 키워드
운영체제 GUI CLI 커널 오픈 소스

우리가 컴퓨터를 사용할 수 있도록 해 주는 운영체제의 개념과 종류를 알아봅니다. 또한 컴퓨터를 사용하는 방식과 운영체제의 주요 기능을 살펴봅니다.

시작하기 전에

리눅스(LINUX)라고 들어보셨나요? 리눅스는 윈도우나 맥OS와 같은 운영체제입니다. 그런데 일반 사용자들이 리눅스를 접하거나 사용할 일은 흔치 않습니다. 일상에서 사용하는 컴퓨터 운영체제로 리눅스를 선택할 이유도 없을뿐더러 설치한다 해도 불편하거나 제약 사항이 많죠.

하지만 개발자의 경우에는 이야기가 다릅니다. 백엔드 서버를 비롯해 그들이 개발하는 많은 프로그램이 리눅스 위에서 작동합니다. 어떤 개발자는 아예 컴퓨터를 리눅스로만 작동하도록 설정하며, 그렇지 않더라도 리눅스의 기본 사용법이나 명령어를 숙지합니다. 이번 절에서는 운영체제는 무엇이며, 그중에서도 알쏭달쏭한 리눅스는 무엇인지, 개발자는 왜 리눅스와 친숙한지 알아보겠습니다.

컴퓨터를 사용할 수 있도록 해 주는 소프트웨어
운영체제 easy

여기 새로 지어진 호텔이 있습니다. 좋은 방을 많이 준비해 두었고 솜씨 좋은 요리사들을 갖춘 레스토랑, 분위기 좋은 카페, 방을 청소할 인력과 편리한 룸서비스 등 고급 호텔로서 의 요건을 충족합니다. 그런데 이 호텔에는 아직 관리인이 고용되지 않은 상태입니다. 프론 트에 사람이 없으니 고객들은 방을 예약할 수 있는 방법이 없고, 식당을 비롯한 호텔 시설 의 근로자들은 누구도 지시하고 있지 않으니 시간만 보내고 있습니다. 좋은 호텔을 지어 놓 고도 시설과 서비스를 고객에게 제공하지 못하고 있죠.

운영체제를 설치하지 않은 컴퓨터도 관리인 없는 호텔과 같습니다. 우리가 하드웨어에 대 한 깊은 지식 없이도 별 어려움 없이 컴퓨터를 사용할 수 있는 것은 운영체제가 컴퓨터의 관 리인으로서 작동하고 있기 때문입니다.

운영체제는 CPU, 메모리, 그래픽 카드 등의 기기들을 가동하고 제어해서 사용자가 컴퓨터 로 각종 작업을 할 수 있는 환경을 마련하 죠. 하드웨어 기기와 사용자를 연결하고 중재하는 역할을 운영체제가 하는 것입 니다.

> 운영체제는 사용자가 하드웨어의 여러 기 능을 활용해서 컴퓨터를 사용할 수 있도록 만들어주는 시스템 소프트웨어로, 줄여서 OS(Operating System)라고도 부릅니다.

✚ 여기서 잠깐 운영체제 VS 펌웨어

펌웨어는 특정 하드웨어에 설치되어 사용자가 기기를 이용할 수 있도록 해 주는 소프트웨어로, 펌웨어 역시 운 영체제의 일종입니다. 그러나 프로그램 실행을 제어하기 위한 일반 운영체제와 달리 펌웨어는 하드웨어의 기본 적인 작동을 제어하는 기능을 수행합니다. 예를 들어 처음 산 컴퓨터의 전원을 켰을 때 윈도우 같은 운영체제가 시작되기 전 검은색 바탕 화면에 제조사의 이름이나 메모리 및 하드 디스크 용량 등의 하드웨어 정보는 펌웨어 에서 제공하는 정보입니다.

운영체제는 단순히 하드웨어 자원을 쓸 수 있게 해줄 뿐만 아니라 이들이 안정적이고 효율 적으로 작동하도록 제어합니다. 우리가 음악 플레이어를 틀고 웹 서핑을 하면서 워드 프로 세서로 문서를 작성하고, PC용 채팅 프로그램에서 채팅 알림을 받을 수 있는 것은 운영체 제가 이 모든 프로그램을 여러 종류의 하드웨어에 적절히 분배하고 스케줄을 조정해서 마치 여러 개의 프로그램이 동시에 작동하는 듯한 경험을 사용자에게 제공하기 때문입니다.

그럼 컴퓨터에서는 여러 프로그램이 동시에 돌아가는 게 아니라는 건가요?

운영체제가 프로그램들을 CPU 코어마다 매우 빠른 속도로 바꿔가며 조금씩 실행하기 때문에 사용자는 실행하는 프로그램들이 마치 동시에 돌아가는 것처럼 느끼는 거예요. 더 자세한 내용은 04-1절에서 설명할게요.

PC용으로 널리 사용되는 운영체제로는 전 세계적으로 가장 높은 점유율을 자랑하는 마이크로소프트의 윈도우와 애플의 맥OS, 그리고 리눅스가 있습니다. 모바일용으로는 구글에서 만드는 안드로이드와 애플의 iOS가 사용되고, 이외에도 스마트워치용으로 WearOS나 WatchOS, 초소형 컴퓨터를 위한 라즈베리 파이 OS 등 수많은 운영체제가 사용되고 있습니다.

컴퓨터를 사용하는 두 가지 방식
GUI vs CLI easy

운영체제는 사용자가 컴퓨터에 각종 명령을 내리고 여러 프로그램을 실행할 수 있는 인터페이스를 함께 제공합니다. 이 인터페이스는 크게 GUI와 CLI 두 종류로 나뉩니다.

> **+ 여기서 잠깐** **인터페이스란?**
>
> 컴퓨터에서 인터페이스는 두 개 이상의 시스템이나 장치가 상호 작용할 수 있는 접점입니다. 예를 들어 TV의 인터페이스는 리모컨과 TV 본체 버튼입니다. 리모컨을 사용해 TV 채널을 돌려 원하는 화면을 볼 수 있기 때문이죠. 스마트폰의 인터페이스는 터치스크린입니다. 이처럼 두 개 이상의 시스템이나 장치가 상호 작용하는 것을 인터페이스라고 하며, 사람과 사물 또는 프로그램 사이에서 의사소통할 수 있도록 돕는 것을 사용자 인터페이스라고 합니다.

코알못도 사용할 수 있는 화면: GUI

일반인들이 윈도우 PC나 맥에서 또는 모바일 화면에서 보는 것은 모두 **GUI**(Graphic User Interface)입니다. GUI는 말 그대로 그래픽으로 구성된 사용자 인터페이스로, 그래픽 요소들을 사용해서 사용자와 상호 작용하는 것을 말합니다. 아이콘, 툴바, 버튼, 메뉴창, 탐색기나 파인더처럼 직관적이고 알기 쉬운 그림 요소로 구성되어 있으며, 이들을 클릭하거나 터치함으로써 누구나 쉽게 기기를 사용할 수 있죠.

1981년 제록스에서 처음 마우스를 활용한 GUI를 만들었고, 이후 애플에서 GUI를 적극 활용하면서 컴퓨터의 대중화에 크게 기여했습니다. 오늘날 개발자가 아닌 일반 사용자를 대상으로 만들어지는 모든 형태의 컴퓨터는 GUI로 구성되어 있습니다.

GUI 화면 예시

GUI는 우리가 흔히 사용하는 화면이라고 생각하면 돼! 메시지를 작성하고 ↑ 버튼을 클릭하는 것도 GUI 화면을 사용하는 거야. 컴퓨터의 메모장도 GUI 화면이지.

명령어를 입력하는 방식: CLI

GUI가 등장하기 전에 컴퓨터는 검은색 화면에 명령어를 입력하고 그 결과로 나타난 텍스트들을 확인하는 방법으로 사용했습니다. 이처럼 명령줄에 텍스트를 입력함으로써 컴퓨터에 일을 시키는 환경을 CLI(Command Line Interpreter)라고 합니다. '검은 것은 배경이요 흰 것은 글씨로다', 일반인에게는 보기만 해도 머리 아픈 화면이죠.

CLI는 환경에 따른 기본 명령어를 알고 있어야 하기 때문에 진입 장벽이 높으며, 일상에서의 활용도도 GUI에 비해 많이 떨어지는 편입니다.

시작 화면에 'cmd'를 검색하면 나오는 검은색 화면이 바로 CLI 환경이야.

CLI 환경 예시

GUI 방법과 CLI 방법으로 새 폴더 생성하는 방법

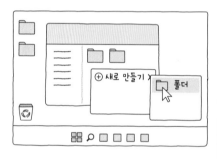

```
$ ls
folder1/ folder2/          1. 현재 폴더 안의 파일과 폴더들 보기
                           2. 1번 명령어의 결과
$ mkdir folder3            3. 'folder3'이란 폴더 만들기
$ ls                       4. 현재 폴더 안의 파일과 폴더들 보기
folder1/ folder2/ folder3/ 5. 4번 명령어의 결과
$ cd folder3               6. 'folder3'폴더로 들어가기
```

왼쪽 그림은 GUI 환경에서 새 폴더를 생성하는 방법, 오른쪽 그림은 CLI 환경에서 새 폴더를 생성하는 방법입니다. GUI 방법은 클릭 몇 번으로 쉽게 파일을 생성할 수 있지만, CLI 방법은 다음과 같은 순서를 거칩니다.

❶ 현재 폴더 안에 있는 폴더와 파일을 확인합니다.

❷ 'folder3'이라는 이름의 새 폴더를 만듭니다.

❸ 현재 폴더 안에 폴더와 파일을 확인합니다.

❹ 'folder3' 폴더가 잘 생성됐는지 확인합니다.

❺ 해당 폴더로 들어갑니다.

GUI에서는 클릭 몇 번과 폴더명을 입력하면 손쉽게 끝나지만, CLI에서는 꽤 번거롭게 실행되는 것을 볼 수 있습니다. 하지만 개발자들은 여전히 CLI 방법을 많이 사용합니다. GUI가 더 쉽고 빠르게 작업할 수 있을 것 같은데, 왜 개발자들은 CLI 방법을 많이 사용하는 걸까요? 그 이유는 다음과 같습니다.

첫째, CLI 환경이 컴퓨터 자원을 덜 소모합니다

화면에 컴퓨터 자원을 많이 소모하는 그래픽 요소들을 그려야 하는 GUI에 비해 CLI는 컴퓨터 자원을 덜 소모하기 때문입니다. 백엔드에서 작동하는 서버처럼 사용의 편리성보다는 성능을 우선하는 환경에서는 GUI 없이 CLI만 갖춘 운영체제를 설치하는 것이 합리적인 선택입니다.

둘째, CLI 환경이 간편하고 정확합니다

반복되는 작업을 일정한 방법으로 진행하는 데는 CLI가 오히려 간편하고 정확합니다. 'Downloads' 폴더 안에 있는 'File1.txt'라는 파일을 'Documents' 폴더로 옮겨 'File2.txt'라는 이름으로 수정한다고 가정해 봅시다.

GUI 환경에서는 탐색기 두 개를 띄워 각각의 폴더를 열고 파일을 드래그해서 이동하거나 디렉터리를 드나들며 잘라내기, 붙여넣기 한 다음, 파일명을 클릭해서 새로운 이름으로 변경해야 합니다. 이 과정에서 엉뚱한 곳으로 파일을 옮기는 실수가 발생할 수도 있죠. 하지만 CLI에서는 현재의 폴더 위치와 관계없이 다음 한 줄의 명령어로 같은 작업을 실행할 수 있습니다.

```
$ mv ~/Downloads/File1.txt ~/Documents/File2.txt
```

그리고 CLI에서는 이러한 명령어들을 한꺼번에 입력하는 것이 가능합니다. 많은 개발자용 프로그램은 필요한 명령어들을 한 번에 복사해서 CLI 환경에 붙여넣는 방식으로 설치부터 설정까지 단번에 해결합니다. CLI를 사용하면 개발 과정에 수반되는 여러 반복 작업을 자동화하고 GUI에서 발생할 수 있는 조작상의 실수도 방지할 수 있습니다.

셋째, 네트워크 환경에서는 GUI보다 CLI가 더 적합합니다

백엔드 개발을 하다 보면 서버 컴퓨터에 원격으로 접속해서 각종 설정을 하고 프로그램을 실행하는 작업을 할 때가 많습니다. 컴퓨터 성능을 많이 잡아먹는 GUI를 원격에서 사용하면 네트워크 부하가 크고 소모되는 데이터도 많지만, CLI를 사용하면 마치 채팅하듯 명령어를 입력하고 결과를 전송받는 방식으로 가볍고 안정적으로 서버를 다룰 수 있습니다.

> GUI는 사용자 친화적이고, CLI는 시스템과 상호 작용하기에 좋아!

개발자가 많이 사용하는 운영체제
리눅스 `easy`

일반인이 사용하는 운영체제는 주로 윈도우와 맥OS입니다. 그러나 개발자들은 서버, 초소형 컴퓨터, 각종 IoT 기기를 다루기 위해 리눅스를 많이 사용합니다. 무엇이 리눅스를 특별하게 만드는 것일까요?

먼저 리눅스는 오픈 소스라는 점에서 앞의 두 운영체제와 차이가 있습니다. **오픈 소스**는 말 그대로 소프트웨어의 소스 코드가 공개되어 있는 것을 뜻합니다. 자동차 같은 기계로 치면 누구나 자동차의 설계도를 볼 수 있도록 공개되어 있는 거죠. 자동차를 만드는 데 반드시 필요한 설계도가 공유되어 있기 때문에 누구나 자동차를 만들 수 있을 뿐만 아니라 이를 토대로 새로운 버전의 자동차를 만들 수 있습니다. 소스 코드가 공개되어 있으면 소프트웨어를 자유롭게 수정 및 추가, 삭제할 수 있기 때문입니다.

＋ 여기서 잠깐　　**리눅스 개발 배경**

리눅스는 핀란드 출신 개발자인 리누스 토르발스가 개발한 운영체제입니다. 그는 대형 컴퓨터에서만 사용할 수 있었던 기존 운영체제를 개인용 컴퓨터에서도 사용할 수 있도록 운영체제의 핵심부인 커널을 만들었고, 이 소스 코드를 인터넷에 공개했습니다. 여러 전문가가 오픈된 소스를 보고 기술 정보와 해결책을 함께 고민할 수 있었고, 그 덕분에 리눅스는 빠르게 발전해 오늘날 많은 개발자가 사용하는 탄탄한 운영체제로 거듭나게 되었습니다. 리눅스로 인해 오픈 소스 소프트웨어 운동이 궤도에 올랐고, 현재 오픈 소스는 소프트웨어의 한 축이 되었습니다. 최근에는 리눅스 커널이 모바일 플랫폼으로 주목을 받고 있습니다.

컴퓨터에서 윈도우나 맥OS 등의 운영체제를 사용하려면 이를 제조한 마이크로소프트나 애플 등에 값을 지불해야 합니다. 그러나 리눅스는 레드햇을 제외한 거의 모든 버전을 무료로 사용할 수 있습니다. 물론 문제 발생 시에는 사용자가 자체적으로 해결해야 하는 단점이 있지만, 서버에 설치할 운영체제의 비용을 아낄 수 있다는 것은 개발자와 기업에 큰 이점이죠.

리눅스는 전 세계의 개발자와 전문가가 오픈 소스 커뮤니티에서 활발히 논의하고 함께 개발하는 주제이기 때문에 폐쇄적으로 개발되는 다른 독점 프로그램에 비해 안정적으로 작동합니다. 이 과정에서 개인 개발자나 기업, 재단 등은 필요와 용도에 따라 기존 리눅스를 개량해서 새 버전을 만들어 공개하기도 하는데, 다양한 개량 버전을 **리눅스 배포판**이라고 부릅니다. 이러한 특징이 리눅스를 주요 개발 환경으로 자리 잡게 한 배경입니다.

> `note` 리눅스 배포판은 리눅스는 커널과 함께 운영체제의 목적에 맞는 여러 프로그램을 패키징해서 제공합니다.

이런 특성 때문에 리눅스는 GUI를 갖춘 클라이언트 컴퓨터뿐만 아니라 CLI 위주의 서버, IoT 기기에서 동작하기 위한 임베디드 등 다양한 버전으로 자유롭게 개발되어 사용됩니다. 안드로이드 또한 리눅스를 모바일용으로 개조한 운영체제입니다.

이처럼 방대한 활용 범위를 가지고 있으면서도 무료로 사용할 수 있는 이점이 있기 때문에 리눅스는 많은 개발자와 IT 기업에 널리 사랑받는 운영체제입니다.

리눅스는 무료라는 장점만 있는 것이 아니라 서버 작업에 있어 높은 성능과 안정성을 보여주기 때문에 백엔드에서 널리 사용됩니다.

우분투

우분투는 현재 가장 많이 사용되는 리눅스 버전입니다. GUI를 탑재한 데스크톱(클라이언트)용과 CLI로 동작하는 서버용으로 제공됩니다. 데스크톱용 우분투는 편리한 사용법과 인터페이스 덕분에 리눅스를 처음 시작하는 일반 사용자들에게 인기가 있으며, 서버용 우분투 또한 빠른 업데이트와 패키지(프로그램) 설치의 용이함 등으로 많은 개발자가 선호하는 운영체제입니다.

note 우분투는 리눅스 운영체제 중 하나인 데비안에서 나온 운영체제로, 대부분의 핵심 유틸리티를 데비안에서 가져왔습니다.

레드햇 엔터프라이즈 리눅스

레드햇 리눅스는 레드햇에서 개발한 유료 운영체제로, 개발을 위한 여러 가지 도구 및 기술 지원을 제공하기 때문에 실제 현업에서 가장 많이 사용되고 있는 운영체제입니다. RHEL은 과거에 유료 버전과 무료 버전 둘 다 배포했으나, 현재는 상용화된 RHEL(레드햇 엔터프라이즈 리눅스)만을 의미합니다. RHEL은 비용이 발생하지만 그만큼 안정성을 보장받을 수 있기 때문에 일정 규모가 있는 기업에서 많이 사용합니다.

센트OS와 로키 리눅스

센트OS는 유료인 레드햇 리눅스(이하 RHEL)를 기술 지원 없이 무료로 배포한 버전으로, RHEL의 기술을 그대로 사용할 수 있다는 장점이 있습니다. 그러나 센트OS의 지원이 종료되면서 이를 대신할 OS로, 역시 RHEL을 기반으로 한 **로키 리눅스**가 주목받고 있습니다.

리눅스 민트

리눅스 민트는 우분투 리눅스에서 파생한 배포판으로, 화면 디자인 및 사용자 편의성을 크게 개선해서 리눅스에 입문하는 일반 사용자에게 주로 추천하는 운영체제입니다.

라즈베리 파이

라즈베리 파이는 우분투와 마찬가지로 데비안 계열의 오픈 소스 운영체제입니다. 초소형 컴퓨터인 라즈베리 파이 하드웨어에 최적화된 운영체제로, 데비안 패키지의 안정성과 성능을 가벼운 용량으로 사용할 수 있습니다.

만자로 리눅스

만자로 리눅스는 쉽게 배우고 사용할 수 있는 인터페이스와 세련된 디자인, 패키지 설치의 용이성 등으로 큰 인기를 누리고 있습니다. 데비안 계열에 우분투가 있다면 아치 계열에는 만자로 리눅스가 있으며, 만자로 리눅스를 사용하면 기본적인 틀만 있는 상태에서 사용자 본인만의 운영체제를 만들 수 있습니다.

그 밖에도 리눅스 커널을 사용한 다양한 리눅스 배포판은 다음 그림으로 확인해 보세요.

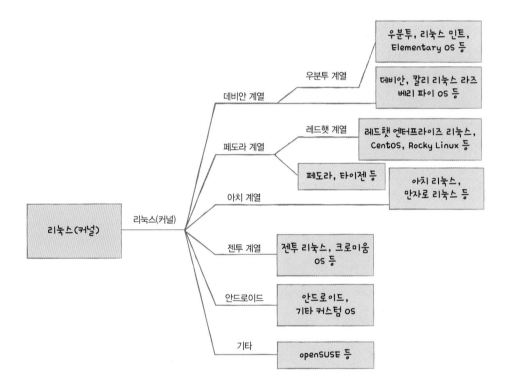

운영체제의 심장
커널 medium

앞서 나열한 여러 배포판이 모두 리눅스라는 범주에 들어가는 이유는 배포판 모두가 공통적으로 **리눅스 커널**을 사용하기 때문입니다. **커널**(중심부)은 단어 뜻 그대로 운영체제의 핵심입니다. 운영체제가 칼이라면 커널은 칼날에 비유할 수 있습니다. 운영체제의 본질적인 역할은 커널이 담당하고, 그 위에 여러 기능을 얹으면 우리가 사용하는 모습의 운영체제가 만들어집니다.

커널은 하드웨어와 응용 프로그램 사이에서 작동하며 컴퓨터에서 일어나는 모든 일을 통제합니다. 소프트웨어가 하드웨어를 사용하기 용이하도록 인터페이스로 연결해 주고, 사용자가 여러 프로그램을 원활히 사용할 수 있도록 작업 간 우선순위를 정해서 컴퓨터 자원을 효율적으로 분배합니다. 메모리가 어떤 작업에 얼마나 할당되는지, 어떤 프로그램이 CPU를 얼마나 오래 점유하는지 등을 끊임없이 추적하며 컴퓨터가 안정적으로 작동할 수 있도록 관리합니다.

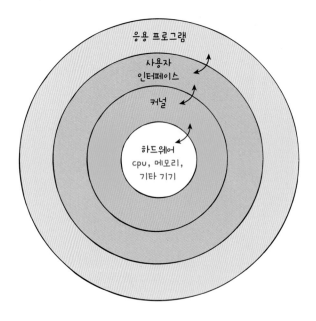

사용자 인터페이스는 컴퓨터 가장 바깥쪽에 위치하기 때문에 껍데기란 뜻의 셸(shell)이라고 부르기도 해.

이처럼 커널은 운영체제에서 가장 중요한 기능을 담당하기 때문에 운영체제와 커널은 같은 의미로 사용되기도 합니다. 그러나 커널만으로 컴퓨터를 사용할 수 없습니다. 사용자에게 화면을 보여주고 명령을 반환하기 위한 레이어가 커널 위에 배치되어야 하는데, 여기에 해당하는 것이 바로 GUI와 CLI로 나뉘는 사용자 인터페이스입니다.

누구나 참여할 수 있는 소프트웨어
오픈 소스 medium

이번에는 리눅스의 특징인 **오픈 소스**를 자세히 살펴보겠습니다. 오픈 소스 소프트웨어는 누구든지 프로그램의 소스 코드를 살펴볼 수 있으며, 오류를 찾아 수정하거나 새로운 기능을 제안하는 방식으로 개발에 참여할 수 있습니다. 그뿐만 아니라 리눅스 배포판처럼 기존의 소스 코드를 수정해서 다른 프로그램으로 출시하는 것도 가능합니다.

오픈 소스 소프트웨어는 전부 무료인가요?

아니요. 오픈 소스 소프트웨어는 GQL이라는 라이선스에 따라 유료 버전을 파생해서 판매할 수도 있어요. 소프트웨어는 무료로 다운로드할 수 있도록 하되, 기술 지원을 유료로 제공하는 제품도 있고, 후원으로 수익을 내는 오픈 소스 프로젝트도 있어요. 완전히 무료로 사용할 수 있는 프로그램은 프리웨어라는 소프트웨어입니다. 오픈 소스와 프리웨어는 전혀 다른 개념입니다.

오픈 소스 소프트웨어는 일반적으로는 회사에서 영리를 목적으로 판매하는 상용 소프트웨어가 아니므로 프로그램의 디테일이나 설명서, 유지 보수 등이 빈약한 경우가 많습니다. 제작자에겐 기술 지원을 제공할 의무가 없기 때문이죠. 하지만 리눅스가 그렇듯 개발자들의 인기를 얻게 되면 이런 부분을 보완할 수 있습니다. 제품 개선에 자발적으로 참여하는 사람들이 많아지기 때문입니다. 특히 개발자에게 유용하다고 판단된 소프트웨어는 세계의 뛰어난 개발자들의 적극적인 기여를 받으며 상용 제품보다 더 빠르게 발전하기도 합니다.

개발자에게 있어 오픈 소스 소프트웨어를 개발하거나 오픈 소스 프로젝트에 참여하는 것은 실력을 키우고 스펙을 쌓기 매우 좋은 활동입니다. 세계 곳곳의 뛰어난 프로그래머들이 작성한 코드를 살펴보면서 소프트웨어가 어떻게 설계되고 프로그래밍이 되는지 깊이 있게 배워볼 수 있습니다. 이에 더해 오류 코드를 수정해 보면서 개발 경험과 자신감을 쌓을 수 있습니다. 또한 건의한 코드가 반영되면 본인 계정에 기록으로 남는데, 유명 프로젝트에 기여한 내역은 취업에도 커다란 장점으로 작용합니다.

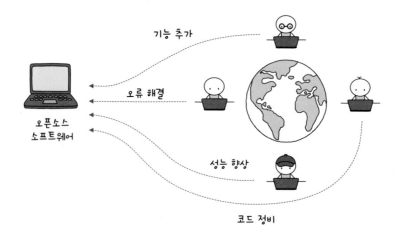

▶ 5가지 키워드로 정리하는 핵심 포인트

- **운영체제**는 사람이 컴퓨터를 쉽게 사용할 수 있도록 해 주는 시스템 소프트웨어입니다.

- **GUI**는 그래픽 요소를 사용해서 직관적이고 편리하게 구성한 인터페이스입니다.

- **CLI**는 명령어 줄을 입력해서 사용할 수 있는 인터페이스입니다.

- **커널**은 운영체제의 핵심 기능을 담당하는 핵심 요소입니다.

- **오픈 소스**는 누구나 소스 코드를 볼 수 있고 개발에 참여할 수 있는 소프트웨어입니다.

▶ 확인 문제

1. 다음 문장 중 괄호 안에 알맞은 내용을 보기에서 찾아 작성해 보세요.

> **보기** ① 프리웨어   ② 오픈 소스 소프트웨어   ③ 커널   ④ 운영체제

- 마이크로소프트 윈도우, 맥OS, 리눅스 등의 시스템 소프트웨어를 (　　　　)(이)라고 하며, 여기에서 가장 중요한 기능을 담당하는 부분은 (　　　　)입니다.

- (　　　　)(은)는 GQL 라이선스에 따라 유료 버전을 파생해서 판매할 수 있는 제품이며, 무료로 프로그램을 사용할 수 있는 것은 (　　　　)입니다.

2. 다음 중 틀린 것을 고르세요.

① 일반인에게는 GUI가 CLI보다 친화적입니다.

② 커널은 하드웨어와 응용 프로그램 사이에서 작동합니다.

③ 오픈 소스는 무료 소프트웨어로만 만들 수 있습니다.

④ 리눅스는 백엔드 개발에 많이 사용합니다.

3. 다음 중 나머지 넷과 종류가 다른 것을 고르세요.

① 우분투

② 센트OS

③ 리눅스 민트

④ 펌웨어

⑤ 라즈베리 파이

4. 다음 중 문장에 들어갈 알맞은 단어를 보기에서 찾아 작성해 보세요.

> **보기** ① 셸   ② 운영체제   ③ 커널   ④ 펌웨어

- (   )(은)는 특정 하드웨어에 설치되어 사용자가 기기를 이용할 수 있도록 해 주는 소프트웨어이며, (   )(은)는 사용자가 하드웨어의 여러 기능을 활용해서 컴퓨터를 사용할 수 있도록 만들어 주는 시스템 소프트웨어입니다.

- 사용자 인터페이스는 (   )(와)과 응용 프로그램을 연결하며, 다른 말로 (   )(이)라고 부르기도 합니다.

---

5. 다음 중 CLI의 장점으로 올바르지 않은 것을 고르세요.

① 성능이 중시되는 환경에서 유리합니다.

② 반복되거나 정형화된 작업을 자동화기 적합합니다.

③ 명령어로 정확한 작업을 지시할 수 있습니다.

④ 네트워크 환경에서 데이터를 덜 소모합니다.

⑤ 대중적으로 친숙한 인터페이스를 제공합니다.

6. 다음 문장 중 틀린 것을 고르세요.

① 여러 개의 프로그램이 동시에 작동할 수 있는 것은 운영체제 때문입니다.

② 인터페이스는 두 개 이상의 시스템이나 장치가 상호 작용할 수 있도록 합니다.

③ GUI는 사용자 인터페이스이며, CLI는 컴퓨터에 명령을 내리는 방법입니다.

④ CLI 환경에서 자원을 더 효율적으로 사용할 수 있습니다.

⑤ 네트워크 환경에서는 CLI가 GUI보다 더 적합합니다.

7. 다음 중 빈 칸에 알맞은 단어를 위에서부터 차례대로 작성해 보세요.

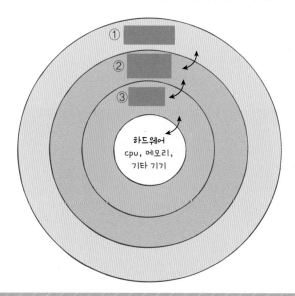

본격적으로 개발자가 되기 위해서는 좀 더 깊이 있는 프로그래밍 용어와 개념을 알아야 할 필요가 있습니다. 4장에서는 개발자 관점에서 컴퓨터를 구성하는 주요 부품과 작동 방식을 알아보고, 개발자가 개발 및 협업에 활용하는 프로그램과 중요한 프로그래밍 용어 및 개념을 살펴봅니다.

개발자의 길로 들어서기: 프로그래밍 용어 알기

학습목표

- 개발자 관점에서 컴퓨터가 어떻게 작동하는지 이해합니다.
- 프로그래밍 언어와 코드에 관한 개념 및 관련 용어들을 배웁니다.
- 개발자의 길에 들어서면 마주하게 될 생소한 개념들을 쉬운 설명과 이해를 돕는 그림으로 알아봅니다.

1장에서는 개발자가 어떤 사람인지, 그리고 무슨 일을 하는지에 관해 배우고, 2장에서는 우리 생활 곳곳에 자리 잡고 있는 인공지능에 대해 알아보았습니다. 이어서 3장에서는 개발자들 사이에서 많이 사용하는 용어와 기초 개념들을 알아보았습니다. 이 세 개의 장을 통해 여러분은 개발자와 협업해야 하는 환경에서 기술적 요소들을 더욱 잘 이해하고 원활하게 커뮤니케이션할 수 있게 되었습니다.

4장은 프로그래밍에 대해 보다 깊이 알고자 하는 사람들, 특히 프로그래밍을 실제로 해보고 싶거나 개발자를 목표로 공부를 시작하는 사람들에게 필요한 내용으로 준비했습니다. 컴퓨터에 대한 기본적인 지식부터 개발 관련 서적에서 자주 마주치는 생소하고 헷갈리는 용어들, 인터넷 검색으로 찾아 읽어봐도 좀처럼 이해되지 않는 개념까지, 실전에 도움이 될 만한 개발 관련 지식을 배웁니다. 조금 더 깊이 있는 지식을 다루는 만큼 개념마다 여러 가지 예시와 그림으로 설명합니다.

04-1

컴퓨터는 어떻게 일하나요?

핵심 키워드

CPU 메모리 입출력 장치 프로세스 스레드

컴퓨터를 구성하는 핵심 요소와 그것들이 작동하는 방식을 알아봅니다. 또한 컴퓨터가 여러 작업을 동시에 처리할 때 어떻게 작동하는지 그 원리도 살펴봅니다.

시작하기 전에

누군가에게 중요한 일을 맡기려면 그 사람에 대해 잘 알고 있어야 합니다. 어떤 일을 할 수 있는지, 일을 하는 스타일은 어떤지, 업무상 어떤 특별한 강점이나 약점이 있는지 알아야 그에 맞는 업무를 적절히 지시할 수 있습니다.

개발자는 궁극적으로 컴퓨터에게 일을 시키는 사람입니다. 개발자가 소스 코드를 작성하는 것도 컴퓨터에게 어떤 작업을, 어떻게 수행하라고 알려주기 위함이죠. 그렇기 때문에 컴퓨터가 무엇으로 구성되어 있고, 주어진 작업을 어떻게 수행하는지를 아는 것은 개발자의 길로 들어서는 사람에게 필수입니다.

컴퓨터 시스템을 통제하는 핵심 장치
CPU `easy`

로봇이 햄버거를 만들어 주는 푸드 트럭의 모습을 생각해 보세요. 푸드 트럭이 괜찮은 자리에 자리를 잡으면 짐칸이 열리고 주방이 모습을 드러냅니다. 한쪽에는 재료가 저장된 냉장고가 있고, 가운데에 요리하는 로봇이 서 있죠. 햄버거가 만들어지는 요리 탁자는 접이식으로 되어 있어 짐칸이 열릴 때 함께 펼쳐집니다. 주방 바깥 한쪽에는 손님이 햄버거를 주문하고 계산하는 것은 물론 완성된 음식을 받아 가는 창구가 있습니다.

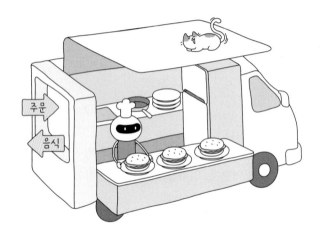

이때 푸드 트럭은 컴퓨터를 나타내고, 시설과 장비는 컴퓨터를 구성하는 요소를 나타냅니다. 그중에서 요리를 만들고 모든 것을 처리하는 로봇은 **CPU**(중앙 처리 장치)라고 할 수 있습니다.

CPU는 컴퓨터에 주어진 일들을 해내는 주체로, 다른 컴퓨터의 구성 요소와 정보를 주고받으면서 사실상 컴퓨터에서 이뤄지는 모든 일을 관할합니다. 그렇기 때문에 CPU는 컴퓨터의 뇌라고 할 수 있습니다. 로봇이 냉장고에서 재료를 꺼내온 뒤 요리 탁자에 올려놓고 음식을 만드는 것처럼, CPU는 컴퓨터에 저장된 프로그램을 불러와서 기계어로 작성된 명령문을 해석하고 실행합니다. 키보드나 마우스로 주문을 입력하면 로봇이 음식을 만들어 제공하는 것과 같이 CPU에서 작업을 수행한 뒤 모니터나 스피커 등을 통해 결과물을 제공합니다.

사람의 신체 능력이 아무리 뛰어나고, 몸 안에 있는 장기들이 건강한 상태라고 하더라도 뇌사 상태에 빠지면 아무것도 할 수 없듯이 CPU가 없는 컴퓨터는 무용지물입니다.

CPU는 대체로 작은 정사각형 판 모양으로 생겼습니다. 이 작은 판 내부에는 여러 가지 회로와 CPU 코어, 메모리 등이 있어 사람의 두뇌처럼 정보를 처리해서 컴퓨터를 움직입니다.

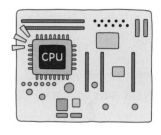

CPU의 성능 지표
코어, 스레드, 클럭 medium

개인용 컴퓨터나 서버를 구매하기 위해 인터넷에 접속해서 상품을 검색해 보면 CPU 관련 설명으로 듀얼 코어, 쿼드 코어, 멀티 스레드, 2.5GHz 등과 같은 내용을 확인할 수 있습니다. 이 항목들은 모두 CPU 성능과 관련된 내용입니다. 우리가 컴퓨터로 무엇을 하느냐에 따라 컴퓨터의 성능은 매우 중요해집니다. 성능은 CPU에 의해 결정된다고 해도 과언이 아니기 때문에 우리는 CPU 성능을 결정짓는 요소가 무엇이고, 이를 나타내는 각각의 값이 의미하는 바가 무엇인지 잘 알아 둘 필요가 있습니다.

로봇의 수: 코어

햄버거를 더 빨리, 더 많이 만들기 위해서는 어떤 방법이 필요할까요? 푸드 트럭의 크기를 늘린다 하더라도 햄버거를 만들어 주는 로봇이 하나라면 음식을 제공하는 속도는 동일합니다.

그러나 햄버거를 만드는 로봇이 많아지면 로봇들이 일을 분담하면서 몇 배나 빠른 속도로 음식을 제공할 수 있습니다.

이와 마찬가지로 컴퓨터에서 **코어**는 CPU 중에서도 가장 핵심이 되는 부품입니다. 멀티 코어, 즉 코어가 하나 이상이라는 것은 여러 대의 로봇으로 이루어졌다는 것을 의미합니다. 예전에는 하나의 CPU가 한 개의 코어를 가지고 코어의 속도를 높여가는 방식으로 발전했습니다. 그러나 CPU를 일정 속도 이상까지 끌어올리면 발열이 생기는 등 물리적인 문제가 발생하기 시작했고, 이때부터 CPU 제조사들은 코어 자체의 속도를 높이기보다는 여러 개의 코어를 탑재하는 방식을 택했습니다. 로봇의 손이 빨라지는 데는 한계가 있으니 로봇을 여러 대 둠으로써 일을 분담해서 처리하도록 한 것이죠.

> **note** 코어 앞에 오는 숫자나 수식어는 코어의 수를 의미합니다. 듀얼(2), 쿼드(4), 헥사(6), 옥타(8) 등이 붙기도 하고, 쉽게 '8코어' 등으로 표기하기도 합니다.

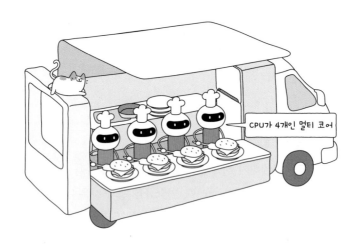

CPU가 4개인 멀티 코어

멀티 코어면 딱 코어의 개수만큼 빨라지는 건가요?

항상 그렇진 않아요. 멀티 코어 환경을 잘 활용하려면 프로그램도 이를 고려해서 여러 개의 코어를 사용할 수 있도록 프로그래밍해야 합니다. 한 로봇이 패티를 굽는 동안 다른 로봇은 야채를 썰든가 하는 식으로 말이죠. 혼자서만 요리할 수 있도록 만든 레시피(소스 코드)라면 아무리 많은 로봇을 투입해도 한 대의 로봇만 열심히 일하고 다른 로봇들은 아무것도 안 하고 있는 상황이 발생해요.

로봇의 분신술: 스레드

프로그래밍을 처음 공부하는 사람들은 CPU의 **스레드**를 이야기할 때 혼란스러워하는 경우가 많습니다. 이는 CPU의 스레드가 소프트웨어상의 스레드와 용어가 같기 때문인데요. CPU에서 말하는 스레드는 프로그래밍에서 배우는 스레드와 다릅니다. CPU에서 스레드는 하나의 코어, 즉 하나의 로봇으로 두 대의 로봇이 일하는 듯한 효율을 낼 수 있도록 하는 기술을 말합니다. 외부에서는 마치 두 개의 코어가 달린 것처럼 보입니다. 예를 들어 2코어 4스레드 사양의 CPU를 장착한 컴퓨터의 정보를 열어보면 4코어가 설치되어 있다고 인식하는 것입니다.

로봇의 손 빠르기: 클럭

2.5GHz와 같이 기가헤르츠(GHz) 단위로 표시되는 이 정보는 **클럭**으로, 코어의 속도를 이야기합니다. 코어의 속도는 기가헤르츠의 숫자가 클수록 빠릅니다. 이는 한 대의 로봇이 얼마나 빠릿빠릿하게 일하는지를 의미합니다. 컴퓨터의 속도는 전반적으로 클럭과 코어 개수, 그리고 스레드의 개수로 결정됩니다.

데이터를 저장하는 기억 장치
메모리 `easy`

푸드 트럭에서 햄버거를 만들기 위해서는 각종 식재료를 싣고 다닐 냉장고가 필요합니다. 그리고 요리할 때 재료들을 올려 둘 탁자도 필요하죠. 컴퓨터도 마찬가지입니다. 어떤 일을 하기 위해 데이터를 임시 또는 영구적으로 보관할 수 있는 공간이 필요하며, 이런 공간을 기억 장치 또는 **메모리**라고 합니다.

컴퓨터에서 사용하는 메모리는 다양하지만, 기본적으로 알아 두어야 할 것은 **주 기억 장치**와 **보조 기억 장치**입니다. 얼핏 생각하면 우리가 주로 파일 저장 용도로 사용하고 있는 하드 디스크, 즉 C 드라이브 같은 저장소가 주 기억 장치일 것 같지만, 이것은 보조 기억 장치입니다. 주 기억 장치는 컴퓨터 사양에서 흔히 '램 용량'으로 표기되는 부품을 말합니다.

일반인에게 램(RAM)으로 알려진 주 기억 장치, 다른 말로 **메인 메모리**는 로봇이 요리할 때 주 무대로 사용하는 요리 탁자에 비유할 수 있습니다. 그리고 하드 디스크나 SSD 등의 보조 기억 장치는 식재료가 가득 담긴 냉장고에 해당하죠. 플래시 메모리나 USB 메모리, 외장 하드 드라이브, 과거에 많이 사용했던 플로피 디스크 등은 모두 보조 기억 장치에 해당합니다.

주 기억 장치 (메인 메모리)

보조 기억 장치

냉장고가 크면 많은 재료들을 보관할 수 있듯이 보조 기억 장치의 용량이 크면 파일과 프로그램을 많이 저장해 둘 수 있습니다. 컴퓨터를 살 때 기가바이트나 테라바이트 단위의 대용량 저장소를 선호하는 이유죠. 하지만 만약 로봇이 햄버거 하나를 만들기 위해 양파를 썰고, 패티를 굽고, 케첩을 뿌릴 때마다 냉장고를 들락거리며 재료를 꺼내야 한다면 번거로운 것은 물론 시간도 오래 걸립니다. 그렇기 때문에 필요한 재료들을 미리 꺼내어 올려 둘 요리 탁자가 필요하죠. 바로 이 요리 탁자의 역할을 하는 것이 메모리입니다.

CPU는 보조 기억 장치(냉장고)에서 프로그램의 코드와 필요한 데이터를 꺼내어 메인 메모리(요리 탁자)에 올려놓고 작업을 합니다. 요리 탁자가 넓으면 많은 재료를 한꺼번에 올려 두고 작업할 수 있는 것처럼 메모리 용량이 크면 보조 기억 장치(냉장고)에서 데이터를 자주 꺼낼 필요도 없고, 여러 작업을 동시에 수행하기도 좋습니다. 또한 여러 개의 코어(로봇)가 일할 자리도 넉넉하기 때문에 일이 빨라지죠. 반대로 메인 메모리 용량이 적으면 번거로운 일이 많이 발생합니다. 멀티 코어 CPU를 장착한 여러 대의 로봇이 있지만 막상 요리 탁자가 1인용이라면 동시에 일을 하기도 어렵고 냉장고도 자주 들락거려야 하기 때문에 멀티 코어의 의미가 없습니다.

+ 여기서 잠깐 **램이란?**

컴퓨터에서 메인 메모리와 램(RAM)은 부르는 명칭이 달라도 대부분의 경우 같은 장치를 이야기합니다. 메인 **메모리**는 해당 장치의 역할에, **램**은 작동 원리에 초점을 둔 용어죠. 임의 접근(Random access)은 메모리 어느 위치에 있는 데이터든지 같은 속도로 읽고 쓸 수 있다는 뜻입니다. 요리 탁자 어디에 재료를 두어도 집는 데 걸리는 시간 차이가 거의 없는 것처럼 말이죠.

메모리와 함께 사용되는 또 다른 형태의 기억 장치로는 **캐시**가 있습니다. 3장에서 배웠던 캐시 개념처럼 메인 메모리에 올려둔 데이터에 보다 더 빠르게 접근할 수 있도록 CPU에 내장되는 형태로 사용되죠. CPU는 캐시를 사용함으로써 자주 사용하는 데이터를 요리 탁자에 손을 뻗을 필요노 없이 바로바로 사용할 수 있습니다.

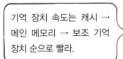

기억 장치 속도는 캐시 → 메인 메모리 → 보조 기억 장치 순으로 빨라.

휘발성 메모리와 비휘발성 메모리

기억 장치는 휘발성 메모리와 비휘발성 메모리 중 하나에 속합니다. 어렵게 생각할 필요 없습니다. 들어오는 전기가 끊겼을 때 데이터가 날아가면 휘발성 메모리, 계속 유지되면 비휘발성 메모리입니다.

요즘은 컴퓨터가 갑자기 꺼져도 자동 저장되는 프로그램이 많지만, 실수로 전원 코드가 뽑히거나 정전으로 컴퓨터가 꺼져서 작업하던 것을 날려버린 경험이 한 번쯤은 있을 것입니다. 이처럼 전기가 끊기면 데이터가 모두 날아가는 메인 메모리는 '접이식' 요리 탁자에 비유할 수 있습니다. 접이식 요리 탁자가 갑자기 확 접히면 올려 둔 재료들이 떨어지듯 컴퓨터가 갑자기 꺼지면 메모리도 비워집니다. 탁자를 다시 펴고 떨어진 재료들을 올려놓으려면 시간이 걸리듯 컴퓨터를 재시동하면 필요한 프로그램들과 데이터를 다시 꺼내어 메인 메모리에 세팅해야 하므로 시간이 걸립니다. 오늘날까지 널리 사용되는 메인 메모리(주 기억 장치)는 **휘발성 메모리**입니다.

이와 달리 전력이 끊겨도 데이터가 유지되는 메모리를 **비휘발성 메모리**라고 합니다. 보조 기억 장치는 비휘발성 메모리로 만들어져야 전기가 끊겨도 데이터를 계속 저장해둘 수 있죠. 비휘발성 메모리는 휘발성 메모리에 비해 실행 속도와 용량이 낮아 아직 메인 메모리로 사용되지 않지만, 많은 기업에서 이를 극복하기 위한 연구를 진행하고 있습니다.

사람과의 소통 창구
입출력 장치 `easy`

햄버거를 만들어 주는 로봇과 냉장고, 요리 탁자를 갖추었다면 푸드 트럭 밖에 손님들의 주문을 받고 조리된 햄버거를 건네 줄 창구가 필요합니다. 창구가 없는 푸드 트럭은 마치 본체만 덜렁 있는 데스크톱과 같습니다. **입출력 장치**는 앞서 다룬 CPU, 메모리와 함께 컴퓨터 하드웨어를 구성하는 주요 요소 중 하나입니다. 다른 말로 **I/O**(Input/Output)라고 하죠. 입출력 장치는 컴퓨터와 외부를 연결해 주는 소통의 통로입니다. 소통의 대상은 사람이 될 수도 있고 다른 컴퓨터나 기계 장치일 수도 있습니다.

입력 장치

입력 장치로 가장 많이 쓰이는 것은 단연 키보드와 마우스입니다. 컴퓨터는 키보드를 통해 문자나 숫자, 방향 및 여러 명령어를 입력받고, 마우스로는 커서를 움직이고 좌우 클릭 신호를 받죠. 터치패드나 트랙볼, 웹툰 작가들이 많이 사용하는 펜 태블릿 또한 입력 장치입니다. 이 외에도 시각적 정보를 받는 웹캠과 스캐너, 소리를 입력받는 마이크, 일부 노트북 컴퓨터에 내장된 지문 인식 장치가 모두 입력 장치에 속합니다.

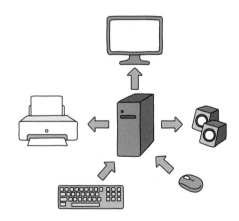

출력 장치

대표적인 출력 장치는 모니터입니다. 우리가 화면을 보며 컴퓨터를 사용할 수 있는 것은 컴퓨터가 처리한 정보를 모니터를 통해 시각 정보로 출력해 주기 때문이죠. 또 다른 출력 장치로는 사운드 카드와 스피커 같은 소리 출력 장치가 있습니다. 잉크나 레이저, 토너를 사용해서 종이로 내보내는 프린터도 출력 장치죠.

입출력을 모두 하는 장치로는 터치 스크린이나 스캐너 기능을 갖춘 복합 프린터가 있습니다. 사람과 소통하는 입출력 장치 외에도 네트워크를 사용하여 다른 기기와 정보를 주고받는 장치도 있습니다. 바로 네트워크 카드나 모뎀입니다. 이처럼 우리는 네트워크에 연결되어 신호를 보내고 받는 장치들을 통해 인터넷을 사용하고, 채팅이나 온라인 게임에서 다른 컴퓨터 사용자와도 소통할 수 있습니다.

> 어떤 형태로든 컴퓨터가 신호나 정보를 받아오면 입력 장치, 내보내면 출력 장치라고 할 수 있어.

지금까지 컴퓨터 하드웨어를 구성하는 세 가지 핵심 요소인 **CPU, 메모리, 입출력 장치**에 대해 알아보았습니다. 컴퓨터가 입력 장치로부터 명령과 주문을 받으면 CPU는 이를 접수해서 작업을 시작합니다. 보조 기억 장치에서 해당 작업을 실행하기 위한 프로그램과 필요한 데이터를 일정량 꺼낸 다음 메인 메모리에 올려놓고 작업을 하죠. 마지막으로 컴퓨터는 작업한 결과물을 출력 장치를 통해 내보냅니다. 우리가 컴퓨터를 이용하는 매 순간순간 이러한 과정들이 수없이 반복되는 것입니다.

CPU가 멀티태스킹을 하는 방법
프로세스, 스레드 `hard`

우리는 컴퓨터에서 워드로 문서 작업을 하는 동시에 음악을 재생해서 들을 수 있습니다. 그러면서도 PC용 메신저로 친구와 채팅을 할 수도 있고, 브라우저에서 게임 설치 파일을 다운로드할 수도 있죠. 이를 통해 우리는 컴퓨터가 여러 가지 일을 동시에 수행하고 있음을 알 수 있습니다. 사실 우리 눈에 보이지 않는 곳에서 동시에 진행되는 여러 작업을 모두 포함하면 수백 개가 훌쩍 넘어가기도 합니다.

컴퓨터는 어떻게 CPU 코어 수보다 많은 작업을 멀티태스킹 하는 것일까요? 이를 알기 위해서는 먼저 프로세스와 스레드의 개념을 알아야 합니다.

프로그램이 실행 중인 상태, 프로세스

01-1절에서 프로그램이란 '어떤 일을 수행하기 위해 만들어진 명령 모음'이라고 배웠습니다. 프로그램을 다른 관점에서 이야기하면 명령의 모음이 파일로 빌드되어 보조 기억 장치(여러 가지 음식 재료가 냉장고 안)에 저장되어 있는 정적인 상태라고 할 수 있습니다. 우리가 프로그램 실행 명령을 내리면 CPU는 보조 기억 장치에서 꺼내 메인 메모리에 올려놓고 코드를 해석하며 작업을 시작합니다. 이처럼 프로그램이 메인 메모리로 올라와 실행되고 있는 상태를 **프로세스**라고 합니다.

> **note** 프로그램은 하나의 프로세스로 실행될 수도, 여러 프로세스에 걸쳐 실행될 수도 있습니다. 예를 들어 크롬 브라우저는 여러 탭을 열었을 때 각 탭에 프로세스가 하나씩 부여됩니다.

2코어, 즉 두 대의 로봇이 일하는 푸드 트럭에 햄버거와 치킨버거, 새우버거, 그리고 치즈버거 주문이 한꺼번에 들어왔습니다. 각각의 버거가 하나의 프로세스라고 가정해 보겠습니다. 고객에게 버거 네 개를 한 번에 제공하기 위해서는 동시에 요리해야 합니다. 로봇들은 이를 어떻게 해결해야 할까요? 여러 프로세스를 함께 처리하는 방법은 크게 두 가지입니다.

첫째, 병렬 처리 방법입니다.

병렬 처리는 여러 작업을 동시에 실행하는 방법입니다. 2개 이상의 코어가 각기 다른 프로세스의 명령을 실행해서 각 프로세스가 같은 순간에 실행되도록 하는 방법이죠.

예를 들어 푸드 트럭에 네 대의 로봇이 있다면 각각의 로봇이 한 종류의 버거를 맡아서 요리한다고 생각하면 됩니다. 멀티 코어 환경에 맞게 프로그래밍만 잘 되어 있다면 코어의 개수만큼 빠른 일 처리가 가능합니다. 하지만 지금 푸드 트럭에는 로봇이 두 대뿐입니다. 1번 로봇이 햄버거를 만들고, 2번 로봇이 치킨버거를 만든다면 나머지 두 개의 버거는 대기하고 있어야 합니다.

둘째, 병행 처리 방법입니다.

병행 처리는 하나의 코어가 여러 프로세스를 돌아가면서 조금씩 처리하는 것을 말합니다.

네 개의 버거를 동시에 만들기 위해 두 대의 로봇이 식탁 좌우를 빠르게 왔다갔다 합니다. 1번 로봇이 빵 네 개를 깔 때, 2번 로봇은 야채를 썰어 올리고, 빵을 깔던 1번 로봇이 버거에 맞는 패티를 올리면, 야채를 썰던 2번 로봇이 다시 빵 네 개를 덮어서 네 개의 버거가 마치 동시에 조리된 것처럼 보이게 하는 방법이죠. 이처럼 병행 처리란 작업을 조금씩 나누어 실행하면서 컴퓨터가 마치 여러 작업을 동시에 실행하는 것처럼 보이게 하는 처리 방법입니다.

햄버거를 만들 때 치킨버거, 새우버거, 치즈버거로 진행 순서를 바꾸는 것을 **컨텍스트 스위칭**이라고 합니다. 컴퓨터에서는 컨텍스트 스위칭이 매우 빠르게 일어나기 때문에 사람의 눈에는 마치 여러 프로그램이 동시에 돌아가는 것처럼 느껴집니다.

프로그램이 효율적으로 설계되었다면 두 코어가 프로세스를 두 개씩 '병렬'로 분담해서 각자가 맡은 버거를 '병행'해서 요리하기도 합니다. 이처럼 여러 개의 프로세스를 함께 진행하는 것을 **멀티 프로세싱**이라고 부릅니다.

한 프로세스가 CPU를 사용하고 있는 상태에서 또 다른 프로세스가 CPU를 사용할 수 있도록 하기 위해서는 이전 프로세스의 상태(문맥)를 보관하고 새로운 프로세스의 상태를 CPU에 적재하는 작업이 필요합니다. 이를 컨텍스트 스위칭이라고 합니다.

프로세스를 또 나눈 단위, 스레드

한 프로세스 안에서 서여러 작업이 동시에 진행되기도 합니다. 예를 들어 채팅 앱은 사용자가 메시지를 입력하는 도중에도 상대방이 새로운 메시지를 보냈는지 계속해서 확인합니다. 만약 상대방이 이전 메시지로 보낸 동영상에 '받기'를 누른 상태라면 채팅을 하는 동시에 동영상 다운로드까지 함께 진행되는 중이죠. 이처럼 한 프로세스 안에 하나 이상 진행될 수 있는 일의 단위를 **스레드**라고 합니다.

04-1절 앞부분에서 이야기한 CPU의 스레드와는 다른 개념이야.

한 개의 버거를 요리하는 작업을 하나의 프로세스라고 한다면, 빵을 데우는 작업과 패티를 굽는 작업, 야채를 써는 작업은 스레드로 구분할 수 있습니다. 스레드 역시 프로세스와 같이 컨텍스트 스위칭을 통해 여러 개의 작업을 병행 처리합니다. 빵을 오븐에 넣고, 패티를 팬에 올리고, 토마토를 썰고, 오븐에서 빵을 꺼내고, 패티를 뒤집고, 양상추를 썰고 하는 식으로 진행되는 것이죠. 이처럼 여러 스레드가 함께 실행되는 것을 **멀티 스레딩**이라고 합니다.

프로세스와 스레드의 차이

프로세스와 스레드에는 중요한 차이점이 있습니다. 바로 '메인 메모리를 어떻게 함께 사용하는가'입니다.

멀티 프로세싱에서 각각의 프로세스는 요리 탁자에 선을 긋듯 자기 영역을 명시해 둡니다. 햄버거를 만들 공간, 치킨버거를 만들 공간이 분리되어 있다는 뜻이죠. 새우버거의 재료를 치킨버거나 치즈버거 자리에 둘 수 없다는 뜻도 됩니다. 그렇기 때문에 동시에 진행되는 프로세스가 많아지면 메인 메모리는 그 배수만큼 필요합니다.

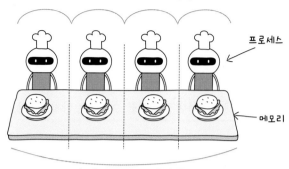

프로세스 간에는 메인 메모리 공간 분리

프로세스

메모리

스레드 간에는 메인 메모리 공간 공유

반면 스레드는 서로의 공간을 구분하지 않습니다. 치즈버거 프로세스에 할당된 요리 탁자 공간은 해당 프로세스에 속한 모든 스레드가 공유합니다. 예를 들어 빵을 놓는 공간과 야채를 다듬을 공간을 따로 구분할 필요가 없는 것이죠. 그렇기 때문에 아무리 스레드가 많아져도 메모리를 추가로 차지하지 않습니다. 그리고 프로세스와는 달리 자리를 옮겨 다닐 필요가 없기 때문에 컨텍스트 스위칭에 드는 부담도 덜합니다.

이처럼 성능상으로는 스레드가 유리하지만, 주의할 점이 있습니다. 같은 메모리 공간을 여러 스레드가 사용하기 때문에 그 과정에서 발생할 수 있는 오류에 대비해서 프로그래밍해야 한다는 것이죠. 예를 들어 벽에 못질하는 프로세스 안에서는 여러 개의 스레드가 못 박을 위치를 공유하는데, 못의 위치를 잡는 스레드와 망치질을 하는 스레드의 타이밍이 엇갈린다면 손을 크게 다칠 수 있습니다. 이와 같은 일이 벌어지지 않도록 스레드를 다루는 프로그램은 시간적 요소까지 고려해서 신중하게 설계해야 합니다.

▶ 5가지 키워드로 정리하는 핵심 포인트

- **CPU**는 컴퓨터를 통제하고 주어진 작업을 수행하는 장치입니다.

- **메모리**는 컴퓨터의 작업에 사용되는 데이터를 일시적 또는 영구적으로 저장하는 장치입니다.

- **입출력 장치**(I/O)는 컴퓨터에 신호와 정보를 보내는 입력 장치와 컴퓨터의 연산을 결과로 내보내는 출력 장치를 말합니다.

- **프로세스**는 프로그램이 메모리에 올려져 CPU에 의해 실행되는 상태입니다.

- **스레드**는 하나의 프로세스 안에서 돌아가는 한 개 이상의 작업 단위입니다.

▶ 확인 문제

1. 다음 중 문장에 들어갈 알맞은 단어를 보기에서 찾아 작성해 보세요.

> **보기** ① CPU   ② 메인 메모리   ③ 보조 기억 장치   ④ 프로세스

- (　　　　　　)(은)는 컴퓨터의 뇌에 해당하는 장치로, 프로그램의 명령어를 해석해서 실행합니다.

- RAM은 (　　　　　　)에, SSD는 (　　　　　　)에 속합니다.

- 프로그램이 실행되면 (　　　　　　)(이)가 시작됩니다.

2. 다음 중 틀린 것을 고르세요.

① CPU 코어의 빠르기는 클럭으로 알 수 있습니다.

② 컴퓨터가 꺼져도 메인 메모리상의 데이터는 유지됩니다.

③ 각 프로세스는 자신만의 메모리 공간을 가집니다.

④ 모니터는 입출력 장치에 해당합니다.

⑤ 하나의 프로그램의 여러 프로세스를 사용할 수도 있습니다.

3. 다음 중 가장 연관이 깊은 단어들끼리 연결해 보세요.

① 메인 메모리　　·　　　　·㉠ 보조 기억 장치

② 하드디스크　　·　　　　·㉡ I/O

③ 중앙 처리 장치　·　　　　·㉢ CPU

④ 마우스　　　·　　　　·㉣ RAM

4. 다음 장치들을 속도가 빠른 순서대로 나열해 보세요.

주 기억 장치, 보조 기억 장치, 캐시 → (　　　　　　　　　　)

5. 다음 중 문장에 들어갈 알맞은 단어를 보기에서 찾아 작성해 보세요.

보기 ① 병행　　② 병렬　　③ 컨텍스트 스위칭

여러 개의 코어가 프로세스들을 동시에 진행하면 (　　　　　) 처리, 하나의 코어가 빠른 (　　　　　)을 통해 여러 프로세스들을 돌아가며 진행하면 (　　　　　) 처리입니다.

바이트는 뭐고
자료형은 왜 쓰나요?

비트 바이트 자료형 문자 인코딩 유니코드

컴퓨터가 다루는 정보는 어떻게 구성되어 있는지 알아보고, 그 정보가 사람이 인식할 수 있는 형태로 변환되고 전달되기 위해 어떤 방식들이 사용되는지 알아봅니다.

시작하기 전에

컴퓨터는 숫자 0과 1만 이해할 수 있다는 사실을 알고 계시나요? 한 번쯤은 들어보기도 했을 테지만, 이것이 정확히 무슨 의미인지는 구체적으로 와 닿지 않습니다.

숫자 0과 1만 이해할 수 있는 컴퓨터가 어떻게 키보드로 입력하는 글자들을 화면에 표시하고, 심지어 큰 숫자들의 연산은 물론 세계 각국의 문자들을 다룰 수 있을까요? 가끔 한글이 이상하게 깨져 나오는 것은 컴퓨터가 이해할 수 없는 문자를 입력해서일까요? 그리고 왜 프로그래밍 언어에서는 변수를 사용하고, 변수를 지정할 때 번거롭게 자료형을 지정하는 것일까요?

지금까지 이야기한 것은 모두 컴퓨터가 다루는 정보에 관한 것입니다. 이번 절에서는 이런 궁금증들을 하나씩 해결해 보겠습니다.

컴퓨터의 데이터 단위
비트와 바이트 easy

개발자가 아니더라도 **비트**나 **바이트**는 일상에서 들어보았을 친숙한 단어입니다. 특히 바이트(byte)는 컴퓨터나 USB를 구매할 때 메모리나 하드 디스크의 용량을 확인하면서, 클라우드를 이용할 때 파일의 크기를 확인하면서 접해 보았을 것입니다. 개발자뿐만 아니라 디자이너도 색상에 관련해서 16비트(하이컬러)나 24비트(트루컬러) 등으로 심도를 구분하기 때문에 생소하진 않죠. 프로그래밍을 공부하고 개발자의 길을 걷기 위해서는 일상에서의 바이트, 비트가 아닌 이들의 의미를 보다 깊이 있게 알 필요가 있습니다.

비트(bit)는 2진수(binary digit)의 약자로, 컴퓨터가 다루는 데이터의 최소 단위이며 0 또는 1이라는 2개의 값을 갖습니다. 우리가 숫자를 표기할 때 각 자릿수마다 0부터 9까지, 총 10개의 값을 가지는 십진법을 사용한다면 컴퓨터는 각 자릿수마다 0 또는 1, 총 2개의 값만 가지는 2진법을 사용합니다.

➕ 여기서 잠깐   **바이너리 파일이란?**

바이너리 파일은 사람이 읽을 수 있는 텍스트 형식이 아니라 컴퓨터가 읽을 수 있는 이진(바이너리) 숫자 형식으로 작성된 파일을 의미합니다. PNG, JPG 같은 이미지 파일이나 mp3 파일, 동영상 파일, 각종 프로그램 실행 파일들을 바이너리 파일이라고 합니다.

컴퓨터가 2진법을 사용하는 이유는, 기계가 전기 신호를 통해 작동하기 때문입니다. 사람은 10개의 손가락을 이용해 다양한 방법으로 숫자나 수신호를 표현할 수 있지만, 전기 신호를 사용하는 컴퓨터는 '켜짐'과 '꺼짐', 즉 0과 1만 표현됩니다.

○   ●
0 (꺼짐)   1 (켜짐)

컴퓨터 실행 파일에서 32비트나 64비트처럼 '비트' 앞에 숫자가 붙는 것은 데이터를 다룰 때 몇 개의 비트를 사용할 것인가를 뜻합니다. 다른 말로 하면 데이터를 몇 자리의 이진수로 표기할 것인가를 말하는 것입니다. 다음 예시를 통해 좀 더 자세히 알아보겠습니다.

다음과 같은 체크 박스가 있습니다. '로그인 상태 유지'라는 내용 앞에 있는 체크 박스는 로그인 시 입력하는 ID와 비밀번호를 브라우저에 쿠키로 저장할지 여부를 정하기 위한 용도로 사용됩니다. 클릭하거나 하지 않거나 둘 중 하나, 즉 예 또는 아니요 중 하나의 값만 입력됩니다. 프로그래밍에서는 true 혹은 false라고 하며, 이러한 선택지를 가질 수 있는 값을 **불리언**(boolean, 혹은 **불**) 자료형이라고 부릅니다.

이론적으로 '로그인 상태 유지' 여부를 묻는 항목은 '예'면 1(저장함), '아니요'면 0(저장하지 않음)만 필요하기 때문에 이 데이터를 저장하기 위해서는 한 개의 비트, 즉 1비트면 충분합니다.

불 자료형 (1비트)

○	●
거짓	참

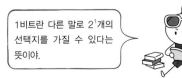

1비트란 다른 말로 2^1개의 선택지를 가질 수 있다는 뜻이야.

그렇다면 1보다 많은 선택지를 가진 항목인 가위바위보와 동서남북의 경우를 살펴보겠습니다. 전자는 세 가지, 후자는 네 가지의 선택지가 있습니다. 이는 0과 1이란 두 옵션으로 표현이 가능한 범위를 넘어서기 때문에 더 많은 비트가 필요합니다.

하나의 비트를 더 할당해서 2개의 비트를 사용하면 다음과 같이 최대 2^2개, 즉 4개의 선택지를 가질 수 있습니다. 가위바위보와 동서남북이라는 가상의 2비트짜리 자료형을 다음과 같이 만들어 보겠습니다.

가위바위보 (2비트)

○ ○	○ ●	● ○	● ●
가위	바위	보	(미사용)

동서남북 (2비트)

○ ○	○ ●	● ○	● ●
동	서	남	북

가위바위보의 경우 세 가지 선택지에 2개의 비트를 할당해서 불가피하게 여분의 선택지가 생겼지만, 2비트를 사용해 최대 4개의 옵션을 가지는 항목을 사용할 수 있습니다. 동서남북의 경우에는 2비트에 딱 맞게 할당된 것을 볼 수 있습니다.

그렇다면 일곱 가지 선택지를 갖는 요일과 열두 가지 선택지를 갖는 십이지의 경우 몇 비트가 필요할까요? 2의 제곱을 늘려가며 필요한 선택지의 수와 같거나 더 많은 수를 선택하면 됩니다. 따라서 요일은 3비트(2^3 = 8개), 십이지는 4비트(2^4 = 16개)가 필요합니다.

요일 (3비트)

○○○	○○●	○●○	○●●	●○○	●○●	●●○	●●●
월	화	수	목	금	토	일	(미사용)

십이지 (4비트)

○○○○	○○○●	○○●○	○○●●	○●○○	○●○●	○●●○	○●●●
자	축	인	묘	진	사	오	미
●○○○	●○○●	●○●○	●○●●	●●○○	●●○●	●●●○	●●●●
신	유	술	해	(미사용)	(미사용)	(미사용)	(미사용)

컴퓨터에서 데이터를 주고받을 때는 데이터의 종류마다 몇 비트를 사용해서 표현할지 약속합니다. 예를 들어 '요일 항목은 3비트를 사용해서 000은 월, 001은 화… 이런 식으로 표현하자'고 합의가 되었기 때문에 0과 1만 무수히 반복되는 신호로도 원하는 정보를 다룰 수 있는 것이죠.

일반적으로 비트가 8개 모인 것을 **바이트**라고 합니다. 1바이트는 8비트, 즉 2^8으로 0에서 255까지 총 256가지이 값을 가질 수 있습니다 바이트의 정의가 꼭 8비트인 것은 아니지만, 8비트 = 1바이트로 간주하는 것이 대중화되어 사실상 표준으로 자리 잡았습니다.

컴퓨터가 데이터를 저장하는 방식
자료형 hard

파이썬과 자바스크립트를 제외한 대부분의 프로그래밍 언어는 코드를 작성할 때 이름을 가진 데이터(변수, 상수, 인자 등)에 **자료형**을 명시합니다. 다음은 자바 언어에서 어떤 사람에 대한 데이터를 각각에 적합한 자료형으로 선언해서 값을 지정한 코드입니다.

> **note** 인자는 어떤 함수를 호출할 때 전달되는 값을 의미합니다.

```
//기혼 여부 선언
boolean married = false;
//나이 선언
int age = 27;
//키 선언
double height = 172.4;
//성 선언
char lastname = '김';
```

기혼 여부를 나타내는 married 변수는 앞에서 다룬 참과 거짓 두 값만 가질 수 있는 불리언 자료형을 사용했습니다. 나이는 정수를 표현할 수 있는 int 자료형, 키는 실수에 쓰이는 double 자료형으로 선언했고, 성은 한 개의 글자를 표현할 수 있는 char를 사용했습니다. 자료형이 얼마나 중요한 의미를 갖기에 프로그래밍 언어에서 데이터 형식을 일일이 명시해 주는 것일까요?

> 파이썬이나 자바스크립트와 같은 언어에서는 왜 자료형을 명시하지 않아도 되는지 다음 절에서 배우게 될 테니 조금만 기다려!

요리 탁자 위에 각종 재료가 올라와 있는 것처럼 메인 메모리에는 다음 그림과 같이 0과 1의 값이 나열되어 있습니다. 컴퓨터 프로그램이나 시스템 소프트웨어에서 사용 중인 데이터 형태입니다.

어느 병원의 근무일 정보를 다루는 가상의 한글 프로그래밍 언어 코드가 있다고 생각해 봅시다.

```
요일 휴무일 = 일요일;
요일 야간진료일 = 수요일;
```

'휴무일'과 '야간진료일'이라는 변수가 '요일'이라는 자료형으로 선언되어 있고, 각각에 일요일(●●○)과 수요일(○●○)이라는 값이 들어가 있습니다. 이 데이터는 다음 그림과 같이 각각 메인 메모리 어딘가에 자리를 차지합니다.

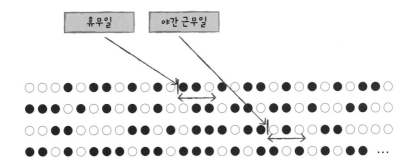

컴퓨터는 그림에 화살표로 표시된 것처럼 '휴무일'과 '야간진료일'이 메모리 어느 지점에서 시작되는지를 알고 있죠. 하지만 그 위치 정보만으로는 데이터를 읽을 수 없습니다. 왜냐하면 시작점으로부터 몇 비트를 읽어야 하는지 모르기 때문입니다. '휴무일'의 경우 두 비트를 읽으면 ●●, 4비트를 읽으면 ●●○●이 됩니다. 몇 비트를 읽어야 하는지 모르면 원치 않은 값을 읽게 됩니다. 컴퓨터가 정확히 세 비트를 읽어 일요일(●●○)이란 데이터를 제대로 읽을 수 있는 것은 해당 변수가 '요일'이란 (가상의) 자료형을 할당받아 3비트로 놓여 있음을 명시했기 때문인 거죠.

이제 비트들이 자료형에 어떻게 사용되는지 자바를 예시로 살펴보겠습니다. 다음은 자바에서 사용되는 기본 자료형입니다. 프로그래밍 언어마다 자료형이 조금씩 다르지만 큰 틀에서는 유사합니다.

자료형	비트	바이트	설명
byte	8	1	$-2^7 \sim 2^7{-}1$ 사이의 정수 ($-128 \sim 127$)
short	16	2	$-2^{15} \sim 2^{15}{-}1$ 사이의 정수 ($-32{,}768 \sim 32{,}767$)
int	32	4	$-2^{31} \sim 2^{31}{-}1$ 사이의 정수
long	64	8	$-2^{63} \sim 2^{63}{-}1$ 사이의 정수
float	32	4	소수점 6~7자리까지 정확도를 갖는 실수
double	64	8	소수점 15자리까지 정확도를 갖는 실수
boolean	1	1	true, false (참 또는 거짓)
char	16	2	유니코드 문자 데이터

정수 자료형 중 가장 작은 byte를 살펴봅시다. 이름 그대로 데이터마다 1바이트, 즉 8비트가 할당됩니다. 그런데 왜 표현할 수 있는 가장 큰 수가 2^8이 아닌 $2^7{-}1$일까요?

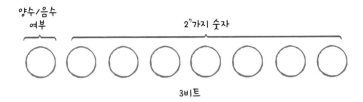

이는 바이트를 비롯한 자바의 정수 자료형이 양수(+)와 음수(−) 모두를 나타낼 수 있어야 하는 signed 자료형이기 때문입니다. 2^8(256)개 숫자를 반으로 갈라서 반은 음수($-2^7 \sim -1$)로 할당하고, 나머지 반은 양수($0 \sim 2^7{-}1$)로 할당한 거죠. 양수 최댓값이 2^7보다 하나 작은 $2^7{-}1$인 이유는 양수에는 0도 포함되기 때문입니다.

이와 반대로 + 또는 − 부호를 갖지 않는, 즉 양수/음수 여부를 나타내지 않는 숫자 자료형을 unsigned라고 해.

같은 정수 자료형이더라도 어떤 데이터를 담느냐에 따라 적절한 것을 사용하는 것이 좋습니다. 만약 광역시 수준의 도시 인구를 담는 변수에 byte나 short 자료형을 사용하면 최대 숫자가 턱없이 부족할 것입니다. 반대로 반 학생들의 과목별 점수를 표현하기 위해 long 자료형을 사용하면 이것은 터무니없는 낭비가 됩니다. 담을 숫자가 0개든 $2^{63}-1$개든 long 자료형으로 선언해 버리면 무조건 64비트를 차지하게 되거든요.

note byte, short, int, long은 모두 정수를 표현하는 자료형입니다. 그 중 short는 최대 16비트, long은 최대 64비트 크기입니다.

float이나 double과 같은 실수 자료형, 그리고 위의 표에는 없지만, String과 같은 특수한 자료형의 원리는 이 책에서 다루기에는 너무 복잡합니다. 하지만 2진법을 사용하는 비트의 조합으로 컴퓨터의 데이터를 표현한다는 것을 알아 두면 프로그래밍할 때 컴퓨터 내부에서 일어나는 일에 대해 보다 깊이 이해할 수 있을 것입니다.

비트로 문자를 나타내는 방법
문자 인코딩, 유니코드 `hard`

이번에는 컴퓨터가 어떻게 문자를 표현하는지 알아보겠습니다. 앞서 이야기했듯 컴퓨터는 0과 1의 이진 숫자로 이루어져 있습니다. 그렇기 때문에 0과 1을 사용해서 'A', 'B', 'C'와 같은 문자들을 표현하려면 문자마다 특정 숫자를 표기하는 약속이 있어야 합니다. 이를테면 다음 표와 같이 말이죠.

45	–	65	A	97	a
46	.	66	B	98	b
47	/	67	C	99	c
48	0	68	D	100	d
49	1	69	E	101	e

이처럼 사용자가 입력한 문자나 기호들을 컴퓨터가 이용할 수 있는 숫자로 만든 것을 **문자열 셋**이라 부릅니다. 앞선 표는 아스키 코드라고 불리는 문자열 셋의 일부입니다. 이와 같은 문자열 셋을 통해 사람이 입력하는 문자를 그에 해당하는 숫자로 변환하는 것을 **문자 인코딩**이라고 합니다.

아스키 코드(ASCII code)는 1963년 미국에서 만든 것으로, 0~127까지의 7비트 공간 안에 대문자와 소문자 알파벳, 스페이스와 탭, 각종 부호 값들이 지정되어 있습니다. 이는 영어를 사용하는 국가에서 사용하기에는 충분했지만, 그 외 다른 언어를 사용하는 국가에서는 문제가 발생했습니다. 한국의 한글이나 중국의 한자, 중동의 아랍어처럼 알파벳이 아닌 문자들은 아스키 코드로 표현할 수 없었거든요.

이 문제를 해결하기 위해 각국에서는 자국의 언어들을 표시하기 위한 문자열 셋과 문자 인코딩 방식을 만들었습니다. 한국에서도 EUC-KR이나 UTF-8 같은 인코딩 방식을 사용하고 있죠. 문제는 이런 인코딩 방식이 중구난방으로 만들어지다 보니 서로 다른 문자 인코딩을 사용하는 경우 글자가 깨져 버리는 일들이 발생했다는 것입니다.

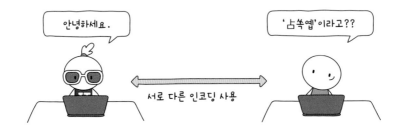

이러한 문제를 해결하기 위해 전 세계의 모든 문자를 포함할 수 있는 거대한 문자열 셋이 필요했습니다. 그렇게 만들어진 것이 바로 **유니코드**(Unicode)입니다. 유니코드라는 이름에서 알 수 있듯 하나(Uni)의 표 안에 한글은 물론 한자와 히라가나를 비롯한 세계 각국의 문자뿐만 아니라 고대 문자와 이모티콘까지 거의 모든 문자를 포함하고 있습니다. 전 세계가 이 유니코드로 문자열 셋을 통일함으로써 문자가 달라서 생기는 호환성 문제에서 벗어나 다양한 문자로 온라인에서 소통할 수 있게 된 것이죠.

문자 인코딩 설정을 보면 UTF-8이 자주 보이는데 이건 뭔가요?

유니코드란 문자열 셋을 인코딩하기 위한 방식 중 하나예요. 유니코드는 전 세계 거의 모든 문자를 포함하기 때문에 문자에 할당되는 비트 수의 범위도 어마어마하죠. 이 숫자들을 효율적으로 표기하기 위해 UTF-32, UTF-16, UTF-8 등 여러 인코딩 방식이 고안되었는데, 그중 비트 수를 가장 많이 절약하는 UTF-8이 대세로 자리 잡았어요.

▶ 5가지 키워드로 정리하는 핵심 포인트

- **비트**는 0과 1 두 값을 가지는 것으로 컴퓨터가 다루는 데이터의 최소 단위입니다.

- **바이트**는 8개의 비트가 모인 것입니다.

- **자료형**은 프로그래밍 언어에서 여러 종류의 데이터를 저장하는 방식입니다.

- **문자 인코딩**은 사람이 사용하는 문자를 컴퓨터가 인지 가능한 숫자로 바꾸는 것입니다.

- **유니코드**는 전 세계에서 사용되는 대부분의 문자를 포함한 문자열 셋입니다.

▶ 확인 문제

1. 다음 중 문장에 들어갈 알맞은 단어를 보기에서 찾아 작성해 보세요.

> **보기** ① 문자 인코딩　　② 자료형　　③ 문자열 셋

> - 컴퓨터가 변수의 주어진 위치에서 몇 개 값을 읽어야 하는지는 (　　　　)(을)를 통해 알 수 있습니다.
>
> - 대응하는 숫자를 할당한 문자들의 집합을 (　　　　　), 이에 따라 문자를 숫자로 변환하는 것을 (　　　　　)(이)라고 합니다.

2. 다음 중 문장에 들어갈 알맞은 단어를 보기에서 찾아 작성해 보세요.

> **보기** ① 255 ② 127

> • 1바이트로 나타낼 수 있는 가장 큰 수는 Signed일 경우 (   )(이)고 unsigned일 경우 (   )입니다.

3. 다음 중 틀린 것을 고르세요.

① 컴퓨터는 2진법을 사용하여 일합니다.

② 바이트는 4개의 비트로 구성됩니다.

③ 같은 숫자 자료형도 크기에 따라 여러 종류가 있을 수 있습니다.

④ 아스키 코드로는 한글을 나타낼 수 없습니다.

⑤ 유니코드를 인코딩할 수 있는 방식은 여러 개가 있습니다.

4. 다음 중 표현에 필요한 자료형의 크기가 가장 작은 것을 고르세요.

① 사람의 키(밀리미터 단위)

② 초등학교 학년

③ 특정 공휴일의 날짜(월, 일)

④ 윤년 여부

5. 다음 용어 중 나머지 넷과 범주가 다른 것을 고르세요.

① 아스키 코드   ② EUC KR

③ UTF-8   ④ UTF-16

⑤ UTF-32

04-3 프로그래밍 언어 분류

핵심 키워드

`컴파일/인터프리터 언어` `절차지향/객체지향/함수형 프로그래밍`
`매니지드/언매니지드 언어`

프로그래밍 언어를 나누는 종류와 특성을 살펴보고, 프로그래밍에서 사용되는 여러 패러다임에 대해 알아봅니다.

시작하기 전에

IT 업계에서는 다양한 프로그래밍 언어를 사용합니다. 개발자로 커리어를 시작하면 회사의 개발 환경이나 본인의 선택에 따라 하나 이상의 프로그래밍 언어를 주요 언어로 선택해서 프로그래밍합니다.

프로그래밍 언어를 나누는 데에는 몇 가지 기준이 있고, 각 언어는 구분된 카테고리 중 하나 또는 여러 범주에 속하게 됩니다. 이 종류를 알고 각각의 특성을 이해하면 용도에 적합한 프로그래밍 언어를 선택하는 것은 물론, 사용하는 언어를 제대로 활용하는 데에도 큰 도움이 됩니다. 이번 절에서는 고수준 언어들의 몇 가지 분류와 현대적인 프로그래밍 언어로 구현할 수 있는 중요한 프로그래밍 방식을 알아보겠습니다.

번역되는 언어와 통역되는 언어
컴파일 언어, 인터프리터 언어 medium

01-2절에서도 간단히 다루었지만, 프로그래밍 언어는 배포되기 전 다른 형태로 변환되는 **컴파일 언어**, 그리고 작성된 그대로 실행되는 **인터프리터 언어**로 나뉩니다.

국제적인 사업을 하는 회사에서 외국에 있는 파트너 회사에 새로운 사업 아이템을 소개하려 합니다. A 직원과 B 직원 중 한 명에게 일을 맡기고자 하는데, 두 직원은 일하는 스타일이 전혀 다릅니다. A 직원은 문서 타입으로, 외국을 방문하기 전에 아이템에 대한 사업계획서를 현지 언어로 꼼꼼히 번역합니다. 시간과 공을 들여 미리 작성해 둔 완벽한 번역본을 들고 찾아가 전달하는 것이 A 직원의 방식입니다. 반면 B 직원은 몸으로 행동하는 타입입니다. 통역사를 대동하고 곧장 해외 파트너 회사로 가서 사업계획서를 읽어줍니다. 두 사람 모두 사업계획서라는 결과물을 만드는 것은 동일하지만, 일하는 방식이 다릅니다. 이 둘을 프로그래밍 언어로 비교하면 컴파일 언어는 A 직원, 인터프리터 언어는 B 직원으로 비유할 수 있습니다.

소스 코드를 **컴파일**한다는 것은 코드를 실행하기 전에 기계어나 다른 코드로 먼저 '번역'하는 것입니다. hello-word.c라는 C 언어 코드를 예시로 살펴보겠습니다.

```
#include <stdio.h>
int main () {
   printf("Hello, World!");
   return 0;
}
```

이 코드는 사용자가 프로그램을 실행하면 CLI 창에서 "Hello, World!"라는 메시지를 보여주는 간단한 프로그램입니다. C 언어를 공부할 때 가장 먼저 접하는 예제이죠. 고수준 언어인 C 언어로 작성했기 때문에 프로그래밍을 모르는 사람도 설명을 들으면 이해할 수 있는 쉬운 코드지만, 컴퓨터는 이를 이해하지 못합니다. 이 프로그램을 실행하기 위해서는 컴퓨터가 이해할 수 있는 기계어로 번역 작업을 해 주어야 합니다.

`note` CLI 창은 03-8절에서 다룬 명령어 실행 환경입니다.

C 언어로 프로그래밍하기 위해 관련 설치 파일을 다운로드하면 그 안에 C 언어로 작성한 소스 코드를 기계어로 번역해 주는 프로그램이 설치되어 있습니다. 소스 코드를 다른 언어나 형태로 번역해 주는 프로그램을 **컴파일러**라고 부릅니다. C 언어 컴파일러로 위의 hello-world.c 파일을 hello-world.out이라는 파일로 컴파일해 보겠습니다.

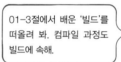
01-3절에서 배운 '빌드'를 떠올려 봐. 컴파일 과정도 빌드에 속해.

다음은 바이너리 형식의 파일을 볼 수 있게 해 주는 프로그램을 이용해 hello-world.out 파일을 열어 본 모습입니다.

```
4d5a 9000 0300 0000 0400 0000 ffff 0000
b800 0000 0000 0000 4000 0000 0000 0000
0000 0000 0000 0000 0000 0000 8000 0000
0e1f ba0e 00b4 09cd 21b8 014c cd21 5468
6973 2070 726f 6772 616d 2063 616e 6e6f
7420 6265 2072 756e 2069 6e20 444f 5320
...
```

실제로는 저런 난해한 문자들이 2만 줄 가까이 이어져 있죠. 우리는 도저히 읽고 해석할 수 없지만, 컴퓨터는 이를 손쉽게 해석해서 "Hello, World!"를 출력합니다.

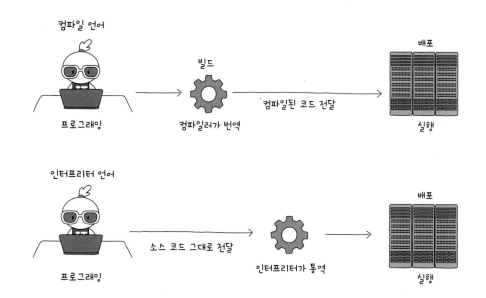

컴파일 언어의 소스 코드가 전부 기계어로만 번역되는 것은 아닙니다. 전 세계적으로 유명한 자바는 컴파일러에 의해 자바 바이트코드로 번역되고, 타입스크립트는 자바스크립트라는 다른 언어로 컴파일됩니다. 특히 재미있는 것은 타입스크립트입니다. 타입스크립트는 자바스크립트가 가진 여러 한계점을 보완해서 보다 안정적이고 오류를 발견하기 쉽도록 만든 언어인데, 타입스크립트의 번역 대상인 자바스크립트는 B 사원과 같은 인터프리터 언어라는 점입니다.

note 타입스크립트 컴파일은 292쪽 〈여기서 잠깐〉에서 자세히 다룹니다.

앞서 말했듯 인터프리터 언어로 작성한 프로그램은 컴파일 과정을 미리 거치지 않고 바로 배포됩니다. 실행할 컴퓨터에는 소스 코드를 바로바로 통역해 주는 프로그램인 인터프리터가 설치되어 있죠. 통역사가 말 한마디 한마디를 통역해 주는 것처럼, 프로그램을 실행하면 인터프리터는 소스 코드를 한 줄 한 줄 읽으면서 기계어로 번역해서 컴퓨터에 명령을 내립니다.

note 인터프리터는 소스 코드를 바로 실행하는 컴퓨터 프로그램입니다.

컴파일 언어와 인터프리터 언어 비교하기

이 두 언어의 장단점은 번역과 통역의 비교를 통해 쉽게 이해할 수 있습니다. 먼저 컴파일 언어처럼 서류를 미리 번역해 두는 것은 사전 작업에 시간이 소요된다는 단점이 있습니다. 통역은 곧장 상대방에게 찾아가 이야기하면 되는데 말이죠. 하지만 한 번 번역해 둔 서류는 담당자가 빠르게 읽을 수 있는 반면, 통역은 한 문장마다 통역사를 거쳐야 하기 때문에 실제 현장에서는 번역보다 통역이 느립니다.

또 다른 측면에서 번역은 서류를 번역하는 도중 내용에 이상이 있는 부분을 바로 검토하기 때문에 잘못된 내용을 사전에 방지할 수 있지만, 통역은 담당자와 대화하는 과정에서 오류가 발견되기 마련입니다. 물론 수정해야 할 내용이 있을 때 번역은 해당 부분을 수정한 뒤 번역본을 새로 출력해야 하지만, 통역은 잘못된 부분을 그때그때 알려줄 수 있다는 점이 다릅니다.

번역과 통역의 장단점은 컴파일 언어와 인터프리터 언어에 그대로 적용할 수 있습니다. 컴파일 언어로 작성한 프로그램은 이를 실행하거나 배포할 때마다 컴파일 과정을 거치는데, 프로그램에 따라서 컴파일에 많은 시간을 소모하기도 합니다. 실행 중인 프로그램에 업데이트할 내용이 생기면 코드를 수정한 다음 전체를 다시 빌드해서 배포해야 하죠. 대신 이러한 특성 때문에 컴파일 과정에서 오류를 미리 발견해 배포 후의 문제를 어느 정도 방지할 수 있다는 장점이 있습니다. 빌드 과정이 번거롭지만 한 번 배포된 후에는 빠르게 실행된다는 것도 컴파일 언어의 장점이죠.

이와는 대조적으로 인터프리터 언어는 프로그래밍과 배포, 오류 수정이 수월한 대신, 프로그램 실행 속도가 컴파일 언어에 비해 느립니다. 프로그래밍 과정에서 오류가 잘 발견되지 않는 것도 단점입니다. 다만 이 문제는 개발자들이 코딩할 때 사용하는 프로그램인 **통합 개발 환경(IDE)**의 발달로 꽤 보완된 편입니다.

note 프로그램이 배포된 다음 실행되는 동안의 시간을 런타임, 프로그램 실행 중에 오류가 생기는 경우를 런타임 오류라고 합니다.

컴파일 언어는 소스 코드를 작성할 때 변수마다 자료형을 고정합니다. 한 번 출력한 번역본 내용을 바꿀 수 없는 것처럼 말이죠. 자료형을 고정하는 이유는 프로그램의 모든 자료형이 컴파일 중에 결정되므로 컴파일러가 자료형을 먼저 검증할 수 있기 때문입니다. 반면 인터프리터 언어는 런타임 시 자료형이 부여되기 때문에 변수의 자료형이 바뀔 수 있습니다. 컴파일 언어처럼 자료형이 고정된 것을 **정적 타입**, 인터프리터 언어처럼 자료형이 고정되지 않은 것을 **동적 타입**이라 부릅니다.

사전에 번역을 완료하는 컴파일 언어는 자료형이 고정된 정적 타입, 실행과 동시에 통역하는 인터프리터 언어는 자료형이 고정되지 않은 동적 타입이야!

다음은 각각 동적 타입, 정적 타입을 갖는 소스 코드입니다. 먼저 동적 타입을 갖는 인터프리터 언어를 살펴보면 똑같은 variable 변수에 서로 다른 자료형인 문자열과 숫자가 입력되어 있습니다. 프로그램을 실행하면 런타임에 1번에는 문자열에 맞는 자료형, 2번에는 숫자에 맞는 자료형을 할당해 주기 때문에 런타임 오류가 생기지 않습니다.

동적 타입(인터프리터 언어)

```
//variable 변수에 문자열 입력
let variable =  'Hello'
//같은 variable 변수에 숫자 입력
variable = 12345
```

그러나 정적 타입을 갖는 컴파일 언어를 살펴보면 또 다릅니다. 정적 타입이 컴파일 언어는 컴파일 타임 전에 자료형을 할당해 주기 때문에 먼저 선언한 1번 문자열에 맞게 자료형이 고정됩니다. 따라서 똑같은 변수에 할당된 2번 숫자 '12345'는 오류가 뜨는 것이죠.

정적 타입(컴파일 언어)

```
//variable 변수에 문자열 입력
var variable = "Hello"
//같은 variable 변수에 숫자 값 입력
variable = 12345    ——→ 오류!
```

+ 여기서 잠깐　　**왜 타입스크립트는 자바스크립트로 컴파일 되나요?**

브라우저나 Node.js 환경에서 동작하는 언어는 자바스크립트입니다. 그런데 자바스크립트는 인터프리터 언어
이면서 동적 타입을 가지므로 자료형이 고정되어 있지 않습니다. 이는 프로그래밍을 할 때 자유롭고 편리하다
는 장점이 있지만, 프로그램의 규모가 커지면 숫자를 지정한 데이터에 실수로 문자를 넣는 등 위험 요소로 작용
합니다. 이를 보완하기 위해 만들어진 언어가 바로 타입스크립트입니다. **타입스크립트**는 정적 타입을 가진 컴
파일 언어로, 자료형 사용에 엄격하기 때문에 보다 안정적인 프로그래밍이 가능합니다. 그래서 프로그래밍을
할 때는 안정적인 타입스크립트로, 배포할 때는 자바스크립트로 빌드해서 사용합니다.

프로그래밍의 흐름 차이
절차지향, 객체지향 프로그래밍 `hard`

프로그래밍을 처음 시작하면 자주 보이는 단어들이 있습니다. 바로 절차지향 언어와 객체
지향 언어인데요, 프로그래밍 언어는 크게 절차지향 프로그래밍과 객체지향 프로그래밍 방
식으로 구분합니다. 개발자가 되기 위해서는 내가 공부하는 언어가 절차지향인지, 객체지
향인지 알아 둘 필요가 있습니다. 절차지향과 객체지향은 컴파일 시 소스 코드를 어디서부
터 읽느냐에 따라 나뉩니다.

절차지향 프로그래밍

절차지향 프로그래밍은 물이 위에서 아래로 흐르는 것처럼 소스 코드를 위에서부터 차례대
로 읽는 방법입니다. 소스 코드를 순차적으로 실행하기 때문에 소스 코드의 순서가 굉장히
중요하며, 프로그램 전체가 유기적으로 연결되어 있습니다.

콘 아이스크림 만드는 방법을 떠올려보세요. 콘 아이스크림은 먼저 콘 반죽을 한 뒤 굽고, 그 안에 초코와 아이스크림을 얹은 다음, 그 위에 토핑을 뿌리고 포장하죠. 서로 분리돼도 안 되고, 순서가 틀려도 안 됩니다. 절차지향 프로그래밍 역시 이와 같습니다. 절차지향 프로그래밍은 컴퓨터의 처리 구조와 비슷합니다. 따라서 실행 속도가 빠르다는 장점이 있지만, 단점도 있습니다.

첫째, 모든 구성 요소가 유기적으로 연결되어 있기 때문에 사소한 문제 하나만 생겨도 시스템 전체가 돌아가지 않습니다. 콘 반죽이 완성되지 않으면 콘 아이스크림을 만들 수 없는 것처럼 말이죠.

둘째, 실행 순서가 정해져 있기 때문에 소스 코드의 순서가 바뀌면 결과가 달라질 수 있습니다. 콘에 아이스크림을 담기 전에 토핑을 먼저 담으면 문제가 생기는 것과 같죠. 이러한 단점을 보완하기 위해 생긴 개념이 바로 객체지향입니다.

대표적인 절차지향 언어는 C 언어야.

객체지향 프로그래밍

객체지향 프로그래밍을 최대한 쉽게 설명하면, 장문의 글을 쓸 때 처음부터 차례대로 써 내려가는 것이 아니라 등장인물별, 사건별, 장소별로 글을 쓴 후 이를 엮어서 하나의 글이 되게 하는 것과 같습니다. 즉, 코드를 작성할 때 구성 요소를 객체라는 단위로 묶어서 이들의 조합으로 프로그램을 만드는 것입니다.

컴퓨터를 예로 들어 보면 컴퓨터는 마우스, 키보드, 스피커, 본체와 모니터 등의 부품으로 이루어져 있습니다. 이런 모든 부품은 컴퓨터의 객체가 됩니다. 부품뿐만 아니라 스피커로 노래 듣기, 글자를 입력하고 마우스로 클릭하기 등 컴퓨터가 제공하는 여러 가지 기능은 전부 객체라고 할 수 있죠. 다시 정리하면 **객체지향 프로그래밍**이란 프로그램을 그저 데이터와 처리 방법으로 나누는 것이 아니라, 프로그램을 다수의 객체로 만들고 이 객체끼리 서로 상호작용하는 방법을 말합니다.

note 객체란 프로그램에서 어떤 역할을 수행하는 요소를 데이터와 기능으로 묶은 단위입니다.

객체지향 프로그래밍에서는 각 객체의 역할이 나누어져 있고, 사용하고자 하는 부분에서 각각의 객체가 따로 작동합니다. 만약 하나의 객체가 고장이 나더라도 해당 객체만 수리하거나 교체하면 간단히 해결할 수 있죠. 그렇기 때문에 객체지향 프로그래밍은 유지 보수가 쉽고 생산성도 좋다는 장점이 있습니다.

그러나 객체지향 프로그래밍도 단점이 있습니다. 첫째, 모든 객체의 역할과 기능을 이해해야 하기 때문에 설계에 많은 시간이 걸립니다. 둘째, 처리 속도가 절차지향보다 느립니다. 셋째, 객체지향 언어는 대체로 난도가 높은 편입니다. 특히 다중 상속이 지원되는 C++은 악명이 높기로 유명하죠.

여기서 한 가지 짚고 넘어갈 점이 있습니다. 바로 객체지향의 반대는 절차지향이 아니라는 것이죠. 절차지향은 순차적으로 실행하는 것에 초

> 대표적인 객체지향 프로그래밍 언어는 자바와 C#, C++이 있어.

점을 두고 있고, 객체지향은 관계나 조직에 초점을 두고 있습니다. 만드는 과정이 조금 다를 뿐 서로 대립되는 개념은 아닙니다.

다음 표를 보면 이해가 더 쉬울 것입니다. 절차지향은 데이터를 중심으로, 객체지향은 기능을 중심으로 진행되고 있는 것을 알 수 있습니다.

절차지향과 객체지향의 차이점

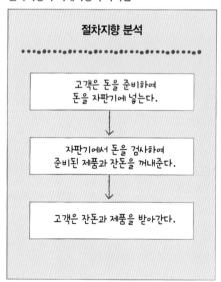

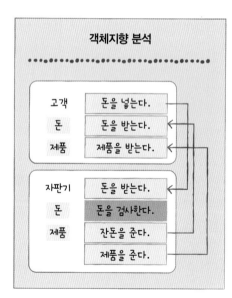

객체의 설계도: 클래스

다음과 같이 여러 개의 버튼과 체크 박스로 구현된 화면을 만든다고 가정해 보겠습니다. 해당 인터페이스의 모든 요소는 클릭에 반응하며, 버튼에는 각각 글자가 적혀 있습니다. A, B, C는 기본 형태의 버튼입니다. D와 E는 특수한 버튼으로, D를 클릭하면 두 번 깜빡이고 E는 누를 때마다 오른쪽의 숫자가 올라갑니다.

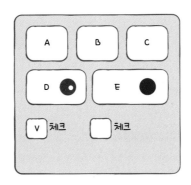

그림 속 요소는 일곱 가지이고, 크게 버튼과 체크 박스로 나눌 수 있습니다. 버튼과 체크 박스처럼 프로그램에 반복적으로 사용되는 요소를 객체로 만들면 코드의 중복을 줄일 수 있죠.

객체를 만들기 위해서는 먼저 각 종류의 객체가 어떤 정보를 가지고 있고 어떤 기능을 수행할지 등의 스펙을 정의해야 합니다. 스펙을 정의하는 명세서를 **클래스**라고 부릅니다.

다음은 C# 언어(C 언어와는 전혀 다른 언어입니다)로 작성한 코드로, 버튼 객체와 체크 박스 객체를 만드는 Button 클래스를 정의한 코드입니다. 아직 프로그래밍을 배우지 않은 독자들을 위해 핵심 코드 외에는 생략합니다.

버튼 클래스

```
public class Button {        ⟶ Button 클래스를 정의하는 구문입니다.
    //letter 속성 정의
    protected string letter;
    //letter를 출력하는 기능 정의
    public void PrintLetter() {
```

```
    Console.WriteLine(this.letter);
  }
  ...
}
```

체크 박스 클래스

```
public class CheckBox {            ⟶  CheckBox 클래스를
                                      정의하는 구문입니다.
  //isOn 속성 정의
  private bool isOn;
  //isOn을 출력하는 기능 정의
  public void PrintIsOn() {
    Console.WriteLine(this.isOn);
  }
  ...
}
```

> 코드가 어려워 보여도 너무 걱정하지 마세요. class{ }로 묶은 코드 안에 각각의 속성과 기능을 정의하고 있다는 것만 알아 두면 됩니다.

위의 두 예제는 각각 Button과 CheckBox 객체가 어떤 속성과 기능을 가질 것인지를 클래스로 정의한 것입니다. 버튼 클래스에는 각 버튼의 글자 데이터를 담을 letter 변수가, 그리고 이 글자를 CLI 창에 표시할 PrintLetter란 기능이 있습니다. 그다음으로 체크 박스가 체크되어 있는지를 확인하는 isOn 변수, 그리고 이를 출력할 PrintIsOn 메소드를 갖고 있죠.

note 프로그래밍 언어에서 메소드는 특정 작업을 수행하기 위한 명령문 집합입니다. 자바나 C#에서는 보통 기능(function)을 메소드라고 부릅니다.

이렇게 객체를 클래스로 정의하는 이유는 다음과 같은 코드를 구현할 수 있기 때문입니다. 주석(//) 내용만 살펴보아도 충분히 이해할 수 있습니다.

```
//A, B, C 버튼 생성
Button buttonA = new Button("A");
Button buttonB = new Button("B");
Button buttonC = new Button("C");
```

```
//체크 박스의 체크 상태 생성
CheckBox checkBox1 = new CheckBox(true);
CheckBox checkBox2 = new CheckBox(false);
//각 버튼의 글자를 출력
buttonA.PrintLetter();
buttonB.PrintLetter();
buttonC.PrintLetter();
//각 체크 박스의 상태를 출력
checkBox1.PrintIsOn();
checkBox2.PrintIsOn();
...
```

```
⟨/⟩ 실행 결과                    ✕
A
B
C
True
False
```

앞서 코드에서 버튼과 체크 박스의 기본 데이터와 기능을 미리 클래스로 정의했기 때문에 코드상에서 A, B, C 버튼과 각각의 체크 박스에 데이터와 기능을 정의할 필요가 없습니다. 그저 메모리에 있는 각 버튼과 체크 박스의 역할을 가져와서 출력하면 되는 거죠.

공유되는 스펙 물려주기: 상속

다음으로 깜빡이는 기능을 가진 D 버튼과 숫자가 증가하는 E 버튼의 클래스를 만들어 보겠습니다. 이 버튼들은 A, B, C와 같은 기본 Button 클래스의 속성과 기능을 공통으로 공유하지만, 각 버튼마다 추가적인 특성을 가지고 있습니다. 그렇기 때문에 D 버튼과 E 버튼에 맞는 역할을 정의해서 각각의 클래스를 따로 만들 수도 있지만, 그렇게 하면 A, B, C 버튼과 공통된 속성과 기능, 즉 letter와 PrintLetter가 중복되겠죠.

객체지향 프로그래밍에서는 Button이 가진 기본 속성을 '물려받고', 그 위에 각 버튼만의 기능을 추가하는 방법으로 중복을 줄인 코드를 작성할 수 있습니다. 이를 **상속**이라고 합니다. 다음 두 클래스로 상속 기능을 살펴보겠습니다.

D 버튼 클래스

```
//Button 클래스에서 상속받은 BlinkButton 클래스 정의
public class BlinkButton : Button {   ──→ Button 클래스를 상속하는 구문입니다.
  //깜빡이는 기능 추가
  public void Blink() {
    Console.WriteLine("깜빡 깜빡");
  }
}
```

E 버튼 클래스

```
//Button 클래스에서 상속받은 CountButton 클래스 정의
public class CountButton : Button {   ──→ Button 클래스를 상속하는 구문입니다.
  //클릭 수 카운트 변수 추가
  private int count = 0;
  //클릭 수를 카운트해서 출력하는 기능
  public void CountUp() {
    Console.WriteLine(++this.count);
  }
}
```

각 코드 첫 줄의 클래스명 뒤에 붙은 ': Button 구문'은 해당 클래스가 Button 클래스로부터 상속받는다는 것을 나타냅니다. 이는 Button 클래스가 가진 letter 변수와 PrintLetter 메소드를 자동으로 물려받는다는 의미죠. 그렇기 때문에 D 버튼 클래스에는 Blink 메소드, E 버튼 클래스에는 클릭 횟수인 count 속성과 이를 출력하는 countUP 메소드만 새로 정의하고 있습니다.

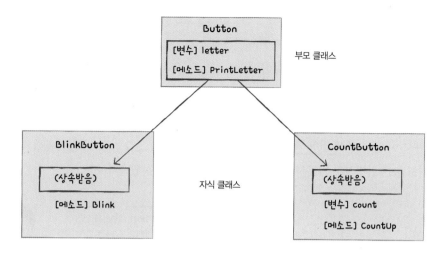

상속은 객체지향 프로그래밍에서 아주 중요한 특징 중 하나로, 상위 클래스의 기능을 하위 클래스가 물려받아 기존 클래스에 기능을 추가하거나 재정의하는 것을 의미합니다. 상속하는 이유는 기존에 작성된 클래스를 재사용해서 코드의 중복을 줄일 수 있기 때문이죠. 또한 상위 클래스를 수정하면 하위 클래스의 코드도 수정 효과를 보기 때문에 유지 보수에 드는 시간도 줄일 수 있다는 장점이 있습니다.

다음 코드를 보면 D 버튼과 E 버튼이 상속받은 Button의 기본 기능과 각각의 추가 기능을 정상적으로 수행하는 것을 볼 수 있습니다.

```
BlinkButton blinkButton = new BlinkButton("D");
blinkButton.PrintLetter();
blinkButton.Blink();
//카운트 버튼 생성 및 상태 출력
CountButton countButton = new CountButton("E");
countButton.PrintLetter();
countButton.CountUp();
countButton.CountUp();
countButton.CountUp();
...
```

실행 결과 ×

```
D
깜빡깜빡
E
1
2
3
```

note Button 클래스처럼 다른 클래스의 기본이 되는 클래스를 부모 클래스, BlinkButton과 CountButton처럼 부모 클래스로부터 상속을 받는 클래스를 자식 클래스라고 합니다.

상속은 객체지향 프로그래밍에서 핵심적인 요소 중 하나로 실제 개발에서도 매우 유용하게 사용됩니다. 객체지향에는 상속 외에도 많은 유용한 기능들이 있으며, 이를 활용한 다양한 프로그래밍 기법이 있습니다. 이 모든 것을 제대로 다루기 위해서는 따로 책 한 권이 필요할 만큼 깊이 있는 주제지만, 객체지향 프로그래밍을 제대로 공부하고 나면 간결하고 유연하면서도 높은 안정성과 가독성을 갖춘 프로그램을 설계할 수 있습니다.

어떤 프로그래밍 언어에서 객체지향 프로그래밍이 가능한가요?

C 언어나 어셈블리어를 제외한 대부분의 언어에서 객체지향 기능을 제공해요. C++은 C 언어에 객체지향 기능을 추가한 언어이고, 자바스크립트는 객체 사용법이 다른 언어와 조금 다르기는 하지만, 이 역시 객체지향으로 프로그래밍할 수 있는 언어로 간주합니다.

변수는 위험해!
함수형 프로그래밍 `hard`

함수형 프로그래밍은 객체지향 언어와 상반되는 개념이 아닙니다. 많은 언어가 객체지향 프로그래밍과 함수형 프로그래밍 기능을 모두 제공하며, 한 프로그램에 두 방식을 모두 적용할 수 있습니다. **함수형 프로그래밍**은 변수 사용을 최소화함으로써 스파게티 코드의 오류를 줄이는 프로그래밍입니다.

note 스파게티 코드는 소스 코드가 복잡하게 얽힌 모습이 마치 스파게티 면발 같다고 해서 붙여진 이름입니다. 정상적으로 작동하긴 하지만, 코드의 구조를 파악하기 어려운 코드를 부르는 명칭입니다.

변수는 프로그램에서 개발자가 메인 메모리 공간에 올려놓은 값입니다. 값이 대입되면 바뀔 수 없는 상수와는 달리 변수는 언제든 값을 변경할 수 있죠. 적절히 사용하기만 하면 프로그램에서 매우 유용하지만 프로그램이 복잡해지고, 특히 여러 스레드가 돌아가면 변수는 오류의 원인으로 작용할 가능성이 커집니다. 다음 예제는 while문을 통해 index를 0부터 시작해 값을 하나씩 올리며 배열 안의 사람들 이름을 출력하는 코드입니다.

```
//사람 이름을 배열로 갖는 함수
const people = [ '홍길동 ', '전우치 ', '임꺽정 ', '각시탈 ', '붉은매 ']
//변수를 0으로 초기화
let index = 0;
//변수 안의 값을 높여가며 사람들의 이름을 출력
while (index < people.length) {
  console.log(people[index++]);
}
```

실행 결과 ☒

홍길동
전우치
임꺽정
각시탈
붉은매

note 변수를 선언한 다음 처음으로 값을 넣는 것을 변수 초기화라고 합니다. 변수 초기화를 하지 않으면 쓰레기 값이 변수 안에 들어 있기 때문에 반복문이 실행되지 않습니다.

위 자바스크립트 코드에는 index란 변수가 사용됩니다. 사람들의 이름을 배열로 담은 people 상수에서 '~번째 값'을 얻기 위해 사용되죠.

이처럼 단순한 코드에서는 별 위험이 없습니다. 그런데 만약 다른 코드나 스레드가 while문이 진행되는 도중에 index 값을 변경해 버리면 어떻게 될까요? 의도했던 대로 다섯 명의 이름이 순서대로 출력되지 못하고 누락이 생기거나 중복 출력되거나 런타임 오류가 발생하는 등 예기치 못한 문제가 발생할 것입니다.

스레드는 같은 메모리 공간을 공유하기 때문에 설계가 꼼꼼하지 않으면 한 스레드가 변수를 사용하는 동안 다른 스레드가 그 변수를 바꿔 버리는 문제가 발생할 수 있으니 주의해야 합니다.

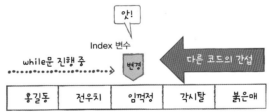

이러한 사태를 방지하기 위해 현대적인 언어들은 배열이나 시간 등을 다룰 때 변수를 사용하지 않고 다양한 작업을 할 수 있는 기능을 제공합니다. 다음은 자바스크립트의 함수형 기능을 사용해서 같은 기능을 변수 없이 작성한 코드입니다.

```
const people = [ '홍길동 ', '전우치 ', '임꺽정 ', '각시탈 ', '붉은매 ']
//배열 안의 값마다 주어진 함수를 실행하는 함수형 기능 사용
people.forEach(
  //값을 출력하는 함수
(person) => console.log(person)
)
```

위 코드는 배열 상수 people에 자바스크립트 배열 기능인 forEach 메소드를 호출합니다. 괄호 안에 원하는 동작을 수행할 함수를 넣어주면 forEach 메소드는 배열 안에 있는 모든 요소를 대상으로 해당 함수를 실행하죠. ForEach 메소드의 괄호 안에 주어진 요소를 출력하는 함수를 넣으면 이전 예제처럼 people 상수 안의 모든 값을 출력합니다. 이처럼 변수 없이 코드를 작성하면 이전 코드가 갖고 있던 오류 소지 없이 같은 기능을 수행할 수 있는 것입니다.

함수를 마치 변수처럼 다른 함수(forEach, filter, map) 안에 인자로 넣을 수 있다는 것이 함수형 프로그래밍에서 알아야 할 중요한 부분이야.

함수형 프로그래밍은 프로그래밍 언어가 제공하는 기능들을 사용해서 어떤 '상태 값(변수)'을 두지 않고 기능을 설계합니다. 다음 예제로 함수형 기능의 유용함을 좀 더 살펴보겠습니다.

```
//숫자 배열 상수
const numbers = [1, 2, 3, 4, 5, 6, 7, 8, 9, 10]
console.log(
  numbers
    //짝수만 걸러내는 함수형 코드
    .filter((number) => { return number % 2 === 0 })
    //각 수를 하나 작은 수와 곱하는 함수형 코드
    .map((number) => { return number * (number - 1) })
    //값들을 더해서 결과를 축적하는 함수형 코드
    .reduce((prev, cur) => { return prev + cur })
)
```

```
/> 실행 결과                    ✕
190
```

앞의 예제는 1에서 10까지의 숫자들이 들어있는 배열에서 짝수만 걸러낸 뒤 걸러낸 수를 그보다 하나 적은 수와 곱한 다음 그 값을 더해 총합을 구하는 코드입니다. 함수형 기능을 사용하지 않고 기존 방식대로 프로그래밍했다면 변수를 사용해야 했을 것입니다. 자바스크립트 배열은 'filter', 'map', 'recude'와 같은 함수형 기능을 가지고 있기 때문에 이들을 이어 붙임으로써 외부 요소의 영향을 받지 않고 안전한 코드를 작성할 수 있습니다.

➕ 여기서 잠깐　**함수란?**

함수(function)는 특정한 기능을 하는 소스 코드를 따로 빼서 묶어 놓은 것입니다. 함수를 사용하면 코드를 기능별로 구분해서 코드 분석이 편리해지고, 같은 코드를 여러 번 사용하는 코드 중복을 줄일 수 있습니다.

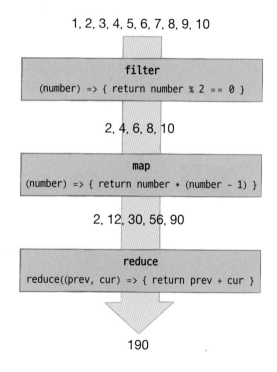

이처럼 함수형 프로그래밍은 외부에 따로 상태 값을 두지 않고 내부에서 연쇄적으로 기능을 사용해서 결과를 연산합니다. 이러한 특성 때문에 멀티 스레딩이 많이 이루어지는 환경에서 함수형 프로그래밍은 특히 유용하게 사용할 수 있습니다.

함수형 언어라 불리는, 즉 함수형 프로그래밍을 위해 만들어진 언어는 스칼라, 하스켈, 클로저, F# 등이 있습니다. 그러나 오늘날에는 자바스크립트를 비롯한 대다수 주요 언어들도 자체 기능이나 리액티브엑스(ReactiveX) 같은 라이브러리를 통해 함수형 프로그래밍을 구현할 수 있습니다.

메모리, 직접 관리하시게요?
매니지드 언어, 언매니지드 언어 `hard`

컴퓨터를 살 때 조립식 컴퓨터를 살지, 브랜드 컴퓨터를 살지 고민해 본 적이 있을 것입니다. 가전 매장에 가면 신뢰할 만한 기업이 만든 브랜드 PC는 하드웨어에 대한 지식이 없어도 큰 고민 없이 구매할 수 있죠. 대신 개인의 필요와 용도에 꼭 맞는 성능의 컴퓨터를 기대하기는 어려울 것입니다. 반면 컴퓨터 부품을 조립식으로 하나하나 따져보고 주문한다면 원하는 성능의 컴퓨터를 합리적인 가격에 구매할 수 있습니다. 물론 이를 위해서는 컴퓨터에 대한 지식이 어느 정도 필요합니다. 자칫 잘못하면 규격이나 전압이 맞지 않는 제품을 사서 돈만 낭비할 수도 있으니까요.

완제품 구매   조립식 부품 구매

무언가를 전문가에게 맡기느냐 혹은 내가 직접 하느냐에 따라 여러 장단점이 존재합니다. 자동차 정비 또는 세무도 마찬가지입니다. 프로그래밍에서도 내가 직접 하면 더 좋을 것 같지만, 막상 부담스러운 부분이 있습니다. 바로 메모리 관리입니다. 프로그램을 실행하기 위해서는 메모리에 프로세스가 할당되어야 하기 때문이죠. 이때 메모리를 프로그래밍 언어가 직접 관리하면 **매니지드 언어**, 개발자가 직접 관리하면 **언매니지드 언어**라고 합니다.

메모리 관리란 메인 메모리, 즉 요리 탁자 위의 공간을 관리하는 것과 같습니다. 프로그램은 해당 프로세스에 할당된 메인 메모리에 소스 코드, 함수, 변수, 인자 등과 같은 값을 올려놓고 작업합니다. 그리고 프로그램을 실행하는 과정에서 더 이상 사용되지 않는 데이터는 바로 치워서 요리 탁자의 공간을 확보해야 하죠.

문제는 개발자가 직접 메모리를 관리하는 것은 마치 눈을 가리고 손으로 더듬어가며 요리 탁자를 정리하는 것만큼 만만치 않은 일이라는 것입니다. 숙련되지 않은 개발자가 직접 메모리를 다루겠다고 나섰다가 패티를 냉동고가 아닌 서랍에 넣거나 주방 도구를 냉장고에 넣는 불상사가 발생할 수 있기 때문입니다. 그렇다고 메모리 관리를 게을리하면 저장 공간이 꽉 차서 프로그램이 종료되기도 합니다.

C와 C++, 어셈블리어는 몇 안 되는 언매니지드 언어입니다. 요즘에는 파이썬이나 자바스크립트 등 쉬운 언어로 프로그래밍을 시작하기도 하지만, 예전에는 보통 C 언어가 프로그래밍의 첫 관문이었죠. 프로그래밍에 호기심을 가지고 C 언어를 수강한 많은 사람을 좌절시킨 것이 바로 C 언어의 포인터입니다.

포인터는 어렵긴 하지만 메모리 관리에 아주 중요한 개념입니다. 포인터를 아주 간단히 설명하자면 인형 뽑기 기계의 팔처럼 메모리 위를 돌아다니는 집게와 같습니다. 개발자는 숫자를 더하고 빼는 것처럼 포인터의 좌표를 움직여가며 메모리 위의 데이터를 관리합니다.

note 포인터는 프로그래밍 언어에서 다른 변수 또는 그 변수의 메모리 공간의 주소를 가리키는 변수입니다.

다음 코드는 C 언어의 포인터를 사용해서 메모리상의 데이터에 접근하고 메모리 공간을 관리하는 과정을 설명하는 예시입니다. C 언어를 배운 적이 없다면 주석만 보아도 충분합니다. 먼저 만들고자 하는 배열의 크기만큼 메모리 공간을 확보하고, 배열 값을 다 사용한 뒤에는 이들을 하나하나 직접 치워주는 등 다른 프로그래밍 언어에서는 생각조차 하지 않았던 일들을 직접 프로그래밍해 주어야 함을 볼 수 있습니다.

note 배열이란 여러 개의 데이터를 하나의 변수(주머니)에 담는 것으로, 프로그래밍에서 배열은 0번부터 시작합니다.

```c
#include <stdio.h>
int main () {
    //1. int 자료형이 두 개인 메모리에 years 변수 할당
    int* years = malloc(sizeof(int) * 2);
    //2. 할당된 두 변수에 값 입력
    years[0] = 2021;
    years[1] = 2022;
    //3. 포인터가 있는 자리의 값 출력
    printf("%d\n", *years); ——→ 2021이 출력됩니다.
    //4. 포인터를 오른쪽으로 옮긴 뒤 값 출력
    years ++;
    printf("%d\n", *years); ——→ 2022가 출력됩니다.
    //5. 포인터를 다시 왼쪽으로 이동
    years --;
    //포인터가 2021의 자리에 위치함
    //6. 두 값이 저장된 메모리 비움
    free(years[0]);
    free(years[1]);
    //7. 포인터가 저장된 메모리 비움
    free(years);
}
```

자바나 파이썬 같은 매니지드 언어는 프로그래밍할 때 메모리 관리를 크게 신경 쓰지 않지만, 언매니지드 언어에서는 개발자가 메모리 관리를 직접 해야 합니다. C 언어로 프로그래밍하는 것이 특히 어려운 이유죠. 대신 포인터를 능숙하게 잘 다룰 수 있다면 메모리 공간을 원하는 대로 직접 조작해서 매니지드 언어로 작성한 것보다 빠르고, 효율적으로 동작하는 프로그램을 만들 수 있습니다.

C, C++, 어셈블리어 등을 제외하고 오늘날 널리 사용되는 프로그래밍 언어는 대부분 매니지드 언어야.

자바와 자바 가상 머신과의 관계

컴파일 언어의 소스 코드가 전부 기계어로만 번역되는 것은 아닙니다. 기계어로 컴파일되지 않는 대표적인 언어로 자바가 있습니다. 자바로 프로그래밍한 소스 코드를 자바 컴파일러로 번역하면 기계어가 아닌 자바 바이트코드가 생성됩니다. 이는 자바로 프로그래밍할 때 사용할 컴퓨터에 JVM이라는 프로그램을 반드시 설치해야 하는 이유이기도 합니다.

컴퓨터는 운영체제마다 다른 기계어를 사용합니다. C 언어의 경우 같은 소스 코드도 윈도우, 맥 OS, 리눅스 등 어떤 운영체제를 사용하느냐에 따라 그에 맞는 컴파일러로 번역해야 합니다. 마치

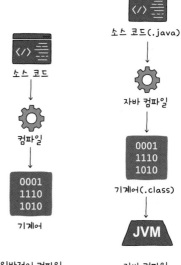

일반적인 컴파일   자바 컴파일

한 회사에서 기획서를 만든 후 각국에 있는 협력사에 기획서를 보낼 때는 해당 국가의 언어로 기획서를 번역해야 하는 것과 같습니다.

자바는 운영체제에 종속적이지 않은 특징을 가진 프로그래밍 언어입니다. 운영체제에 종속적이지 않으려면 이를 해결하기 위한 무언가가 있어야 하는데, 그것이 **JVM**(자바 가상 머신)입니다. 즉 JVM은 마치 외교를 하는 각 국가에 JVM이라는 대사관을 두고 관련 문서를 대사관 직원이 이해할 수 있는 언어로 번역해서 보내면 대사관에서 각국 언어로 번역해 해당 국가로 전달하는 것과 같습니다. 앞서 자바 소스 코드(*.java)를 자바 컴파일러로 번역하면 JVM이 이해할 수 있는 자바 바이트코드(*.class)가 생성되는데, 이는 모든 운영체제의 컴퓨터가 이해할 수 있는 언어가 아니기 때문에 JVM이 각각의 운영체제에 맞게 이해할 수 있는 형식으로 바꿔주는 역할을 합니다.

이와 같은 JVM의 역할 때문에 어떤 종류의 컴퓨터에서도 자바 소스 코드를 실행할 수 있습니다.

▶ 7가지 키워드로 정리하는 핵심 포인트

- **컴파일 언어**는 프로그램이 실행되기 전 다른 형식으로 번역되는 언어입니다.

- **인터프리터 언어**는 작성된 코드 그대로 통역되어 실행되는 언어입니다.

- **절차지향 프로그래밍**은 소스 코드를 위에서부터 차례대로 읽고 실행하는 방식입니다.

- **객체지향 프로그래밍**은 프로그램을 객체 단위로 나누어 프로그래밍하는 방식입니다.

- **함수형 프로그래밍**은 함수형 기능들을 활용해서 변수의 사용을 최소화하는 프로그래밍 방식입니다.

- **매니지드 언어**는 언어 자체에서 메모리를 관리해 주는 언어입니다.

- **언매니지드 언어**는 개발자가 직접 메모리를 관리해야 하는 언어입니다.

▶ 확인 문제

1. 다음 중 틀린 것을 고르세요.

① 컴파일 언어는 인터프리터 언어에 비해 프로그램 실행이 빠릅니다.

② 인터프리터 언어는 자료형에 있어 컴파일 언어보다 자유롭습니다.

③ 객체지향은 절차지향과 상반되는 개념입니다.

④ 함수형으로 프로그래밍하면 변수 사용을 최소화할 수 있습니다.

⑤ 자바로 작성한 프로그램은 컴퓨터마다 다르게 컴파일할 필요가 없습니다.

2. 다음 중 문장에 들어갈 알맞은 단어를 보기에서 것을 찾아 작성해 보세요.

> **보기** ① 스레드　　② 상속

- 함수형 프로그래밍을 사용하면 (⬜)(이)가 많이 사용되는 환경에서 변수 문제로부터 안전한 코드를 작성할 수 있습니다.
- 객체지향 프로그래밍에서는 (⬜)(을)를 사용해서, 기본이 되는 부모 클래스로부터 추가 속성이나 기능이 있는 자식 클래스를 파생할 수 있습니다.

3. 다음 중 프로그래밍 언어와 가장 연관이 깊은 개념을 이어 보세요.

① 자바　　　　　•　　　　　　• ㉠ 포인터

② C 언어　　　　•　　　　　　• ㉡ 함수형 프로그래밍

③ 스칼라　　　　•　　　　　　• ㉢ JVM

④ 자바스크립트　•　　　　　　• ㉣ 인터프리터 언어

4. 다음 중 A, B, C, D에 알맞은 언어를 보기에서 찾아 작성해 보세요.

> **보기** ① 자바　　② 자바스크립트　　③ C 언어　　④ C++

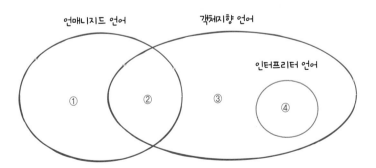

04-4 오류라는 위험에 대비하기

컴파일 오류   런타임 오류   논리 오류   예외 처리   메모리 누수
가비지 컬렉션

프로그래밍과 서비스 과정에서 발생하는 다양한 종류의 오류를 알아봅니다.
그리고 이런 오류를 처리하는 방법과 메모리 오류 방지를 위해 사용되는 방
법에 대해 살펴봅니다.

시작하기 전에

지피지기면 백전백승! 싸움에서 승리하려면 먼저 적을 제대로 알아야 하죠. 개발도 마찬가
지입니다. 개발이란 끊임없는 오류와의 싸움입니다. 아무리 잘 설계하고 프로그래밍한 소
프트웨어도 오류로부터 자유로울 수는 없습니다. 오류는 개발자의 실수, 예기치 못한 돌발
상황, 사용자의 제품 오용 등 다양한 이유로 발생하기 때문이죠. 좋은 개발자는 오류를 최
소화하는 코드를 짜고, 오류의 원인을 빠르게 분석해서 근본적인 문제를 제거합니다.

이번 절에서는 프로그램 오류의 종류와 이를 발생시키는 원인을 알아보고, 오류를 방지하
기 위해 어떤 방법이 사용되는지 배워 보겠습니다.

집에서 새는 바가지와 밖에서 새는 바가지
컴파일 오류, 런타임 오류 medium

지난 절에서 컴파일 언어는 소스 코드를 실행하기 전에 다른 형태로 번역, 즉 컴파일한다고 배웠습니다. 소스 코드에 오타나 문법적 결함 등의 문제가 있는 경우 빌드 과정에서 컴파일이 실패하면서 오류가 보고됩니다. 컴파일 과정에서 오류가 생기는 것이기 때문에 컴파일 오류라고 하죠. 마치 외국 거래처에 서류를 넘기기 전에 번역가가 문제를 발견해서 문제를 해결하는 것과 같습니다.

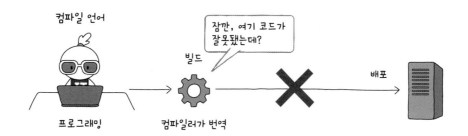

컴파일 오류

컴파일 오류는 개발자로서는 가장 상대하기 편한 오류입니다. 프로그램을 사용자에게 배포하기 전에 발견할 수 있는 오류이고, 이를 해결하지 않으면 빌드 자체가 되지 않기 때문에 고객에게 오류가 전달되지 않거든요. 또한 오류 발생 원인이 뚜렷하기 때문에 파악하기도 쉽습니다. 보통은 빌드 버튼을 누르기도 전에 문제가 있는 코드 부분에 빨간 줄이 표시됩니다.

다음은 셋째 줄의 숫자 3 뒤에 세미콜론(;)을 붙이지 않은 자바 코드입니다. 이는 문법상 오류이므로 컴파일 과정에서 오류가 발생하며, 실행 파일(자바 바이트코드)로 변환되지 못합니다.

```
public class Main {
  public static void main (String[] args) {
    int myNumber = 3   ───→ 오류!
  }
}
```

➕ 여기서 잠깐 ⬛ 세미콜론은 왜 필요한가요?

컴파일러는 컴파일 단계에서 무조건 위에서 아래로, 왼쪽에서 오른쪽 방향으로 코드를 해석합니다. 이때 컴파일 러는 해석하는 코드 전체를 한 줄로 인식하는데, 세미콜론을 만나면 '해당 명령어가 여기까지구나!'라고 구분합 니다. 따라서 한 줄의 명령어가 끝났음을 컴파일러에 알려주기 위해 문장 끝에 세미콜론을 붙이는 것입니다.

다음 코드는 함수를 잘못 실행한 C# 코드입니다. 두 개의 정수를 인자로 받는 PrintTwoNumbers 메소드에 숫자를 하나만 넣어 실행했기 때문에 컴파일 오류가 발생 합니다.

```
class Program {
    static void Main(string[] args) {
        PrintTwoNumbers(1);   ───→ 오류!
    }
    public static void PrintTwoNumbers (int a, int b) {
        Console.WriteLine(a + "," + b);
    }
}
```

note 프로그래밍 언어의 사용법에 맞지 않는 코드로 인해 발생하는 오류를 구문 오류(또는 신택스 오류)라고 합 니다.

런타임 오류

컴파일 오류는 집에서 새는 바가지이므로 고객 앞에서 문제가 생길 걱정은 없습니다. 그러나 집에서는 멀쩡하다가 밖에서 줄줄 새는 바가지는 정말 곤란하겠죠. 프로그램 실행 중, 즉 런타임에 발생하는 **런타임 오류**가 바로 프로그래밍 밖에서 새는 바가지에 해당합니다. 컴파일 과정이 없는 인터프리터 언어에서 발생하는 오류는 모두 런타임 오류입니다. 물론 컴파일 언어에서도 컴파일 과정에서 잡아내지 못한 오류는 런타임 오류로 나타납니다.

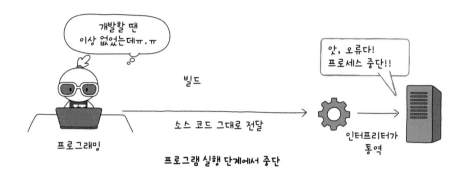

런타임 오류가 까다로운 것은 이를 발견하지 못한 채로 프로그램이 사용자에게 배포되기 때문입니다. 일반적으로 프로그램이 배포되기 전에 문제가 없는지 확인하는 테스트 과정을 거치지만, 사용자는 개발자들이 생각하지도 못한 방법으로 프로그램을 사용하다가 테스트에서 거르지 못한 오류를 발견하곤 합니다. 또한 런타임 오류는 컴파일 오류에 비해 그 원인을 파악하기가 까다롭기도 합니다. 컴파일 오류인 철자나 문법 검증에서 드러나지 않는 논리적 결함이나 예상치 못한 돌발 변수에 의해 발생하기 때문이죠.

런타임 오류를 일으키는 수많은 원인이 있지만, 대표적인 오류는 다음과 같습니다. 다음 코드는 모두 자바 언어로 작성한 것입니다.

첫째, Null에 의한 오류

```
Integer x = null;
Integer y = x + 1;
```

앞서 코드는 x라는 정수형 변수에 null 값을 대입했습니다. null은 해당 변수가 메모리상의 어떤 데이터도 가리키고 있지 않음을 의미합니다. 0이나 " "(공백)을 빈자리라고 비유하면 null은 자리 자체도 갖지 못한 '없는 것'이라 할 수 있죠. 그렇기 때문에 null을 대입한 변수에 1을 더하는 사칙연산을 실행하면 런타임 오류가 발생합니다.

note 자바에서는 이러한 상황을 null pointer exception이라 부릅니다.

둘째, 0으로 나눠서 생기는 오류

```
int x = 0;
int y = 1 / x;
```

자바스크립트처럼 0으로 나눈 값을 무한(infinity)으로 인식하는 언어도 있지만, 자바 같은 언어에서는 어떤 수를 0으로 나누면 런타임 오류를 발생합니다. 사용자의 입력 등 외부 요인에 따라 분모가 될 변수 값이 결정되는 경우 해당 변수에 0이 들어올 것을 대비하지 않으면 이와 같은 오류를 맞닥뜨릴 수 있습니다.

셋째, 의도하지 않은 무한 루프

```
for (int i = 0; i < 10; i++) {
  System.out.println(i);
  i--;
}
System.out.println("루프 종료");
```

> i--는 변수 i 안의 값을 1씩 감소한다는 의미야.

어떤 작업을 끊임없이 반복하는 무한 루프는 경우에 따라 유용하게 사용되지만, 개발자가 의도하지 않은 무한루프는 프로그램을 멈추게 만듭니다. i 변수가 10까지 증가해야 반복이 끝나는데, 루프 안의 i-- 구문 때문에 영원히 제자리걸음 하는 것처럼 말이죠. 위의 코드에서 "루프 종료"는 출력되지 않습니다. 프로그램 실행 중에 무한 루프에 걸리면 프로그램이 기약 없이 돌아가거나, 반복마다 추가로 메모리를 사용하는 경우 메모리가 가득 차서 프로그램이 강제로 종료됩니다.

런타임 오류는 설계상의 결함, 개발자의 의도와 다른 사용자의 행동, 연계된 다른 프로그램의 장애, 시스템상의 문제 등 무수히 많은 요인으로 발생합니다. 이러한 런타임 오류를 방지하기 위해서는 수많은 가능성에 대비한 체계적인 테스트, 그리고 통제할 수 없는 요소에 대한 대책이 마련되어 있어야 합니다.

> **➕ 여기서 잠깐 오류 vs 버그**
>
> 흔히 오류와 버그를 혼용해서 사용하곤 합니다. 이 두 단어의 경계가 뚜렷하지는 않지만, 오류와 버그를 구분하는 기준은 크게 두 가지로 나눌 수 있습니다.
>
> 첫째, 문제의 주체가 누구인지로 구분하는 관점입니다. 버그는 개발자에 의해, 오류는 프로그램 사용자에 의해 발생하는 것으로 보는 거죠. 쉽게 말해 개발자가 코드를 잘못 작성해서 발생하면 '버그', 사용자가 전화번호 입력란에 한글을 입력해서 일어나면 '오류'로 정의하는 것입니다.
>
> 둘째, 버그를 오류의 결과로 보는 것입니다. 개발자가 작성한 코드에 결함이 있으면 '오류', 그 결과로 프로그램이 의도와 다르게 동작하는 것을 '버그'라 부르는 것입니다.

잘 된다고 안심은 금물!
논리 오류 `medium`

컴파일 오류는 빌드 과정에서, 런타임 오류는 실행 과정에서 오류가 발생했음을 어필합니다. 컴파일 실패 메시지가 뜬다든지 프로그램이 정지하거나 오류 경고창과 함께 종료된다든지 여러 방법으로 오류가 발생함을 어필하기 때문에 개발자나 사용자는 해당 오류가 발생한 시점에서 바로 문제를 인지할 수 있죠.

사실 정말 위험한 것은 오류가 발생해도 바로 티가 나지 않는 종류의 오류입니다. 빌드도 성공하고 프로그램도 아무런 이상 없이 제대로 동작하는데, 실행 결과가 잘못된 오류라던지 말이죠. 예를 들면 지도 앱에서 관광 명소를 검색했는데 엉뚱한 위치를 알려주는 문제가 이에 해당합니다. **논리 오류**는 이처럼 컴파일이나 실행 자체는 성공하지만 잘못된 결과를 반환하는 오류를 논리 오류라고 합니다.

논리 오류는 이름에서 알 수 있듯 알고리즘상의 논리적 결함이나 코드상의 문제로 발생합니다. 다음 예제에서 개발자가 의도한 바는 커피 값과 쿠키 값을 더한 값에 이를 구매하는 사람 수를 곱하면 커피 10잔 + 쿠키 10개로 총 55,000원이 반환되는 것이었습니다. 하지만 실제 결과는 19,000원이 나옵니다. 코드 맨 마지막의 커피 값과 쿠키 값의 합을 괄호로 묶지 않은 아주 단순한 실수로 인해 발생한 오류입니다. 이처럼 실행 결과를 확인한 개발자가 실수를 눈치채고 수정하지 않는 이상, 논리 오류는 실제 서비스에서는 더 큰 문제로 이어질 것입니다.

```
int price_coffee = 4000;  //커피 값
int price_cookie = 1500;  //쿠키 값
int number_people = 10;   //구매하는 사람 수
int total_price
  = price_coffee + price_cookie * number_people;
```

논리 오류는 문제가 눈에 바로 띄지 않기 때문에 가장 경계해야 할 오류입니다. 아무런 이상 없이 잘 돌아가는 모습에 마음 놓고 있다가, 오류로 인해 피해를 본 고객이 손해 배상을 청구할 수도 있는 것이죠. 그렇기 때문에 프로그램이 설계 의도에 맞게 올바른 연산을 해내고 정확한 값을 반환하는지 항상 주의 깊게 확인할 필요가 있습니다.

오류를 우아하게 받아내는 방법
예외 처리 `hard`

동영상 강의

개발자가 아무리 세심하게 프로그래밍해도 피할 수 없는 오류가 있습니다. 바로 사용자의 행동, 연계된 다른 프로그램의 작동, 네트워크 상태 등 다양한 상황이 변수로 작용하는 경우입니다. 개발자의 개발 의도와 예상을 벗어난 값이 문제를 일으키면 오류가 발생할 수 있죠. 이런 오류는 주로 런타임 환경에서 발생하며 결국 프로그램의 비정상적 종료로 이어집니다. 그러나 이러한 상황에도 프로그램을 끄거나 리셋하지 않고 오류를 '우아하게' 넘기는 방법이 있습니다. 이 방법을 **예외 처리**라고 합니다.

C 언어를 제외하고는 대부분의 프로그래밍 언어에서 예외 처리 방법을 제공하며, 이들 대부분은 유사한 구문과 형식을 취합니다. 보통은 다음의 자바 코드와 같이 **try-catch**란 구문을 사용하죠.

try-catch문의 작동 원리는 간단합니다. try문 안에는 오류 발생 가능성이 있는 코드를 작성하고 catch문 안에는 오류가 발생할 경우에 실행할 명령문을 입력합니다.

```java
public void tryDivide (int number, int divider) {
    try {
        //오류 발생 가능성이 있는 코드
        int result = number / divider;
        System.out.println("몫: " + result);
    } catch (Exception e) {
        //오류 발생 시 실행할 코드
        System.out.println("예외 상황 발생");
    }
}
```

> try문으로 오류를 예상하고, catch문으로 해당 오류의 대처 방법을 명시해!

앞의 코드는 변수 number를 divider로 나누는 메소드입니다. 이 두 인자는 사용자가 입력한 것일 수도 있고, API 등 다른 서버에서 반환한 것일 수도 있습니다. 만약 사용자가 분모가 될 divider 값에 0을 입력하고 프론트엔드에서 이를 걸러내는 장치가 없다면 이 메소드에서는 number 값을 0으로 나누면서 런타임 오류가 발생할 것입니다.

하지만 오류가 발생할 가능성이 있는 부분을 try문으로 미리 예외 처리를 해 두었다면 분모 자리에 0이 입력되어도 런타임 오류를 발생하지 않고 catch문 안의 코드가 실행됩니다. catch문 안에는 나눗셈을 실행하지 못했다는 메시지를 보내는 코드를 입력하는 등 실제 코드를 대신할 코드가 들어갑니다. 이런 방식으로 개발자의 통제를 벗어나는 상황에 대비할 수 있습니다.

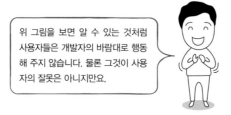

자바뿐만 아니라 C++, C#, 자바스크립트, 코틀린 등 많은 언어가 try- catch문으로 예외처리 기능을 제공합니다.

한편 다음 예제와 같이 구문이 다른 언어도 있습니다.

파이썬의 예외 처리: try-except문

```
try:
    # 오류 발생 가능성이 있는 코드
except:
    # 오류 발생 시 실행할 코드
```

루비의 예외 처리: rescue문

```
begin
  # 오류 발생 가능성이 있는 코드
rescue
  # 오류 발생 시 실행할 코드
end
```

런타임 오류로 인한 프로세스 중단 및 사용자의 불편을 최소화하기 위해서는 돌발 상황이 일어날 수 있는 상황을 예상하고 대책을 마련해 두어야 합니다. 이때 예외 처리 기능을 적절히 사용하면 개발자가 제어할 수 없는 요인으로 인한 장애를 방지하고 프로그램이 안정적으로 작동하도록 할 수 있습니다.

그냥 프로그램 전체를 try문으로 감싸면 안 되나요?

예외 처리를 남발하는 건 좋은 설계가 아니에요. 오류를 무조건 예외 처리해서 넘겨버리면 프로그램이 종료되지 않아 편하긴 하지만, 발생하는 오류를 정확히 분석해서 근본적인 문제를 해결하기 더 어려워지거든요. 문제를 제때 해결하지 않고 방치하다가는 손댈 수 없는 큰 장애로 나타날 수도 있어요. 그래서 예외 처리는 꼭 필요한 경우에만 한정적으로 사용하는 것이 좋습니다.

다 썼으면 치워 주세요
메모리 누수, 가비지 컬렉션 hard

메인 메모리는 프로그램이 일하기 위해 필요한 데이터를 올려놓는 공간이라고 배웠습니다. 메모리 공간은 한정되어 있고, 프로그램이 계속해서 작동하기 위해서는 다 쓴 데이터를 그때그때 치워 주어야 하죠. 그렇지 않으면 다른 데이터를 올려놓을 공간이 부족해집니다. 이 문제는 런타임 오류로 이어집니다. 컴퓨터는 메모리가 가득 차버리면 더 이상 프로세스를 진행하지 못하고 일을 중지해 버리거든요. 이처럼 메모리 공간에 불필요한 데이터가 쌓여서 남아있는 것을 **메모리 누수**라고 합니다.

C 언어와 C++ 같은 언매니지드 언어에서는 다 쓴 메모리를 개발자가 일일이 치워주어야 합니다. 데이터가 올려진 장소를 포인터로 기억해 두었다가 해당 값을 더 이상 사용하지 않으면 자리를 비워 줘야 하죠. 이는 세심함을 많이 필요로 하는 작업이고, 객체지향이나 함수형 기능이 없어 번거로운 C 프로그래밍을 더욱 어렵게 만드는 요소로 작용합니다.

하지만 자바나 파이썬을 비롯한 현대적인 언어에서는 이 메모리 관리를 상당 부분 자동으로 처리해 주는 기능이 있습니다. 이를 쓰레기 수집, 또는 **가비지 컬렉션**이라고 합니다. 메모리 위의 데이터 중에 사용할 일이 없는 데이터를 컴퓨터가 판단해서 주기적으로 치워주는 것이죠. 가비지 컬렉션 덕분에 개발자는 메모리를 크게 신경 쓰지 않아도 문제없이 프로그래밍할 수 있게 되었습니다.

> **note** 메모리를 정리하는 프로그램을 가비지 컬렉터라고 합니다.

가비지 컬렉션의 한계

내 작업실을 정리해 주는 청소원이 있다면 편리하겠지만, 가끔은 차라리 내 손으로 청소하는 게 낫겠다 싶을 때가 있습니다. 이를테면 청소원이 청소할 때가 되면 하던 작업을 중단하고 작업실을 비워 주어야 하거나 한창 집중해서 일하던 중 갑자기 청소를 시작하겠다고 하면 흐름이 끊겨 특히 그렇겠죠. 그리고 청소원은 어떤 물건은 그냥 두고 어떤 물건을 치워야 하는지 잘 알지 못합니다. 뭘 치워야 하는지 판단하느라 청소 시간이 길어질 때도 있죠. 치워야 할 것을 알아보지 못해서 청소를 반복해도 쌓여가는 물건이 생기기도 합니다.

가비지 컬렉션 또한, 이 청소원과 비슷한 한계를 가지고 있습니다. 가비지 컬렉션은 프로그램이 동작하는 도중 불특정 시점에 실행되는데, 이때 언어의 쓰레기 수집 방식에 따라 프로그램이 부분적으로 혹은 전체적으로 중단됩니다. 어떤 데이터가 더 이상 사용되지 않을지 또한 컴퓨터가 판단해야 하므로 이 연산에도 시간이 소요되죠. 그렇기 때문에 이러한 프로그램은 C 언어나 C++에서처럼 개발자가 직접 메모리를 비우는 것에 비해서는 프로그램의 성능이 떨어집니다. 쓰레기 수집 시간이 길어지면 개발자는 버벅거림을 경험하게 되기도 합니다.

불필요한 데이터를 모두 제거하지 못한다는 점도 가비지 컬렉션의 한계입니다. 소스 코드 상의 어떤 요소는 컴퓨터가 비워도 되는 데이터로 인지하지 못하고 남겨두는 경우가 있거든요. 가비지 컬렉터를 사용해도 메모리 누수가 생길 수 있다는 것입니다.

예를 들어 정보를 요청하기 위해 데이터베이스 서버에 접속하면 메모리에 해당 접속과 관련한 데이터가 저장됩니다. 서버에 접속해서 원하는 정보를 받고 나면 접속을 해제하고 관련 데이터를 삭제해야 하는데, 이를 그대로 두면 데이터베이스에 정보를 요청할 때마다 접속 관련 데이터가 메모리에 쌓이게 되고 언젠가 서버가 '터지는' 결과로 이어집니다.

그렇기 때문에 가비지 컬렉션을 지원하는 매니지드 언어를 사용하더라도 가비지 컬렉션에 전적으로 의존하면 안 됩니다. 해당 언어에서 메모리를 효과적으로 관리할 수 있는 방법을 꾸준히 공부할 필요가 있습니다. 내가 사용하는 언어에서 가비지 컬렉터가 어떤 원리로 작동하는지, 메모리 누수가 발생할 수 있는 요인에는 어떤 것이 있고 이를 어떻게 감지하고 해결할 수 있을지 알아야 실력 있는 개발자가 될 수 있습니다.

▶ 6가지 키워드로 정리하는 핵심 포인트

- **컴파일 오류**는 소스 코드를 컴파일하는 과정에서 일어나는 오류입니다.

- **런타임 오류**는 프로그램 실행 도중 발생하는 오류입니다.

- **논리 오류**는 컴파일과 실행 모두 성공하지만 실행 결과가 올바르지 않은 오류입니다.

- **예외 처리**는 오류 발생 시에도 프로세스를 지속시킬 수 있는 수단입니다.

- **메모리 누수**는 사용하지 않는 데이터가 비워지지 않고 메인 메모리 공간에 쌓여있는 현상입니다.

- **가비지 컬렉션**은 메인 메모리상 불필요한 데이터를 자동으로 치우는 기능입니다.

▶ 표로 정리하는 핵심 포인트

오류의 종류와 특징

컴파일 오류	컴파일 단계에서 발생하는 경우	• 키워드, 맞춤법이 틀린 경우 • 필요한 문장 부호가 빠진 경우 • 선언되지 않은 변수를 사용한 경우
런타임 오류	프로그램 실행 중 발생하는 경우	• 0으로 나누는 경우 • 무한 루프에 빠지는 경우 • Null 오류
논리 오류	컴파일 및 실행은 되지만 사용자가 의도한 결과가 나오지 않는 경우	
구문 오류	프로그래밍 언어의 사용법에 맞지 않는 코드로 인해 발생하는 경우	

▶ 확인 문제

1. 다음 중 문장에 들어갈 알맞은 단어를 보기에서 찾아 작성해 보세요.

> **보기** ① 논리   ② 컴파일   ③ 예외 처리

> - 실행 전 빌드가 필요한 언어에서 문법이 잘못됨에 인해 발생하는 오류는 (   ) 오류입니다.
> - 예측 불가능한 요소에 의해 발생할 수 있는 런타임 오류는 (   ) 로 대비할 수 있습니다.
> - 컴파일과 실행 모두 성공하지만 실행 결과가 올바르지 않은 오류는 (   ) 오류입니다.

2. 다음 중 틀린 것을 고르세요.

① 논리 오류는 컴파일 오류나 런타임 오류에 비해 감지가 어렵습니다.

② 수동 메모리 관리가 가비지 컬렉션보다 프로그램의 성능면에서 유리할 수 있습니다.

③ 무한 루프는 메모리 용량의 소진으로 이어질 수 있습니다.

④ 예외 처리를 남발하면 문제를 근본적으로 해결하기 어려워집니다.

⑤ 가비지 컬렉션을 제공하는 언어를 사용하면 메모리 관리를 신경 쓸 필요가 없습니다.

---

hint 2. 가비지 컬렉터를 사용해도 메모리 누수가 생길 수 있습니다.

3. 다음 중 나머지 넷과 종류가 다른 오류를 고르세요.

① 변수의 철자를 잘못 입력해서 발생한 오류

② 실행 시 값이 들어있지 않은 변수에 의한 오류

③ 사용자가 분모에 0을 입력하여 발생하는 오류

④ 종료 조건이 계속 성립되지 않아 함수가 무한 반복 실행되는 오류

⑤ 설계상의 실수로 잘못된 정보가 출력되는 오류

4. 다음 중 가비지 컬렉션에 대해 틀린 것을 고르세요.

① 메모리 누수를 방지하기 위해 사용됩니다.

② C, C++ 등의 언어에서 사용됩니다.

③ 프로그램의 성능을 저하시킬 수 있습니다.

④ 비워야 할 데이터를 제때 인지하지 못할 수도 있습니다.

⑤ 전적으로 의존하기보다 원리를 이해하고 사용해야 합니다.

5. 다음 중 틀린 것을 고르세요.

① 컴파일러는 소스 코드를 위에서 아래, 왼쪽에서 오른쪽으로 해석합니다.

② 세미콜론은 해당 명령어가 끝나는 곳을 알려주는 역할을 합니다.

③ 예외 처리를 할 때는 do-while문을 주로 사용합니다.

④ 가비지 컬렉션을 해도 불필요한 데이터가 남아 있을 수 있습니다.

⑤ 불필요한 데이터가 메모리에 남아 있는 것을 메모리 누수라고 합니다.

04-5 개발에 필요한 여러 가지 도구

핵심 키워드

패키지 매니저 환경 변수 프레임워크 런타임 환경 SDK

실무에서 소프트웨어 개발에 도움이 되는 여러 가지 도구와 요소를 관련 용어와 함께 알아보고 이들이 어떤 목적으로 어떻게 사용되는지 구체적으로 살펴봅니다.

시작하기 전에

프로그래밍을 통해 소프트웨어를 개발하는 작업은 예전에 비해 많이 수월해졌습니다. 어렵고 골치 아픈 부분을 해결해 주는 여러 도구와 각종 기능이 개발자가 온전히 프로그래밍에 전념할 수 있도록 도와주고 있죠. 그렇기 때문에 우리는 손쉽게 프로그래밍 언어와 그와 관련된 환경 파일을 설치하고, 미리 작성된 코드를 활용해서 필요한 기능을 추가하면서 새로운 프로그램을 개발할 수 있습니다.

다만, 도구에 대한 정확한 이해가 있어야 필요한 상황에 적절한 도구를 선택해서 이들을 효과적으로 활용할 수 있습니다. 이번 절에서는 개발자의 일을 도와주는 여러 요소를 알아보겠습니다.

개발자의 앱 마켓
패키지 매니저 easy

현업에서 프로그램을 개발하다 보면 수없이 많은 외부 라이브러리를 가져다 사용하곤 합니다. 이때 필요한 라이브러리를 개발자가 직접 찾고 다운로드해야 한다면 너무 번거로울 것입니다. 다른 개발 환경으로 옮기거나 동료와 프로젝트를 공유할 때마다 그 많은 라이브러리를 일일이 기억하고 다시 찾아서 다운로드해야 한다면 더욱 고역이겠죠. 다행히도 이런 라이브러리를 마치 앱 마켓에서 앱을 다운로드하는 것처럼 내려받고 그 내역을 관리해 주는 도구가 있습니다. 바로 패키지 매니저입니다.

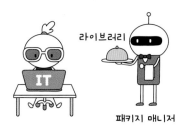

먼저 패키지를 살펴보겠습니다. **패키지**는 라이브러리와 유사한 개념으로, 라이브러리가 소스 코드 작성을 위해 사용되는 코드의 묶음이라면 패키지는 이런 소스 코드를 배포하기 위해 사용되는 코드 묶음입니다.

패키지 매니저는 이런 패키지를 편리하고 안전하게 다루기 위한 도구입니다. 패키지 매니저는 크게 운영체제에서 사용하는 종류와 프로그래밍 언어에서 사용하는 종류로 나뉩니다. **운영체제 패키지 매니저**는 컴퓨터에서 사용할 프로그램들을 관리합니다. 예를 들어 리눅스에서는 apt-get, yum, pacman 등의 패키지 매니저를 사용해서 파이썬 같은 프로그래밍 언어나 NginX(엔진엑스) 같은 서버용 프로그램을 다운로드할 수 있고, 업데이트하거나 삭제할 수도 있죠.

맥에서는 Homebrew라는 패키지 매니저로 개발에 필요한 여러 종류의 소프트웨어뿐만 아니라 구글의 크롬이니 기기오툭 같은 다른 소프트웨어도 명령어 한 줄로 설치하고 관리할 수 있습니다(주석만 살펴봐도 충분합니다).

```
# install 명령으로 비주얼 스튜디오 설치
brew install visual-studio
# search 기능으로 크롬 설치 여부 확인
brew search google-chrome
# install 명령으로 구글 크롬 설치
brew install google-chrome
# list 명령으로 설치한 소프트웨어 목록 확인
brew list
```

소프트웨어를 개발할 때 사용할 수 있는 **프로그래밍 언어 패키지 매니저**가 있습니다. 파이썬의 pip, 자바의 Maven과 Gradle, 자바스크립트(Node.js 환경)의 NPM과 Yarn, 루비의 RubyGems 등이 대표적인 패키지 매니저입니다. 예를 들어 파이썬에서 NumPy 라이브러리를 사용하려면 파이썬 콘솔에서 다음과 같이 입력하면 됩니다.

```
pip install numpy
```

이처럼 패키지 매니저는 라이브러리를 설치, 업데이트, 삭제하는 데 사용됩니다. 또한 설치한 라이브러리를 새로운 버전으로 저장해서 프로젝트를 다른 환경으로 이동해도 같은 라이브러리를 사용할 수 있도록 관리해 줍니다. 그뿐만 아니라 프로그램을 디버그하거나 실행, 빌드하는 등 개발에 필요한 다양한 기능도 제공합니다. 이처럼 패키지 매니저는 사용하는 운영체제 또는 개발 중인 프로젝트의 든든한 살림꾼 역할을 맡아 개발자의 업무를 도와줍니다.

프로그램이 작동할 곳에 지정된 값
환경 변수 `medium`

환경 변수란 말 그대로 프로그램이 컴퓨터에서 동작할 때 환경과 관련된 변수, 즉 동적인 값입니다. 예를 들어 컴퓨터가 집이라면 환경 변수는 거실에 있는 화이트보드의 메모와 같습니다. 메모에는 안방에서 쓰는 와이파이 비밀번호, 서재에 있는 컴퓨터 비밀번호, 냉장고에 들어 있는 음식 목록 등이 적혀 있는 거죠.

윈도우나 리눅스 같은 운영체제의 환경 변수는 시스템 실행 파일의 디렉터리를 지정하는 등 운영체제에서 작동하는 응용 프로그램이 참조하기 위한 설정을 기록합니다. 쉽게 말하면 운영체제 깊숙한 곳에 있는 응용 프로그램을 쉽게 쓰기 위해서 응용 프로그램의 경로를 미리 변수에 등록해 놓는 것입니다. 마치 프로그램 실행 환경을 미리 변수에 지정해 놓는 것과 같은 것이죠.

우리가 컴퓨터로 사용하는 모든 프로세스(웹사이트, 게임, 그림판 등)는 전부 운영체제라는 상위 프로그램에 의해 실행되는 자식 프로세스입니다. 이때 운영체제 입장에서 해당 프로세스를 실행시키기 위해 참조하는 값을 담은 변수가 바로 **환경 변수**입니다.

`note` 환경 변수는 시스템 실행 파일이 있는 디렉터리를 지정하는 등 운영체제에서 작동하는 응용 프로그램이 참조하기 위한 설정을 기록하는 곳입니다.

그렇다면 이 환경 변수는 무엇에 사용되는 것일까요? 여러 가지가 있지만, 크게 다음 세 가지 용도로 정리할 수 있습니다.

필요한 프로그램의 실행 경로

윈도우에서 자바나 파이썬을 시작할 때 프로그램을 설치한 후 바로 실습에 들어가지 않습니다. 먼저 시스템 속성에서 환경 변수를 설정해야 하죠. 예를 들어 자바 프로그래밍을 위해 JDK(자바 개발 키트)를 다운로드하면 자바와 프로그래밍에 필요한 기타 요소들이 ProgramFiles 폴더에 설치됩니다. 그러나 JDK 환경 변수를 지정해 주지 않으면 자바로 작성한 코드를 컴파일하거나 실행할 수가 없습니다. 컴퓨터 어디에 자바가 설치되어 있는지 프로그램이 모르기 때문입니다.

JDK 환경 변수 지정 예시

새 시스템 변수				×
변수 이름(N):	JAVA_HOME			
변수 값(V):	C:\Java\jdk-21			
디렉터리 찾아보기(D)...	파일 찾아보기(F)...		확인	취소

엄청 커다란 저택의 화장실에 비데를 설치한다고 생각해 봅시다. 비데 설치 기사가 고객의 집에 방문해서 작업하려면 화장실의 위치를 알아야 하죠. 그러나 집에 기사를 맞아줄 사람이 없어서 주인이 화이트보드에 화장실의 위치를 미리 적어 두었습니다. 이 화이트보드가 앞서 말한 환경 변수와 같은 역할을 합니다.

자바로 작성된 프로그램이 컴퓨터에서 작동하도록 하기 위해서는 컴퓨터에 자바 코드를 실행하는 프로그램이 설치된 곳의 위치를 환경 변수라는 화이트보드에 적어 두어야 합니다. 물론 자바뿐만 아니라 여러 다른 언어 및 프로그램이 환경 변수에 적힌 값들을 보고 실행에 필요한 프로그램을 찾아 활용합니다. 이와 같이 컴퓨터에서 작동하는 프로그램을 필요로 하는 다른 프로그램이나 라이브러리의 위치를 모두가 접근할 수 있는 곳에 적어 두는 용도로 사용하는 환경 변수를 **path 환경 변수**라고 합니다.

개발 환경 용도 구분

서버에서 동작할 백엔드 프로그램을 개발한다고 가정해 봅시다. 이 프로그램은 데이터베이스에 연동되어 작동하는데, 일반적으로 기업에서는 같은 구조의 데이터베이스를 두 개 이상 두어 하나는 실제 서비스에 사용하고 나머지는 개발용 및 테스트용으로 사용합니다.

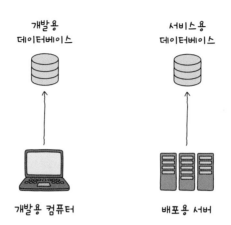

백엔드 프로그램 개발은 개발용 컴퓨터에서 진행합니다. 제품이 완성되면 소스 코드를 그대로 빌드한 다음 서버용 컴퓨터로 전송해서 실행하죠. 백엔드를 개발하는 과정에서 여러 기능을 시도하기 때문에 개발 중에는 실제 서비스용 데이터베이스가 아닌 개발용 데이터베이스를 사용해야 합니다. 물론 서버에 배포된 다음에는 서비스용 데이터베이스에 연동되어야 하죠.

만약 환경 변수를 사용하지 않는다면 개발 중에 개발용 데이터베이스를 사용하도록 코드를 작성한 뒤 배포할 때마다 빌드 전 코드를 서비스용 데이터베이스에 맞게 수정해 주어야 합니다. 그러나 이렇게 진행할 경우 번거롭기도 하지만, 실수가 생길 가능성이 높고 어느 과정이든 누락될 경우 큰 문제로 이어질 수 있습니다. 그렇기 때문에 이런 프로그램을 개발할 때는 환경 변수를 사용해서 프로그램이 작동할 환경의 용도를 구분합니다.

다음 파이썬 예제 코드입니다. 'DEV'란 환경 변수를 지정해서 개발용 컴퓨터에는 참(true), 배포용 컴퓨터에는 거짓(false)을 넣어 두었습니다. 소스 코드에는 DEV 값이 true라면 개발용, false라면 서비스용 데이터베이스에 연동하도록 프로그래밍하는 거죠.

이로써 같은 소스 코드로도 프로그램이 동작할 환경에 따라 다르게 일하도록 구분할 수 있는 것입니다.

```
import os
#개발 환경일 경우
if os.environ['DEV '] == True:  ──→ True일 경우 개발용 데이터베이스에 연동합니다.
  print('개발 환경')
# 서비스 환경일 경우
else:  ──→ False일 경우 서비스용 데이터베이스에 연동합니다.
  print('실제 서비스 환경')
```

민감한 요소의 보안

백엔드 프로그램을 데이터베이스와 연동하려면 해당 데이터베이스에 접속하기 위한 아이디와 비밀번호와 같은 개인 정보가 필요합니다. 프로그램 실행 과정에서 이 정보를 사용해야 하는데, 만약 소스 코드에 아이디, 비밀번호처럼 중요한 정보를 적어 둔다면 매우 위험합니다. 소스 코드는 프로그램을 개발하는 개발자의 컴퓨터는 물론 협업을 위해 공유되는 문서 등 여러 곳에 노출될 수 있습니다. 그렇기 때문에 중요한 개인 정보를 소스 코드에 포함하는 것은 치명적인 보안 사고로 이어질 수 있습니다. 그렇다면 개인 정보를 소스 코드에 넣지 않고 어떻게 데이터베이스에 접속하게 할까요?

정보 유출 시도　　　　　프로그램 소스 코드

여기에서도 환경 변수가 유용하게 사용됩니다. 프로그램을 실행할 서버와 개발 및 테스트할 컴퓨터에 DB_ID, DB_PASSWORD와 같은 환경 변수를 지정해서 아이디와 비밀번호를 지정해 두는 것입니다. 다음 자바스크립트 코드 예제처럼 소스 코드는 해당 환경 변수명으로 아이디와 비밀번호 값을 가져옵니다. 프로그램은 지정된 컴퓨터에서만 해당 환경 변수 값을 사용해서 데이터베이스에 접속할 수 있고, 소스 코드에 민감한 정보를 포함할 필요 없이 해당 작업을 수행할 수 있습니다.

```javascript
//환경 변수에서 아이디와 비밀번호를 가져와 상수에 저장
const databaseAccess = {
  id: process.env.DB_ID,
  pw: process.env.DB_PASSWORD
}
```

> **note** 환경 변수는 컴퓨터 시스템 관련 파일에 저장할 수 있고, 사용할 프로그램에서 지정된 폴더에 파일로 저장할 수도 있습니다.

프로그램 실행을 돕는
런타임 환경 `hard`

04-3절에서 '런타임'이라는 용어를 다루었습니다. 이번 절에서 런타임에 대해 조금 더 다뤄보겠습니다. 런타임은 프로그램이 실행되어 프로세스가 진행 중인 상태라고 배웠었죠. 그런데 프로그래밍에서 런타임이라는 단어는 다른 의미로 사용하기도 합니다. 이를테면 Node.js를 소개하는 자료에서는 런타임을 '자바스크립트 런타임'이라고 설명하는 것처럼 말이죠. 여기서 런타임은 런타임 환경을 말합니다.

런타임 환경은 '런타임 시스템'이라 불리기도 하며, 어떤 프로그래밍 언어가 컴퓨터에서 일을 할 수 있도록 해 주는 요소를 말합니다. 일반적으로는 특정 언어로 작성한 프로그램을 실행할 수 있도록 해 주는 프로그램으로, 어떤 프로그래밍 언어 이름 뒤에 '런타임'이 붙으면 이를 지칭합니다.

자바 언어에서 **JRE**는 자바 런타임 환경(Java runtime environment)의 약자입니다. JRE는 자바로 작성한 소스 코드를 컴파일했을 때 생성된 자바 바이트코드를 실행할 수 있도록 해 주는 소프트웨어입니다. JRE에는 자바 바이트코드를 해당 컴퓨터의 기계어로 통역해 주는 프로그램인 JVM과 자바 프로그램을 돌릴 때 이와 함께 사용되는 각종 라이브러리가 포함되어 있습니다. 그렇기 때문에 자바 프로그램을 실행하려면 환경 변수에 JRE의 경로를 입력해 주어야 하는 것입니다.

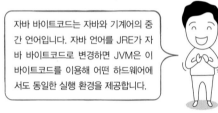

자바 바이트코드는 자바와 기계어의 중간 언어입니다. 자바 언어를 JRE가 자바 바이트코드로 변경하면 JVM은 이 바이트코드를 이용해 어떤 하드웨어에서도 동일한 실행 환경을 제공합니다.

Node.js는 컴퓨터에서 직접 자바스크립트를 돌릴 수 있도록 해 주는 **런타임 환경**입니다. 원래 자바스크립트는 브라우저에서 사용하기 위해 만들어진 언어였습니다. 자바스크립트의 용도는 HTML, CSS와 함께 사용해서 웹사이트의 각종 동적 기능들을 프로그래밍하는 것이었죠. 그러던 중 2009년 라이안 달이라는 개발자에 의해 자바스크립트를 브라우저 밖에서도 실행할 수 있도록 하는 Node.js가 탄생했습니다. 이러한 런타임 환경으로 이제 자바스크립트는 웹 개발뿐만 아니라 백엔드 서버 프로그램, 심지어 데스크톱용 응용 프로그램 개발에까지 사용할 수 있게 되었습니다.

많은 프로그래밍 언어가 컴퓨터에서 실행되기 위한 런타임 환경을 가지고 있습니다. C#의 경우 마이크로소프트 닷넷이 있고 파이썬이나 루비, PHP 등의 인터프리터 언어들도 런타임 환경을 설치한 뒤 소스 코드를 실행시킬 수 있죠. C 언어와 C++은 기계어로 바로 컴파일되기 때문에 자바의 JVM과 같은 실행 프로그램이 따로 필요하지는 않지만, 공통적으로 많이 사용하는 기능을 수행하기 위해 **런타임 라이브러리**라는 요소를 제공합니다.

소프트웨어를 만드는 키트
SDK `hard`

프로그래밍 언어나 운영체제를 만든 회사에서는 개발자들이 자사의 언어로 개발된, 혹은 자사의 운영체제에서 작동하는 프로그램을 많이 만들어 주길 바랄 것입니다. 예를 들어 애플은 많은 아이폰용 앱이 앱스토어에 올라오기를 원하겠죠. 만약 iOS 개발의 진입장벽이 높고 과정이 너무 어렵다면 이를 기대하기 어려울 것입니다. 그래서 이런 회사들은 개발자들이 프로그램을 수월하게 개발할 수 있도록 SDK라는 것을 제공합니다.

SDK는 Software Development Kit의 약자로, 말 그대로 소프트웨어를 개발하는 데 사용되는 키트입니다. '이 키트를 사용해서 우리 언어로(또는 우리 환경에서) 돌아가는 소프트웨어를 만들어 주세요'라며 제공되는 패키지죠. SDK에는 각각의 특성에 따라 라이브러리, 런타임 환경, 편집 도구, 코드 샘플, 설명서 등이 포함됩니다.

자바의 경우 런타임 환경과 SDK가 다음과 같은 관계를 갖습니다.

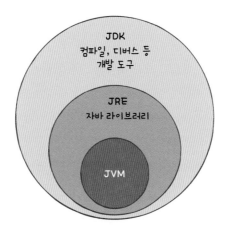

자바 프로그래밍을 해 봤다면 컴퓨터에 JRE가 아닌 JDK, 즉 자바 SDK를 설치했을 것입니다. JRE가 JVM과 자바 실행에 사용되는 여러 라이브러리를 포함해서 자바 프로그램을 실행할 수 있는 환경을 갖춘 것이라면, JDK는 이에 더해서 자바 코드를 컴파일하고 테스트하는 기능을 포함하는 등 자바로 프로그램을 개발할 수 있는 환경까지 갖춰 주는 것입니다.

그렇기 때문에 자바를 사용해서 백엔드 프로그램을 개발하는 컴퓨터에는 JDK를, 이를 실행할 서버에는 JRE를 설치하는 것입니다.

자바 11부터는 런타임 환경인 JRE 없이 SDK인 JDK만 제공합니다. 프로그램이 빌드되어 배포될 실행 파일에 JVM과 같은 런타임 환경까지 포함해서 서버에 JRE를 따로 설치할 필요가 없도록 하는 거죠.

C#의 경우 마이크로소프트에서 제공하는 .Net SDK를 다운로드해서 개발 환경을 구축할 수 있습니다. 파이썬이나 루비 PHP, 자바스크립트 등의 인터프리터 언어는 런타임에서 바로 실행되기 때문에 개발 시 꼭 SDK가 필요하지는 않지만, AWS와 같은 호스팅 서비스나 IDE 등에서 자사 제품과 해당 언어를 연계해서 개발할 수 있도록 SDK를 제공하기도 합니다.

프로그래밍 언어뿐만 아니라 윈도우, iOS, 안드로이드와 같은 운영체제도 해당하는 SDK를 다운로드해서 프로그램을 만들 수 있습니다. 그뿐만 아니라 메타의 페이스북이나 네이버 지도, 카카오 등의 여러 서비스도 자사 제품의 기능을 활용하는 애플리케이션을 제작할 수 있는 SDK를 제공하죠. 예를 들어 카카오 SDK를 다운로드하면 제작 중인 안드로이드용 혹은 iOS용 앱에 카카오톡을 이용한 로그인 서비스 또는 앱에서 바로 카카오톡 메시지 보내기 기능 등을 탑재할 수 있습니다. 물론 이런 기능은 공식 사이트에서 상세한 설명서(문서 또는 문서화라 부릅니다)와 예제를 함께 찾아볼 수 있습니다.

이처럼 언어나 플랫폼별로 개발자의 편의를 고려해서 제작된 SDK 덕분에 오늘날 우리는 비교적 손쉽게 프로그래밍을 공부하고 소프트웨어를 개발할 수 있습니다.

생산성 있는 개발을 돕는
라이브러리, 프레임워크 `hard`

1장과 3장에서 라이브러리와 프레임워크가 각각 무엇인지 배웠습니다. 이 두 개의 공통점은 '특정 기능을 누군가 미리 소스 코드로 작성해 놓은 것'이고, 차이점은 라이브러리는 '가져다 쓰는 것'이라면 프레임워크는 '기반으로 삼는 것'이라고 했었죠. 4장의 주제가 '개발자가되기 위한 사람을 위한' 것인 만큼 코드와 예시를 통해 좀 더 자세히 알아보겠습니다.

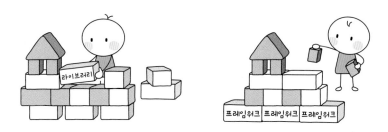

라이브러리 사용 자바 예시

```
//ArrayList란 라이브러리 가져오기
import java.util.ArrayList;  ———→ Arraylist 라이브러리를 가져옵니다.
public class Main {
  public static void main (String[] args) {
    //ArrayList 사용
    ArrayList<String> fruitList = new ArrayList<>();  ———→ Arraylist 사용해서
                                                          fruitList 객체를 생성합니다.
    fruitList.add("apple");
    fruitList.add("grape");
    fruitList.add("orange");
    fruitList.forEach(fruit -> {
      System.out.println(fruit);
    });
  }
}
```

최상단에는 import 명령어로 ArrayList 라이브러리를 '가져오는' 코드가 있습니다. 외부

폴더에 들어 있는 ArrayList 파일을 이 소스 코드와 연결한 거죠. 중간 부분에는 그렇게 가져온 ArrayList를 사용해서 fruitList라는 객체를 만드는 부분이 있습니다.

언어마다 상세 문법은 다르지만, 보통 자바 예제처럼 시작 부분에서 외부 라이브러리를 import한 뒤 이를 사용해서 명령어를 작성하는 방법으로 라이브러리를 활용합니다. 그래서 라이브러리를 '가져다 쓰는 것'이라고 표현한 것입니다.

앞에서 사용된 ArrayList는 필요한 경우 언제든지 데이터를 자유롭게 넣고 뺄 수 있는 배열 주머니입니다. 이는 사실 자바 언어 자체의 기능은 아닙니다. 하지만 자바로 프로그래밍하는 데 있어 자주 사용하는 매우 중요한 기능이기 때문에 JRE, 그리고 이를 포함하는 JDK는 이와 같은 라이브러리를 기본적으로 탑재하고 있습니다.

note JRE는 자바 런타임 환경, JDK는 자바 개발 환경입니다.

프로그래밍 언어의 개발 환경에서 기본적으로 주어지는 라이브러리도 있고, 외부에서 다운로드해야만 사용 가능한 라이브러리도 있습니다. 개인이 어떤 유용한 기능을 개발한 뒤 이를 다른 사람도 사용할 수 있도록 라이브러리로 만들어 배포한 경우나 기업 혹은 단체에서 어떤 목적을 가지고 라이브러리를 개발해서 제공한 경우도 이에 해당합니다.

예를 들어 프론트엔드 개발에 사용되는 리액트는 메타에서 제공하는 자바스크립트와 타입스크립트 라이브러리로, 이를 이용하면 웹사이트를 보다 수월하게 만들 수 있습니다. 파이썬 언어로 제공되는 라이브러리 중에는 텐서플로우 라이브러리가 있으며, 텐서플로우에는 강력한 머신러닝 기능을 제공하고 있어 초보 개발자들도 이를 사용해 쉽게 머신러닝 개발에 활용할 수 있습니다. 넘파이 라이브러리 또한 파이썬 언어로 제공되는 라이브러리인데, 이는 다차원 배열을 사용한 연산을 효율적으로 프로그래밍할 수 있게 해 줍니다. 이외에도 객체로 된 데이터를 JSON 형식으로 바꿔주거나 모바일 앱에서 예쁜 UI 팝업을 보여주는 등 다양한 기능을 라이브러리 형태로 사용할 수 있어 개발자들의 수고를 덜어줍니다.

프레임워크는 전체적인 흐름을 자체적으로 가지고 있어서 개발자가 그 안에서 필요한 코드를 작성하는 반면, 라이브러리는 개발자가 전체적인 흐름을 가지고 있어서 원하는 라이브러리를 가져다 사용한다는 점이 달라.

이처럼 라이브러리가 작성 중인 코드에 import로 불러와 사용하는 것이라면 프레임워크는 반대입니다. 프레임워크에서 제공한 뼈대 위에 내가 작성한 코드와 파일들을 더해서 프로그램을 만들어가는 거죠. 한국에서 많이 사용하는 웹 프레임워크인 스프링을 예시로 살펴보겠습니다. 스프링부트 공식 사이트에서 프로젝트를 다운로드하고 압축을 풀면 다음과 같은 구조의 폴더와 파일들이 나타납니다.

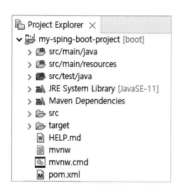

> 프레임워크는 라이브러리에 비해 규모가 더 크고 기능이 많기 때문에 이를 제대로 다루기 위해서는 많은 공부와 실전 경험이 필요합니다.

프레임워크 안에는 프로젝트를 빌드, 실행하고 기능들을 테스트하는 기능이 있습니다. 그뿐만 아니라 서버 프로그램을 만드는 데 필요한 라이브러리를 다운로드하고 관리하는 핵심적인 기능이 서로 연동된 상태로 들어 있습니다.

이러한 설계를 개발자가 직접 구현해야 한다면 매우 번거롭고 어려운 작업이 되었을 것입니다. 하지만 앞서 그림과 같이 프레임워크 형태로 프로그램 뼈대가 제공되기 때문에 개발자는 프레임워크를 사용해서 이 기반 위에 원하는 기능을 추가하는 방식으로 손쉽게 웹사이트나 백엔드 서버 프로그램을 만들 수 있는 것입니다.

프로그래밍 언어별 인기 웹 프레임워크

자바	스프링(spring)
C#	닷넷(.Net), 블레이저(Blazor)
파이썬	장고(django), 플라스크(Flask)
자바스크립트	뷰(Vue.js), 리액트(React), 앵귤러(Angular)
루비	루비 온 레일즈(Ruby on Rails)
PHP	라라벨(Laravel), 코드이그나이터(codeIgniter)

▶ 5가지 키워드로 정리하는 핵심 포인트

- **패키지 매니저**는 라이브러리의 설치, 업데이트, 삭제 등을 관리하는 소프트웨어 도구입니다.

- **환경 변수**는 프로그램이 작동할 환경에 지정된 변경 가능한 값입니다.

- **프레임워크**는 기반으로 삼아서 프레임워크 자체를 사용하는 것이라면, 라이브러리는 라이브러리 자체를 가져다 사용하고 호출하는 용도로 사용합니다.

- **런타임 환경**은 프로그램이 작동할 수 있도록 해 주는 소프트웨어입니다.

- **SDK**는 특정 언어나 환경의 소프트웨어를 개발할 수 있도록 제공되는 키트입니다.

▶ 확인 문제

1. 다음 중 문장에 들어갈 알맞은 단어를 보기에서 찾아 작성해 보세요.

> **보기** ① 프레임워크　　② 환경 변수　　③ SDK　　④ 라이브러리

> - 컴퓨터에 설치된 프로그래밍 언어의 경로를 프로그램에 알려주기 위해 (　　　)가 사용됩니다.
>
> - 소프트웨어를 개발하는 도중 이미 개발된 유용한 기능을 넣기 위해 (　　　)를 받아 사용할 수 있습니다.
>
> - 프로그램을 만들 때 필요한 도구들을 제공하는 것은 (　　　　), 프로그램의 기초 설계를 미리 구성해둔 것을 (　　　　)라고 합니다.

2. 다음 중 틀린 것을 고르세요.

① 패키지 매니저는 언어에 따라 디버그나 빌드에도 사용될 수 있습니다.

② 환경 변수의 값은 프로그램의 코드에 들어갑니다.

③ JVM은 JRE에 포함됩니다.

④ SDK는 개발자의 편의를 위해 제공됩니다.

⑤ 라이브러리는 개발자가 작성하는 코드에 import되어 사용됩니다.

3. 다음 중 나머지 넷과 종류가 다른 하나를 고르세요.

① apt-get

② pip

③ Gradle

④ JDK

⑤ NPM

4. 다음 용도 중 환경 변수를 사용하기 적합하지 않은 것을 고르세요.

① 소프트웨어가 사용할 언어가 설치된 위치

② 외부에 노출되어서는 안 되는 코드

③ 소프트웨어의 버전 정보

④ 실제로 배포될 컴퓨터인지 여부

⑤ 소프트웨어를 실행할 서버의 식별 값

04-6 타임머신을 타고 평행우주를 누비는 개발자

핵심 키워드   VCS　Git　GitHub

개발자가 되려면 꼭 알아야 하는 코드 관리 방법을 알아봅니다. 그리고 깃의 주요 기능과 개발자들이 어떻게 코드를 관리하고, 어떻게 협업하는지 알아봅니다.

시작하기 전에

어떤 종류의 개발자가 되고자 하든 필수적으로 익혀야 할 것이 있습니다. 바로 깃(Git)이라 불리는 프로젝트 버전 관리 도구입니다. 개발자는 깃 같은 프로그램을 사용해서 코드를 관리하고 동료와 공유하며 협업합니다. 개발자의 하루 일과는 깃으로 시작해서 깃으로 끝난다고 해도 과언이 아니죠. 도대체 깃이 무엇이길래 개발자가 되려면 깃부터 배워야 한다고 말하는 걸까요? 이번 절에서는 버전 관리에 대한 개념과 함께 깃 관련 서비스들을 알아보겠습니다.

이제 압축 백업은 그만!
VCS medium

'버전 관리'란 무엇이고 얼마나 대단한 것이길래 프로그램이 따로 필요한 것인가 하는 의문이 들 수 있습니다. 사실 이는 현업에서 직접 개발 프로젝트를 진행해 보기 전에는 실감하기 어려운 부분이기도 하죠. 미리 요약해서 말하자면, 프로젝트의 버전을 관리한다는 것은 개발되는 소프트웨어의 '시간'과 '차원'을 관리하고 통제한다는 의미입니다. 소프트 웨어의 시간과 차원을 관리해 주는 시스템을 버전 관리 시스템, 다른 말로 **VCS**라고 합니다. 즉, 프로젝트의 변경 내역, 프로젝트 버전을 관리해 주는 프로그램이죠.

소프트웨어를 개발하다 보면 일정 단위의 작업을 취소하고 프로젝트를 이전 버전으로 되돌려야 하는 일이 종종 생깁니다. 예를 들면 앱 화면이 복잡해서 몇 개의 버튼을 하나로 합쳤는데, 오히려 사용자들이 불편하다고 하여 원상복구를 요구하는 경우가 있습니다. 이처럼 추가한 기능이 기기의 성능을 저하시키거나 오류를 발생시키는 경우도 있고, 바뀐 디자인에 대한 사용자의 반응이 좋지 않아 이전 상태로 되돌리는 경우도 있습니다. 혹은 기획팀에서 결정을 번복하는 등 프로젝트 진행 도중 이전 버전으로 되돌리는 이유는 다양합니다.

그렇기 때문에 개발자에게 있어서 작업 중인 코드를 버전별로 관리하는 것은 필수입니다. 필요 시 언제든 프로젝트를 해당 시점으로 되돌릴 수 있도록 하기 위해서 새로운 기능을 추가하거나 오류를 해결하거나 기존의 기능을 수정하는 등 일정 단위의 작업이 이뤄질 때마다 소프트웨어의 전체 상태를 저장해야 합니다. 단순히 버전을 저장하는 것뿐만 아니라 각각의 작업이 어떻게 진행되었는지도 기록해서 언제든지 조회할 수 있어야 하죠. 어떤 버전으로 되돌려야 할지 정확히 판단할 수 있어야 하기 때문입니다.

오류가 발견되었을 때 그 원인을 찾아 분석하는 데 있어서 버전별 기록이 중요한 단서를 제공하기도 해.

많은 사용자들은 다음과 같은 방법을 떠올리기도 합니다. "어떤 작업을 할 때마다 프로젝트를 통째로 복사하거나 압축해서 저장해 두면 되지 않을까?"

나열된 압축 파일들

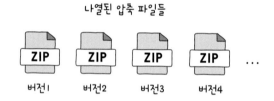

버전1   버전2   버전3   버전4   ...

실제로 꼼꼼함과 세심함이 요구되는 곳에서 일하는 사람들이 앞서와 같은 방식으로 디자인 파일이나 프레젠테이션 문서 등을 버전별로 보관하곤 합니다. 개발 프로젝트도 버전마다 전체 폴더를 작업 내역 기록과 함께 압축해서 백업해 두면 만약의 경우에 대비할 수 있죠.

하지만 이 방법은 실무에서 쓰기에는 한계가 있습니다.

첫째, 전체 프로젝트를 버전별로 저장하므로 용량을 많이 차지합니다. 규모가 큰 프로젝트의 경우 저장 공간이 부족할 뿐만 아니라 백업하는 데도 시간이 오래 걸립니다.

둘째, 각 버전에 정확히 어떤 변화가 생겼는지 파악하기 어렵습니다. 프로그래밍을 하다 보면 작은 기능 하나를 수정하는 데에도 여러 파일의 코드를 수정해야 하는데, 모든 코드를 하나하나 기억하는 것은 매우 어려운 일입니다.

셋째, 이 방식으로는 과거의 작업 중 특정한 것만 골라서 되돌리는 것이 불가능합니다.

소프트웨어 개발 방법으로 예를 들어 보겠습니다. 어떤 소프트웨어를 개발하기 위해 A 기능을 추가한 뒤 B 기능, 그리고 C 기능을 추가했고, 이 작업들을 모두 한 버전으로 저장했습니다. 그런데 A 기능에 문제가 발견되어 해당 부분만 추가하기 전으로 되돌려야 한다면 어떻게 해야 될까요? 만약 수정하기 이전 버전으로 프로젝트를 되돌린다면 B 기능과 C 기능도 함께 사라질 것입니다. 아니면 A 기능을 구현하기 위해 수정한 부분을 하나하나 찾아 반대로 작업해 주어야겠죠.

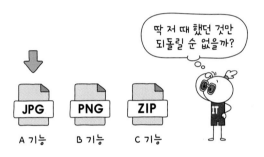

이런 상황은 소프트웨어 개발 중 버전에 관련하여 발생하는 수많은 문제 중 하나일 뿐입니다. 그렇기 때문에 개발자들은 프로젝트의 버전을 체계적으로 관리하기 위해 사용할 수 있는 편리하고 강력한 기능을 갖춘 소프트웨어의 필요성을 느끼게 되었습니다. 그리고 이러한 수요의 결과로 만들어진 것이 바로 **VCS**입니다.

VCS는 개발자가 일정 작업을 마칠 때마다 파일의 추가, 수정, 삭제된 모든 내역을 편리하게 백업할 수 있습니다. 또한 프로젝트의 상태를 버전별로 상세히 조회하고, 필요 시 원하는 시점으로 되돌릴 수 있도록 해 주죠. 저장 공간도 매우 효율적으로 사용하기 때문에 프로젝트 버전이 많이 만들어져도 용량이 크게 늘어나지 않습니다.

이뿐만 아니라 깃은 개발자가 프로젝트에 자유롭게 여러 시도해 볼 수 있도록 도와줍니다. 프로젝트를 따로 복사하거나 백업하지 않고도 원하는 기능을 테스트해 보고 이를 언제든 되돌릴 수 있습니다. 또한 프로젝트 파일과 작업 내역들을 팀원과 공유하고 효율적, 안정적으로 협업할 수 있도록 도와주는 등 다양한 기능들을 제공합니다.

그 밖에 SVN(SubVersioN, 소스 관리 도구), CVS(Concurrent Versions System, 동시 버전 시스템), Mercurial(머큐리얼, Mercurial) 등 다양한 버전 관리 소프트웨어가 있지만, 오늘날 전 세계적으로 가장 널리 이용되는 것은 깃입니다.

note 머큐리얼은 크로스 플랫폼 분산 버전 관리 도구입니다.

가장 인기있는 VCS
깃 medium

2005년, 리눅스의 창시자인 리누스 토르발스는 기존에 사용하던 버전 관리 시스템들의 한계를 극복하기 위해 직접 **깃**이란 VCS를 손수 개발했습니다. 이는 오래지 않아 전 세계 프로그래머 사이에 대세로 자리 잡았고, 오늘날 깃을 다룰 줄 아는 것은 개발자의 필수 소양이라 해도 과언이 아닙니다. 프로그래머가 깃을 쓸 줄 모른다는 것은 디자이너가 포토샵을 다룰 줄 모르는 것만큼이나 생각하기 어려운 일이 되었죠.

개발자는 소프트웨어 개발을 시작할 때 해당 프로젝트 폴더를 깃에게 맡깁니다. 깃은 배트맨의 알프레드처럼 충직한 집사이면서도, 닥터 스트레인지처럼 과거와 현재 그리고 여러 차원을 종횡으로 넘나들 수 있는 마법사이기도 합니다. 깃의 강력한 기능들 덕분에 개발자들은 버전 관리에 대한 부담감에서 벗어나 프로그래밍에 집중할 수 있게 되었습니다. 지금부터 깃으로 할 수 있는 일을 크게 세 가지로 나누어서 알아보겠습니다.

시간 여행: 리셋과 리버트

싱글 플레이 게임에서 중간중간 세이브 포인트에 진행 과정을 저장하는 것처럼 깃을 사용하면 프로젝트의 진행 상황을 원하는 시점마다 **저장**할 수 있습니다. 저장 포인트마다 하나의 버전이 만들어지는 거죠. 각 버전에는 해당 시점에서 어떤 작업을 했는지 알 수 있도록 설명을 달 수 있습니다. 이처럼 프로젝트 상태를 버전으로 저장하는 것을 **커밋**이라고 합니다.

어느 온라인 게임을 개발하는 과정에서 최근 다음과 같은 버전이 생성되었다고 가정하겠습니다. 각 버전에는 작업 내역을 요약한 설명이 달려 있어 프로젝트가 어떻게 진행되고 있는지를 쉽게 파악할 수 있죠. 그 뿐만 아니라 깃은 각 버전이 이전 버전으로부터 어떤 수정 사항이 있었고 어떤 파일에서 수정되었는지와 같은 상세한 변경 사항을 보여줄 수 있습니다. 이는 소프트웨어에 어떤 문제가 발생했을 때 어느 시점에서의 작업이 원인이 되었는지 등을 분석할 때에도 큰 도움이 됩니다.

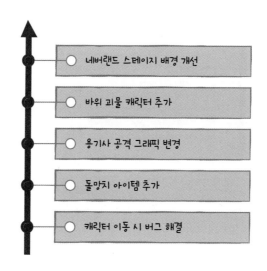

많은 버전이 저장되면 그만큼 용량도 더 많이 필요하지 않나요?

깃은 각 버전에 프로젝트 폴더의 내용 전체를 저장하지 않아요. 폴더 내 어떤 파일에 변화가 있었는가에 따라 변경 사항만 새로 저장하는 등 가능한 용량을 추가로 차지하지 않는 효율적인 방식을 사용합니다. 때문에 깃을 사용하면 용량에 대한 큰 걱정 없이 버전을 관리할 수 있어요.

앞과 같은 기능을 열심히 개발해서 게임을 업데이트했는데, 세 번째 커밋인 '용기사 공격 그래픽 변경'에 대해 사용자들의 불만이 접수되었습니다. 기존의 그래픽을 선호하는 사람들이 많아서 해당 작업을 취소하고 이전으로 되돌려야 하는 상황이 생긴 거죠. 이럴 때 깃은 두 가지 방법으로 용기사의 공격 그래픽을 복구할 수 있습니다.

첫째, 말 그대로 시간을 그 이전으로 뒤로 감기하는 것입니다. '돌망치 아이템 추가' 시점으로 타임머신을 타고 돌아가는거죠. 당연히 그 이후의 작업들은 모두 없던 일이 됩니다. 이 기능을 깃 용어로는 **리셋**이라고 합니다.

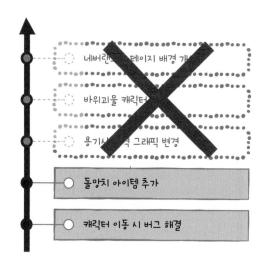

하지만 그렇게 하면 이후의 두 가지 작업도 함께 날아갑니다. 그래서 이를 위해 둘째, 깃은 **리버트**란 기능도 제공합니다. 리버트는 '용기사 공격 그래픽 변경' 버전만 콕 집어서 거꾸로 돌려 감기하는 것입니다. 각 버전마다 어떤 일을 했는지 깃이 정확히 기억하기 때문에 가능한 일입니다.

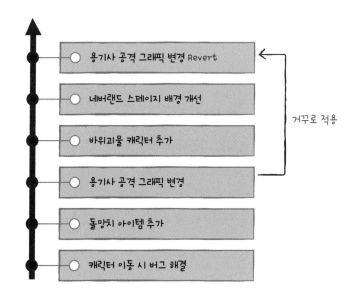

이처럼 시간을 자유자재로 다루는 깃 덕분에 개발자들은 백업이나 복구에 대한 스트레스 없이 개발에 전념할 수 있습니다.

차원 넘나들기: 브랜치

소프트웨어를 개발하다 보면 수직적으로 시간축을 오르내릴 뿐만 아니라 수평적으로 여러 차원을 넘나들 필요가 있을 때도 있습니다. 이게 무슨 소리냐구요? 이 세계에서는 개발자인 내가 지금 다른 평행 우주에서는 디자이너나 기획자일 수도 있는 것처럼, 하나의 소프트웨어에서 여러 버전이 동시에 존재할 수 있다는 뜻입니다.

앞에서 이야기한 게임을 예로 들어보겠습니다. 개발 팀원 중 누군가 게임 속 캐릭터들이 보다 빨리 이동할 수 있도록 마법 킥보드를 도입하자는 아이디어를 떠올렸습니다. 하지만 좋은 아이디어가 떠올랐다고 해서 승인을 받기도 전에 본 프로젝트에 마음대로 코드를 추가해서는 안 되겠죠. 아이디어를 구현하려면 신 기능을 테스트해 볼 수 있는 공간이 필요합니다.

프로젝트 (메인)   테스트 프로젝트 A   테스트 프로젝트 B   ...

깃을 배우지 않았다면 프로젝트 폴더를 통째로 복사한 뒤 사본에서 아이디어를 테스트해 보는 방법을 떠올릴 것입니다. 이 방법을 사용하면 메인 프로젝트에 영향을 끼치지 않고 자유롭게 아이디어를 테스트할 수 있겠지만, 대신 그 만큼 용량을 많이 차지합니다. 이후 아이디어가 채택되어 게임에 반영하기로 결정됐더라도 사본에서 작성한 킥보드 관련 코드만 하나하나 찾아내어 메인 프로젝트로 가져오는 것 또한 꽤나 머리 아픈 일입니다.

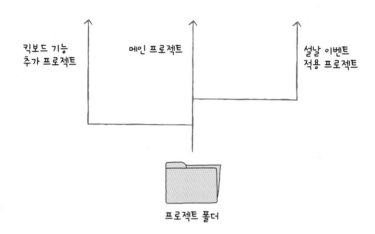

킥보드 기능
추가 프로젝트   메인 프로젝트   설날 이벤트
적용 프로젝트

프로젝트 폴더

깃은 이를 위하여 **브랜치**란 기능을 제공합니다. 하나의 우주가 나뭇가지(branch)처럼 갈라져서 평행 우주가 만들어지는 것처럼, 깃은 하나의 프로젝트 폴더 안에 여러 차원을 분기할 수 있습니다. 브라우저에서 새 창 대신 새 탭을 만들어 이동하는 것처럼 폴더의 내용을 여러 모드로 자유자재로 바꿔가며 작업할 수 있는 것이죠. 이제 개발자는 메인 차원에서 '킥보드' 차원을 분기한 뒤, 그곳에서 킥보드 기능을 만들어 테스트하면 됩니다. 이후 킥보드 차원에서 버전에서 작업한 내용들을 메인 차원으로 가져오는 것도 깃이 **머지**라는 브랜치 병합 기능으로 스마트하게 처리해 줍니다.

이 브랜치 기능 덕분에 개발자들은 실제품에 영향을 끼칠 걱정 없이, 마음껏 다양한 시도를 해 볼 수 있습니다. 실무에서는 이 브랜치를 체계적으로 활용해서 신규 개발 중인 기능을 독자적인 브랜치에서 각각 개발한 뒤 메인 차원에 반영하는 식으로 프로젝트를 진행합니다.

깃은 이 장에서 설명한 것 외에도 코드 관리를 위한 많은 유용한 기능을 제공해!

깃 사용자의 클라우드
깃 호스팅 서비스 medium

아주 작은 규모의 소프트웨어가 아닌 이상, 프로그래밍은 개발자 한 명의 고독한 달리기가 아닌 여러 개발자의 협업으로 이뤄집니다. 다수의 프로그래머가 하나의 소프트웨어, 수많은 폴더와 파일로 이루어진 프로젝트를 공유하며 그 안에서 작업을 하는 거죠.

그렇다면 프로젝트 폴더를 어떻게 공유하고 개발할 수 있을까요? 공유 폴더를 생각하면 드롭박스나 네이버의 마이박스 같은 클라우드를 떠올릴 수 있을 것입니다. 구글 문서 같은 클라우드 서비스 또한 동료들 간 협업하여 문서를 작성하는 데 많이 사용되죠.

하지만 소프트웨어 개발은 이와 같이 폴더를 실시간으로 공유하는 방식으로는 원활히 진행할 수 없습니다. 어떤 기능을 프로그래밍한 뒤 실행하려는데, 동료가 다른 곳에서 코드를 작성 중이라면 실행 오류나 컴퓨터가 다운되는 등 수많은 애로사항에 부딪힐 수 있습니다. 그렇기 때문에 개발자들에 특화된 다른 협업 방식이 필요합니다.

우리는 개발자들이 주로 깃이라는 코드 관리 서비스를 이용한다는 것을 배웠습니다. 깃은 동료들이 각자의 작업을 커밋된 버전 단위로 공유하며 협업할 수 있는 시스템을 제공합니다. 여러 곳에서 작성된 코드를 한 결과물로 통합해서 공유될 수 있도록 깃이 교통 정리를 해 주는 것이죠. 이런 기능 덕분에 오늘날 개발자들의 협업은 대부분 깃을 통해 이뤄진다 해도 과언이 아닙니다.

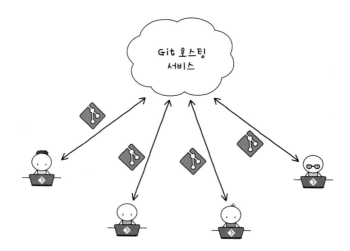

온라인에서 효율적으로 협업하기 위해서는 작업한 여러 버전이 공유되고 저장되는 공간이 필요합니다. 이러한 공간을 **깃 호스팅 서비스**라고 하고, 이 공간에 각자 작업한 버전을 업로드하는 것을 **푸시**라고 합니다. 그리고 동료들이 작업한 버전을 통합된 최신 버전으로 다운로드하는 것을 **풀**한다고 표현하죠. 깃 호스팅 서비스와 같은 온라인 협업 공간은 회사나 개인이 자체적으로 호스팅 서버를 마련하기도 하고, 깃허브나 깃랩, 빅버킷 등의 깃 협업 서비스를 사용하기도 합니다.

그 중에서도 **깃허브**는 오늘날 가장 널리 사용되는 온라인 깃 저장소입니다. 수많은 개인, 회사, 재단들이 깃허브에 저장소를 만들고 이를 활용하여 소스 코드를 저장하고 동료들과 협업하여 소프트웨어를 만들죠. 이처럼 개발자가 되기 위해서는 소스 코드를 잘 작성하고, 좋은 기능을 개발하는 것 뿐만 아니라 여러 사람과 협업하는 방법을 아는 것도 중요합니다.

또한 깃허브를 무료로 사용할 경우 저장된 코드를 외부에 공개하기 때문에 누구나 해당 코드를 보고 사용할 수 있으며, 다른 사람의 코드를 보고 수정안을 제안해서 코드 개선에 기여할 수도 있습니다. 이 때문에 깃허브는 오픈 소스의 성지로 불리기도 합니다.

지금부터는 깃 호스팅 서비스의 주요 기능에 대해 알아보겠습니다.

이슈

깃허브에 업로드된 각 프로젝트에는 마치 게시판처럼 팀원들과 출입이 허가된 외부인들이 해당 프로젝트에 대한 코멘트를 주고받을 수 있는 공간이 있습니다. 이를 **이슈**라고 부르며, 깃랩과 빗버킷에도 같은 이름으로 이 기능을 제공합니다.

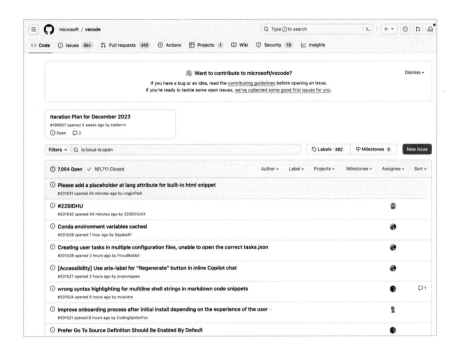

이곳에서 프로젝트 구성원들은 새로운 기능을 요청하거나 버그를 보고하고, 필요에 따라 이에 관련한 업무를 진행할 멤버를 특정하기도 합니다. 각 이슈의 우선순위를 지정하거나 지정된 카테고리에 포함시켜 분류하고, 프로젝트의 진행과정과 연결 짓는 등 체계적으로 관리할 수 있는 기능들이 제공됩니다. 구성원들은 댓글을 통해 의견을 내거나 작업현황을 보고하며 원활히 소통하면서 협업해나갈 수 있습니다.

프로젝트가 오픈소스로 공개되어 있을 경우 외부인들도 이에 참여하여 이슈를 생성할 수 있습니다. 각종 불편사항과 버그를 신고하기도 하고 원하는 바를 제안하여 개발진이 사용자의 필요를 파악하고 대응하는데 도움을 줍니다.

풀 리퀘스트

코드의 품질을 보장하고 실수를 방지하기 위해, 깃 호스팅 서비스들은 각 팀의 멤버들이 코드를 작성한 뒤 이를 프로젝트에 실제로 반영하기 전 다른 멤버의 검증을 거칠 수 있도록 하는 기능을 제공합니다. 깃허브와 빗버킷에서는 이를 풀 리퀘스트, 깃랩에서는 머지 리퀘스트라 부릅니다.

특정 업데이트 작업을 마친 멤버가 코딩한 내용을 깃허브에 올린 뒤, 실제 제품에 이 내용을 적용하기 위해 **풀 리퀘스트**(이하 PR)를 생성합니다. 이는 해당 프로젝트에서 함께 협업하는 다른 멤버들에게 공지되며, 이들은 PR로 올라온 코드를 살펴보고 문제가 없는지, 더 나은 방법은 없는지, 팀의 코딩 방식에 어긋나는 부분은 없는지 검토하고 의견을 남깁니다. 팀에서 정한 규칙에 따라 정해진 수 이상의 멤버들이 PR에 동의하면 이는 제품에 반영되어 새 버전으로 출시됩니다.

> 나: 영상처리 성능 개선작업 올렸습니다. 확인 부탁 드립니다.
>
> 팀원 1: 문제 없네요.
>
> 팀원 2: 22
>
> 팀원 3: 동의요.
>
> 팀원 4: 저도요. 적용할게요~

이 과정을 통해 양질의 코드를 유지하고, 멤버들 간 개발과정과 작업방식, 노하우가 공유되며 멤버 모두가 문제에 대한 책임을 분산하여 공유함으로써 안정적으로 소프트웨어를 개발해나갈 수 있습니다.

CI/CD

CI/CD는 지속적인 통합/개발이란 의미로, 복잡하게 들리지만 쉽게 '개발과정의 자동화'라고 말할 수 있습니다.

앞서 여러 번 이야기했듯, 개발에는 여러 단계들이 포함됩니다. 개발자가 코드를 작성하면 필요 시 빌드하여 기계어로 만들고, 문제없이 작동하는지 지정된 테스트를 거친 다음 이상이 없으면 이를 구동할 서버로 업로드한 다음 설정된 방식으로 실행합니다. 실무에서는 훨씬 복잡한 과정들이 포함되기도 합니다. 이 모든 과정을 개발자가 일일이 진행해야 한다면 더 많은 시간과 리소스가 개발 외적으로 들게 됩니다.

CI/CD는 엑셀과 같은 프로그램에서 매크로를 지정하는 것처럼 위의 과정들이 연속적으로 자동으로 이뤄지게 하는 것을 말합니다. 이를 구축하기 위해 사용되는 프로그램 및 서비스 중 유명한 것으로는 젠킨스, Travis CI, Circle CI 등이 있습니다.

깃 호스팅 서비스들에서도 이 CI/CD 서비스를 제공합니다. 개발자들이 각 작업을 마칠 때마다 이를 깃허브 등에 올리므로, 이 업로드가 진행될 때마다 자동화된 과정들이 진행되도록 한다면 업무가 한결 편리해지기 때문이죠. 깃허브에서는 깃허브 액션, 깃랩에서는 깃랩 CI/CD, 빗버킷에서는 파이프라인이라는 이름으로 존재합니다.

개발자는 각 서비스에서 제공하는 방식으로 자동화 과정을 설계하여 각 작업이 업로드될 때마다 프로젝트가 자동으로 빌드, 테스트, 전송, 실행과정까지 거치도록 만들 수 있습니다.

좋은 개발자가 되기 위해서는 개인 프로젝트를 꼼꼼히 다듬는 것도 중요하고, 다양한 사람들의 코드를 살펴보는 것도 매우 중요합니다. 그리고 깃과 깃허브를 통해 쉽게 개발 및 관리를 시작할 수 있죠. 뿐만 아니라 깃허브를 통해 다양한 레벨의 코드를 살펴보면서 실력을 키울 수 있으며, 자신이 만든 소프트웨어를 공유해서 하나의 포트폴리오로 활용할 수 있습니다. 실제로 많은 IT 기업에서 개발 직군을 뽑기 위해 깃허브 주소를 요청하기도 합니다. 주저하지 말고 개발을 시작해 보세요! 그리고 깃허브에 내가 개발한 소스 코드를 올려 보세요!

▶ 3가지 키워드로 정리하는 핵심 포인트

- **VCS**는 프로젝트의 변경 내역을 관리하는 시스템으로, 소프트웨어를 개발할 때 일정 시점과 단위로 프로젝트를 관리하는 역할을 합니다. 또한 소스 코드 백업과 복구를 쉽게 도와주고 다른 업무자들과 협업을 용이하게 도와줍니다.

- **깃**은 가장 널리 사용되는 VCS입니다. 깃은 프로젝트 작업 상태를 저장하는 커밋, 각 작업을 본 프로젝트에 업로드하는 푸시, 다른 작업자들이 수정한 코드를 가져오는 풀과 같은 기능으로 프로젝트를 관리하고 협업합니다.

- **깃 호스팅 서비스**는 깃으로 관리하는 프로젝트를 저장하는 공용 저장소를 제공하는 서비스입니다.

▶ 확인 문제

1. 다음 중 깃의 기능이 아닌 것을 고르세요.

① 프로젝트의 현재 상태 저장

② 각 버전들의 내용 조회

③ 프로젝트의 상태를 이전 버전으로 복구

④ 협업을 위한 시스템 제공

⑤ 버전별 바이러스 및 악성 코드 조회

2. 다음 중 나머지와 범주가 다른 한 가지를 고르세요.

① 깃허브   ② SVN   ③ 깃랩   ④ 빅버킷

3. 다음 중 문장에 들어갈 알맞은 단어를 작성해 보세요.

- 자기가 작업한 내역을 공유 공간에 업로드하는 것 (   )
- 과거의 특정 시점으로 소프트웨어의 상태를 되돌리는 것 (   )
- 공유 공간으로부터 최신 버전을 다운로드하는 것 (   )
- 프로젝트 상태를 현재 버전으로 저장하는 것 (   )
- 과거 특정 버전에서의 작업만 거꾸로 되돌리는 것 (   )

4 다음 문장 중 괄호 안에 알맞은 단어를 보기에서 찾아 작성해 보세요.

> **보기** ① 리셋   ② 브랜치   ③ 리버트

> - 프로젝트의 여러 버전이 공존할 수 있도록 폴더의 상태를 분기할 때 (   )(을)를 사용합니다.
> - 프로젝트를 이전 버전으로 완전히 돌리는 것을 (   ), 특정 버전 중 하나만 되돌리는 것을 (   )(이)라고 합니다.

5. 다음 중 틀린 것을 고르세요.

① 깃은 사실상 모든 분야의 프로그래밍에서 활용됩니다.

② 깃에서 저장하는 각각의 버전은 소프트웨어 전체만큼의 용량을 차지합니다.

③ 온라인 깃 저장소는 자체적으로 구축할 수도 있습니다.

④ 빅버킷은 깃 호스팅 서비스의 일종입니다.

⑤ 많은 오픈 소스 프로젝트를 깃허브에서 찾을 수 있습니다.

01-1 개발자는 대체 뭐하는 사람인가요?

1. ③

   스위프트는 애플의 iOS와 맥OS를 위한 프로그래밍 언어입니다.

2. 임베디드 개발자, 백엔드 개발자, 응용 프로그램 개발자, 프론트엔드 개발자(웹 퍼블리셔), 모바일 앱 개발자, AI 개발자

3. ① – ⓒ

   ② – ㉠

   백엔드 개발자의 다른 말은 서버 개발자입니다. 컴퓨터의 보이지 않는 부분, 즉 서버 측을 개발합니다.

   ③ – ⓛ

4. 크로스 플랫폼

   크로스 플랫폼은 하나의 소스 코드로 여러 종류의 운영체제에서 작동할 수 있는 앱을 만들 수 있습니다.

5. ④

   임베디드 개발자는 주로 임베디드 시스템을 개발하며, 크게 하드웨어 자체 개발과 하드웨어를 작동시키는 소프트웨어 개발로 나눌 수 있습니다.

01-2 코딩과 프로그래밍, 앱과 프로그램

1. 라이브러리

2. 시스템, 응용

3. ①

4. ②

   소프트웨어 완성 이후의 작업은 유지 보수이며, 소프트웨어를 안정적으로 운영하기 위

해 필수로 필요합니다.

5. [3] 구조 설계   [5] 테스트

[2] 시스템 명세 [4] 구현

[6] 유지 보수   [1] 요구 사항 분석

01-3 프로그래밍 언어도 외국어인가요?

1. ① – ㉡

이클립스는 자바 프로그래밍에 많이 사용되는 IDE입니다.

② – ㉣

애플이 개발한 IDE로 맥에서만 사용이 가능한 IDE입니다.

③ – ㉠

마이크로소프트가 개발한 윈도우 프로그램 개발용 IDE입니다.

④ – ㉢

안드로이드 스튜디오는 안드로이드용 앱을 만드는 데 사용되는 IDE입니다.

2. 기계어 → 어셈블리어 → 파이썬 → 영어

3. ②

사람에게 낯설고 어려울수록 저수준 언어에 가깝습니다.

4. ③, ①, ② 또는 ③, ②, ①

- 어셈블리어는 저수준 언어인 기계어와 고수준 언어인 컴파일 언어/인터프리터 언어
  사이에 위치한 언어로, 지수준 언어에 속합니다.

- 기계어는 0과 1로 이루어진 비트 단위의 언어이며, 컴퓨터의 CPU가 명령을 처리할
  때 사용합니다.

5. ②, ①

인터프리터 언어는 코드를 읽으면서 바로 해석해서 실행하는 과정을 거치며, 컴파일 언어는 어떠한 언어로 작성된 코드를 기계어로 바꾸는 과정을 거칩니다.

01-4 디버깅 중인데, 빌드 해 보고 이상 없으면 릴리스할게요

1. ②

개발 및 빌드 과정이 모두 마무리된 최종 파일을 사용자에게 제공하는 것을 배포라고 합니다.

2. ①, ③, ㉢

3. ②

리팩토링은 기능을 수정하지 않으면서 코드의 품질을 높이는 과정입니다.

4. 빌드, 코드 리뷰, 디버깅, 배포, 리팩토링

- 빌드는 사용자의 컴퓨터나 스마트폰에서 사용할 수 있는 형태로 바꿔주는 과정으로, 윈도우 프로그램은 exe 형태의 파일입니다.
- 코드 리뷰는 동료 및 협업자 서로의 코드를 확인하고 피드백을 주고받는 과정입니다.
- 디버깅은 프로그램에서 오류를 찾아 제거하는 작업입니다.
- 앱 마켓에 앱을 올리는 것도 배포에 해당합니다.
- 리팩토링은 기능을 수정하지 않으면서 코드의 품질을 높이는 과정입니다.

02-1 인공지능의 발전

1. • ① – ㉡
- ② – ㉢
- ③ – ㉣

- ④ – ㉠
- ⑤ – ㉢

2. ④

3. ③

4. ②

02-2 인공지능 더 깊이 알기

1. ②

2. • ① – ㉡
   - ② – ㉠
   - ③ – ㉢
   - ④ – ㉣

3. ②

03-1 서버는 뭐고 AWS는 뭔가요?

1. ③, ④, ②, ①, ⑤

- 클라이언트는 데이터를 요청하는 역할, 서버는 데이터를 전달하는 역할을 합니다.
- 온프레미스는 회사에서 자체적으로 관리하는 서버입니다.
- 클라우드 컴퓨팅 서비스는 AWS, 애저와 같이 서버를 가상화하여 각종 편의 기능을 제공하는 서비스입니다.
- IaaS는 서버용 인프라를 대여해 주는 서비스입니다.
- 사용료를 지불하면 SaaS 같은 클라우드 서비스를 이용할 수 있습니다.

2. ④, ⑤, ①, ②, ③

3. ②

4. ④

5. IaaS, SaaS, PaaS

03-2 웹사이트는 어떻게 만들어지나요?

1. ③, ①, ②

- 화면 크기에 따라 홈페이지의 크기가 변하는 웹사이트는 반응형 웹이며, 정해진 화면에 맞게 홈페이지를 제작하는 것은 적응형 웹입니다.

2. 자바스크립트, HTML, CSS

3. 마크업 언어, 스타일, 프로그래밍

HTML은 HyperText Markup Language의 약자이며, CSS는 Cascading Style Sheets의 약자입니다.

4. ④

단순한 구조의 웹사이트는 하나의 반응형 웹으로 제작하는 것이 유리합니다.

03-3 쿠키, 토큰, 캐시는 일상에서 쓰는 그 단어인가요?

1. ①

2. • ④, ②

　　• ①, ③

3. ①, ③, ②

4. ⑤

메모리를 많이 차지하는 세션 방식의 대안으로 나온 것이 토큰 방식입니다.

5. 토큰, 쿠키, CDN, 캐시, 세션

03-4 스마트폰 앱인데 웹사이트라고요?

1. ①

크로스 플랫폼은 업데이트마다 제공하는 운영체제의 앱 마켓의 심사 과정을 거쳐야 합니다.

2. 하이브리드 앱, 네이티브 앱, 웹 앱, 크로스 플랫폼
- 브라우저의 기능과 기기의 기능을 함께 제공할 때는 하이브리드 앱으로 만드는 것이 좋습니다.
- 성능을 최대한 활용해야 하는 앱은 네이티브 앱으로 만드는 것이 좋습니다.
- 웹 앱은 앱과 유사하게 생긴 웹사이트로, 웹사이트를 앱 형태로 보여주기 좋습니다.
- 크로스 플랫폼은 하나의 코드로 여러 운영체제에서 사용할 수 있기 때문에 개발 기간을 단축할 수 있습니다.

3. ⑤

4. ④

PWA는 브라우저 기능을 활용해서 다양한 기능을 제공할 수 있습니다.

03-5 웹의 보이는 곳과 보이지 않는 곳

1. • ③, ④
- ①, ②

2. ①

3. ③

REST API를 제외한 나머지는 모두 프레임워크입니다.

4. 주석

5. ③

03-6 IP는 뭐고 HTTPS는 뭐죠?

1. ②, ①

2. • ⑤, ①, ④, ②

　　• ③, ⑥

3. ①

4. 도메인, 통신 규약, 호스트명

5. ②

6. PUT, POST, DELETE, GET

7. ③

0~255까지의 숫자 세 개씩 네 자리로 표현하는 방식은 IPv4, 16진수의 숫자 네 개씩
여덟 자리로 표현하는 방식은 IPv6입니다.

03-7 디지털 시대, 데이터와 데이터베이스의 이해

1. • ③, ①

　　• ②

2. ③

3. ①, ③, ② 또는 ③, ①, ②

4. 키-값 데이터베이스, 그래프 데이터베이스, 관계형 데이터베이스, 문서 데이터베이스

03-8 개발자들은 왜 리눅스를 좋아하나요?

1. · ④, ③
  · ②, ①

2. ③

3. ④

4. · ④, ②
  · ③, ①

5. ⑤

6. ①

7. ① 응용 프로그램, ② 사용자 인터페이스, ③ 커널(셸)

04-1 컴퓨터는 어떻게 일하나요?

1. · ①
  · ②, ③
  · ④

2. ②

3. · ① − ㉣
  · ② − ㉠
  · ③ − ㉢

- ④ – ㉡
4. 캐시 → 주 기억 장치 → 보조 기억 장치
5. ②, ③, ①

04-2 바이트는 뭐고 자료형은 왜 쓰나요?

1. - ②
   - ③, ①

2. ②, ①

signed 자료형은 양수와 음수를 모두 나타내는 자료형이며, 양수만 표현하는 자료형은 unsigned 자료형입니다.

3. ②

4. ④

윤년 여부는 윤년인지(true), 윤년이 아닌지(false)로 파악할 수 있습니다.

5. ①

아스키 코드는 영문 알파벳을 사용하는 대표적인 문자 인코딩입니다.

04-3 프로그래밍 언어 분류

1. ③

2. ①, ②

3. - ① – ㉢
   - ② – ㉠
   - ③ – ㉡

함수형 프로그래밍을 위해 만들어진 언어는 스칼라, 하스켈, 클로저, F# 등이 있습니다.

- ④ – ㄹ

자바스크립트는 대표적인 인터프리터 언어입니다.

4. ① C 언어, ② C++, ③ 자바, ④ 자바스크립트

- C 언어는 메모리를 직접 관리해야 하는 대표적인 언매니지드 언어입니다.

- C++은 C 언어와 비슷한 언매니지드 언어이지만 자바와 같은 객체지향 언어입니다.

- 자바는 메모리를 자체적으로 관리해 주는 매니지드 언어이면서 대표적인 객체지향 언어입니다.

04-4 오류라는 위험에 대비하기

1. ②, ③, ①

2. ⑤

3. ①

4. ②

5. ③

예외 처리는 try-catch문을 사용합니다.

04-5 개발에 필요한 여러 가지 도구

1. • ②

  • ④

  • ③, ①

2. ②

3. ④

JDK를 제외한 나머지는 패키지 매니저입니다.

4. ③

소프트웨어의 버전 정보는 버전 번호로 작성하는 것이 적합합니다.

04-6 타임머신을 타고 평행우주를 누비는 개발자

1. ⑤

2. ②

SVN을 제외한 나머지는 깃 협업 서비스입니다.

3. 푸시, 리셋, 풀, 커밋, 리버트

4. • ②

• ①, ③

5. ②

깃은 저장 공간을 효율적으로 사용하기 때문에 여러 개의 버전이 만들어져서 용량이 크게 늘어나지 않는 장점이 있습니다.

찾아보기

혼자 공부하며 함께 만드는

혼공 용어 노트

목차

01장

[01장 039쪽]

□ **크래커**　　**cracker**

크래커를 먹을 때 잘게 잘게 부서진다는 추상적인 이미지에서 유래되어

컴퓨터 시스템을 뚫고 파괴하는 행위를 하는 사람.

블랙 해커라고도 한다.

시스템

블랙 해커

블랙 해커가 시스템을 조각내는 모양이 크래커 과자가
부숴지는 것과 비슷해서 크래커라고 부르기도 한다.

□ **해커**　　**security hacker**　　[01장 039쪽]

컴퓨터와 프로그래밍에 대한 전문 지식을 가진 사람을 뜻하는 단어.

화이트 해커라고도 한다.

□ **인공지능**　　**AI; Artificial Intelligence**　　[01장 041쪽]

인간의 사고와 학습 같은 지적 능력을 컴퓨터로 구현하는 기술.

인공지능에는 머신러닝과 딥러닝이 있다.

□ 명령문	command statemen	[01장 049쪽]
	컴퓨터에 각종 지시를 내리는 문구.	

□ 소스 코드	source code	[01장 049쪽]
	개발자가 작업하는 작업물로, 주로 실행 프로그램을 만드는 과정을 입력하는 데 이용하는 텍스트 형태의 파일.	

□ 주석	comment	[01장 049쪽]
	각 코드가 어떤 내용인지 개발자가 쉽게 알아볼 수 있도록 설명하는 글.	

□ 코딩	coding	[01장 049쪽]
	프로그래밍 언어로 된 코드를 입력하는 작업 자체.	

□ 프로그래밍	programming	[01장 050쪽]
	컴퓨터가 할 일의 절차와 알고리즘을 설계하는 것.	

□ 개발	development	[01장 048쪽]
	소프트웨어를 설계, 구현, 운영, 관리하는 데 필요한 전반적인 기술 과정.	

□ 소프트웨어	software	[01장 050쪽]
	프로그램과 라이브러리, 데이터 등으로 이뤄진 시스템.	

□ 시스템 프로그램	system program	[01장 051쪽]
	운영체제의 일부로서 컴퓨터 이용 환경을 조성하는 소프트웨어.	

□ 애플리케이션	application	[01장 053쪽]

PC나 모바일 기기에서 사용자가 직접 사용하는 모든 프로그램.

□ 프로그램	program	[01장 050쪽]

사용자의 명령에 따라 그 목적에 맞는 작업을 수행하는 일련의 명령어 모음.

□ 프로그래밍 언어	programming language	[01장 059쪽]

컴퓨터와 소통하기 위해 만들어진 언어.

□ 고수준 언어	high-level language	[01장 063쪽]

사람의 언어에 가까운 언어.

□ 기계어	machine language	[01장 063쪽]

컴퓨터가 이해할 수 있는 숫자인 0과 1로만 구성된 언어.

□ 어셈블리어	assembly language	[01장 063쪽]

기계어 바로 위 단계의 저수준 언어.

□ 저수준 언어	low-level language	[01장 063쪽]

기계어에 가까운 언어.

□ 통합 개발 환경	IDE; Integrated Development Environment	[01장 065쪽]

IDE는 개발에 관련된 다양한 기능들을 제공하는 개발용 프로그램.

□ 디버그   **debug**   [01장 071쪽]

오류 수정 프로그램과 그 작업 자체를 의미.

프로그램에서 문제를 찾아 제거하는 행동을 디버깅이라고 한다.

□ 빌드   **build**   [01장 073쪽]

프로그래밍한 소스 코드를 묶어 실행 가능한 파일을 만드는 것.

□ 배포   **deploy**   [01장 076쪽]

소프트웨어를 사용자들에게 전달하는 것.

□ **유지 보수**   **maintenance**   [01장 077쪽]

*유지 보수는 소프트웨어
개발에 중요!*

소프트웨어 제품 출시 이후 계속되는 문제 해결 및 각종 업데이트 작업.

□ 리팩토링   **refactoring**   [01장 079쪽]

기능을 수정하지 않으면서 코드의 질을 높이는 것.

□ 코드 리뷰   **code review**   [01장 079쪽]

서로의 코드를 확인하고 피드백을 주고받는 과정.

□ 문서화   **documentation**   [01장 081쪽]

소프트웨어와 그 소스 코드를 쉽게 파악할 수 있는 문서.

02장

□ **규칙 기반**   rule–based artificial intelligence   [02장 089쪽]

   인공지능   미리 정해진 규칙이나 조건을 기반으로 작동하는 인공지능 시스템.

□ **지도 학습**   supervised learning   [02장 090쪽]

     컴퓨터에게 입력 데이터와 그에 해당하는 정답을 함께 제공하는 방식.

□ **비지도 학습**   unsupervised learning   [02장 091쪽]

     컴퓨터에게 레이블이 없는 데이터만 제공하고 스스로 제공된 데이터 내의 숨겨진 구조나 패턴을 찾아내는 방식.

□ **강화 학습**   reinforcement learning   [02장 091쪽]

     알고리즘이 특정 환경 내에서 시도와 오류를 통해 목표를 달성하는 방법을 학습.

□ **빅데이터**   big data   [02장 092쪽]

     방대한 양의 데이터.

□ **인공 신경망**   artificial neural network   [02장 094쪽]

     인간의 뇌를 모방한 컴퓨터 시스템.

□ 이해	understanding	[02장 102쪽]
	컴퓨터가 인간의 언어를 인식하고 그 의미를 파악하는 과정.	

□ 생성	generation	[02장 102쪽]
	컴퓨터가 인간이 이해할 수 있는 언어로 응답하거나 새로운 텍스트를 만들어내는 과정.	

□ 자연어 처리	natural language processing	[02장 101쪽]
	컴퓨터가 인간의 언어를 이해하고 해석할 수 있도록 돕는 기술.	

□ 트랜스포머	transformer	[02장 104쪽]
	데이터 처리를 비롯한 다양한 분야에서 사용되는 인공지능 모델.	

□ 디스코드	discord	[02장 117쪽]
	텍스트와 음성 채팅뿐만 아니라 파일 공유도 가능한 채팅 메신저 프로그램.	

□ 깃허브 코파일럿	github copilot	[02장 122쪽]
	깃허브에 게시된 수많은 코드 데이터를 학습하여 개발된 서비스.	

□ 프롬프트	prompt	[02장 124쪽]
	사용자가 인공지능에게 말을 걸 때 쓰는 '시작 신호'.	

□ 프롬프트 엔지니어링	prompt engineering	[02장 124쪽]
	인공지능이 역량을 발휘할 수 있도록 적절한 프롬프트를 작성하는 것.	

03장

□ **서버**   **server**   [03장 130쪽]

정보나 서비스를 제공하는 컴퓨터.

서버   클라이언트

□ **클라이언트**   **client**   [03장 131쪽]

서버가 제공하는 것을 받아 사용하는 컴퓨터.

□ **데이터 센터**   **DC; Data Center / IDC; Internet Data Center**   [03장 132쪽]

수많은 서버를 한 곳에서 안정적으로 관리하는 시설.

□ **서버 호스팅**   **server hosting**   [03장 133쪽]

서버용 컴퓨터를 임대해 주는 서비스.

□ **온프레미스**   **on-premise**   [03장 133쪽]

호스팅을 외부 데이터 센터에 두기에 민감한 정보를 다루는 회사들이

사내 전산실에 서버를 갖추고 관리하는 것.

□ 클라우드	cloud computing service	[03장 134쪽]
컴퓨팅 서비스	서버를 가상화하여 각종 편의 기능과 함께 필요한 만큼 사용할 수 있는 서비스.	

□ IaaS	Infrastructure as a Service	[03장 136쪽]
	클라우드를 이용해서 서버용 인프라, 즉 가상화된 서버 컴퓨터를 대여해 주는 서비스.	

□ PaaS	Platform as a Service	[03장 137쪽]
	애플리케이션을 개발하고 서비스하기 위해 필요한 서버, 운영체제, 개발 환경 등을 자동으로 설치하고 제공함으로써 사용자가 애플리케이션 개발에만 집중할 수 있도록 플랫폼을 제공하는 서비스.	

□ SaaS	Software as a Service	[03장 138쪽]
	소프트웨어가 이미 완성된 형태로 사용자에게 제공되는 클라우드 서비스.	

□ 웹 브라우저	web browser	[03장 143쪽]
	웹 서핑에 사용되는 소프트웨어.	

□ HTML	HyperText Markup Language	[03장 144쪽]
	웹 페이지에 요소들을 '가져다 놓는' 마크업 언어.	

□ CSS	Cascading Style Sheets	[03장 144쪽]
	HTML로 올려놓은 요소들을 '꾸미는' 스타일 언어.	

| □ 자바스크립트 | javascript | [03장 144쪽] |

웹 페이지에 기능들을 부여해 '일을 시키는' 프로그래밍 언어.

| □ 웹사이트 | web site | [03장 145쪽] |

단일 또는 다수의 웹 페이지로 구성.

| □ 웹 서핑 | web surfing | [03장 149쪽] |

바다에서 파도를 타듯 이리저리 움직이며 웹 구석구석을 둘러본다는 뜻.

웹 서핑은 웹사이트라는 바다를 서핑하는 것과 같지!

| □ 반응형 웹사이트 | responsive website | [03장 153쪽] |

하나의 웹 페이지 화면 크기에 따라 내부 요소도 변경되는 웹사이트.

반응형 웹이라고도 한다.

| □ 적응형 웹사이트 | adaptive website | [03장 154쪽] |

화면의 크기별로 웹 페이지를 따로따로 만든 웹사이트.

적응형 웹이라고도 한다.

□ 쿠키	cookie	[03장 159쪽]
	사용자의 브라우저에 저장되는 정보.	

□ 세션	session	[03장 160쪽]
	서버가 사용자를 기억하고 있는 상태.	

□ 토큰	token	[03장 162쪽]
	서버가 기억해 둘 필요 없이 사용자가 스스로를 증명할 수 있는 수단.	

□ 캐시	cache	[03장 164쪽]
	다시 가져오지 않아도 되도록 데이터를 가까이 저장해 두는 기술. 메인 메모리 속 데이터에 보다 더 빠르게 접근할 수 있도록 CPU에 내장되는 형태.	

□ CDN	Content Delivery Network	[03장 165쪽]
	각지에 캐시 서버를 두어 부하를 분산시키는 기술.	

□ 네이티브 앱	native app	[03장 171쪽]
	동작할 운영체제에 특화된 방식으로 제작된 앱.	

□ 크로스 플랫폼	cross platform	[03장 173쪽]
	하나의 소스 코드로 안드로이드와 iOS 양쪽에서 모두 동작하는 앱을 만들 수 있는 플랫폼.	

□ 웹 앱	web app	[03장 174쪽]
	스마트폰의 브라우저에서 접속할 수 있는 모바일 웹사이트.	

□ 하이브리드 앱	hybrid app	[03장 176쪽]
	네이티브 앱 안에 웹 뷰로 웹 앱을 실행하여 양쪽 방식의 장점을 취할 수 있는 앱.	

□ 웹 뷰	web view	[03장 177쪽]
	앱 내에 웹 브라우저를 넣는 것.	

□ 프로그레시브 웹 앱	progressive web apps	[03장 178쪽]
	진보된 브라우저 기능들을 활용하여 아이콘 추가 등 편의 기능을 더한 웹 앱.	

□ 프론트엔드	frontend	[03장 183쪽]
	웹사이트의 구성 요소 중 클라이언트 컴퓨터의 브라우저에서 동작하는 부분	

□ 타입스크립트	typescript	[03장 185쪽]
	자유분방한 자바스크립트에 타입을(Type) 부여해서 코딩할 때 오류의 소지를 줄이고 자동 완성 기능을 더해 생산성을 향상시킨 언어.	

□ 백엔드	backend	[03장 186쪽]
	웹사이트나 모바일 앱 등 온라인 애플리케이션의 구성 요소 중 서버에서 돌아가는 프로그램.	

| □ 프레임워크 | **framework** | [03장 188쪽] |

프로그램의 기본 골격이 갖춰져 있어 개발자가 원하는 제품을 수월하게

만들 수 있도록 출시된 개발 도구.

프레임워크 종류

- 이클립스 eclipse
- 인텔리제이 IntelliJ IDEA
- 안드로이드 스튜디오 Android Studio
- 비주얼 스튜디오 Visual Studio
- 엑스코드 Xcode
- 스위프트 Swift
- 파이참 pycharm

| □ API | **Application Programming Interface** | [03장 190쪽] |

여러 소프트웨어의 특정 기능들을 요청하고 호출하기 위한 약속.

| □ XML | **eXtensible Markup Language** | [03장 193쪽] |

데이터를 저장하고 전달할 목적으로 구성된 표기 형식.

| □ JSON | **JavaScript Object Notation** | [03장 195쪽] |

데이터를 저장하고 전달할 목적으로 구성된 표기 형식.

| □ YAML | **YAML Ain't Markup Language** | [03장 196쪽] |

XML이나 JSON 파일이 프로그램 간 정보 전달에 목적이 있는 것과는

달리 주로 프로그램 설정 파일과 같이 개발자가 편리하게 읽고 작성하기

위한 용도로 사용.

□ AJAX	**Asynchronous Javascript And XML**	[03장 197쪽]

웹사이트에 필요한 정보를 언제든 서버로부터 받아오는 기법.

□ 돔	**DOM; Document Object Model**	[03장 199쪽]

HTML 요소들을 자바스크립트로 제어할 수 있도록 만드는 API.

HTML 문서가 실체화된 API이다.

□ IP	**Internet Protocol**	[03장 205쪽]

데이터 통신 규약.

□ IP 주소	**Internet Protocol Address**	[03장 205쪽]

PC나 스마트폰 같은 기기의 네트워크 주소.

```
            ┌──── 공인 IP
            │
            ├──── 사설 IP
   IP ──────┤
            ├──── 고정 IP
            │
            └──── 유동 IP
```

□ 도메인	**domain**	[03장 208쪽]

사람이 기억하기 쉽도록 문자로 만들어 특정 IP에 연결한 인터넷 주소.

□ DNS	**Domain Name Server**	[03장 209쪽]

IP 주소와 이에 해당하는 도메인의 IP 정보를 갱신하며 특정 도메인에
대한 요청이 들어오면 IP 주소를 찾아 알려주는 시스템.

☐ URL	Uniform Resource Locator	[03장 209쪽]

네트워크 상에서 특정 자료가 어디에 있는가를 나타내는 주소.

☐ WWW	World Wide Web	[03장 210쪽]

전 세계의 사람들이 정보를 공유하고 소통할 수 있는 인터넷 공간.

☐ 하이퍼텍스트	hypertext	[03장 211쪽]

한 문서에서 다른 문서로 즉시 접근할 수 있도록 비선형적으로 연결된 텍스트.

꼭 전체 글자를 순서대로 읽지 않아도 되는 문서를 의미한다.

☐ HTTP	HyperText Transfer Protocol Secure	[03장 211쪽]

HTTP는 클라이언트의 요청과 서버의 응답으로 이뤄지는 통신 규약.

☐ HTTPS	HyperText Transfer Protocol over Secure socket layer	[03장 212쪽]

HTTP에 보안 기능을 추가하여 보다 안전하게 만든 통신 규약.

☐ 데이터	data	[03장 223쪽]

사실을 반영하며 정보로 가공되지 않은 자료로, 프로그램을 실행하는 데 필요한 기초 자료.

☐ 데이터베이스	database	[03장 224쪽]

전산 상에 구축한 데이터 집합.

□ 데이터베이스	DBMS; DataBase Management System	[03장 224쪽]
관리 시스템	데이터베이스를 구축하고 관리하는 프로그램.	
□ 운영체제	OS; Operating System	[03장 239쪽]
	사람이 컴퓨터를 쉽게 사용할 수 있도록 해 주는 소프트웨어.	
□ 인터페이스	interface	[03장 240쪽]
	두 개 이상의 시스템이나 장치가 상호 작용할 수 있는 접점(경계면).	
	사람과 사물 또는 프로그램 사이에서 의사소통하도록 돕는 것은 사용자	
	인터페이스.	
□ GUI	Graphical User Interface	[03장 240쪽]
	그래픽 요소를 사용하여 직관적이고 편리하게 구성한 인터페이스.	
□ CLI	Command Line Interface	[03장 241쪽]
	명령어 줄을 입력하여 사용할 수 있는 인터페이스. 콘솔이라고도 한다.	
□ 커널	kernel	[03장 248쪽]
	운영체제의 핵심 기능을 담당하는 핵심 요소.	
□ 오픈 소스	open source	[03장 249쪽]
	누구나 소스 코드를 볼 수 있고 개발에 참여할 수 있는 소프트웨어.	
	라이선스에 따라 유료 버전 파생이 가능.	

04장

□ **주 기억 장치**　　**main memory**　　　　　　　　　　　　　　[04장 258쪽]

컴퓨터를 고를 때 사양에서 흔히 '램 용량'으로 표기되는 부품으로 컴퓨터의 메인 메모리.

□ **CPU**　　　　　　**Central Processing Unit**　　　　　　　　[04장 258쪽]

컴퓨터를 통제하고 주어진 작업을 수행하는 장치.

□ **코어**　　　　　　**core**　　　　　　　　　　　　　　　　[04장 260쪽]

CPU 중에서도 가장 핵심이 되는 부품.

코어의 개수에 따라 듀얼 코어(2개), 쿼드 코어(4개) 등으로 부른다.

□ **스레드**　　　　　**thread**　　　　　　　　　　　　　　　[04장 261쪽]

프로그램상에서 하나의 프로세스 안에서 돌아가는 하나 이상의 작업 단위.

CPU상에서 스레드는 하나의 코어, 즉 하나의 로봇으로 두 대의 로봇이 일하는 듯한 효율을 낼 수 있도록 하는 기술.

□ **클럭**　　　　　　**clock**　　　　　　　　　　　　　　　[04장 261쪽]

2.5GHz와 같이 기가헤르츠(GHz) 단위로 표시되는 정보로, 코어의 속도를 표현.

| □ 메모리 | memory | [04장 262쪽] |

컴퓨터의 작업에 사용되는 데이터를 일시적 또는 영구적으로 저장하는 장치.

| □ 보조 기억 장치 | secondary memory | [04장 262쪽] |

데이터를 보관하는 부품.

| □ RAM | Random Access Memory | [04장 263쪽] |

RAM은 메인 메모리와 같은 뜻이다.

메모리 어느 위치에 있는 데이터든지 같은 속도로 읽고 쓸 수 있다는 뜻.

| □ 휘발성 메모리 | volatile memory | [04장 264쪽] |

전기가 끊겼을 때 데이터가 날아가면 휘발성 메모리.

| □ 비휘발성 메모리 | non-volatile memory | [04장 264쪽] |

전기가 끊겨도 데이터가 유지되면 비휘발성 메모리.

| □ 입출력 장치 | I/O | [04장 265쪽] |

컴퓨터에 신호와 정보를 보내는 입력 장치와 컴퓨터의 연산을 결과로 내보내는 출력 장치.

| □ 프로세스 | process | [04장 267쪽] |

프로그램이 메모리에 올려져 CPU에 의해 실행되는 상태.

| □ 병렬 처리 | parallel processing | [04장 267쪽] |

실제로 여러 작업을 동시에 실행하는 방법.

□ **병행 처리**   concurrent processing   [04장 268쪽]

하나의 코어가 여러 프로세스를 돌아가면서 조금씩 처리하는 것.

□ **컨텍스트 스위칭**   context switching   [04장 269쪽]

하나의 프로세스가 CPU를 사용 중인 상태에서 또 다른 프로세스가 CPU를 사용할 수 있도록 하기 위해 이전 프로세스의 상태(문맥)를 보관하고 새로운 프로세스의 상태를 CPU에 적재하는 작업.

□ **비트**   bit   [04장 275쪽]

0과 1 두 값을 가지는 것으로 컴퓨터가 다루는 데이터의 최소 단위.

□ **바이트**   byte   [04장 275쪽]

비트가 여덟 개 모인 것.

□ **불리언**   boolean   [04장 276쪽]

true(참)와 false(거짓)을 갖는 값으로 보통 '예'를 나타내는 이진수 1과 '아니오'를 나타내는 이진수 0으로 표현.

□ 자료형	data type	[04장 278쪽]
	프로그래밍 언어에서 여러 종류의 데이터를 저장하는 방식.	

□ 유니코드	unicode	[04장 281쪽]
	전 세계에서 사용되는 대부분의 문자를 포함한 문자열 셋.	

□ 문자열 셋	character set	[04장 282쪽]
	사용자가 입력한 문자나 기호들을 컴퓨터가 이용할 수 있는 숫자로 만든 것.	

□ 문자 인코딩	character encoding	[04장 282쪽]
	사람이 사용하는 문자를 컴퓨터가 인지할 수 있는 숫자로 바꾸는 것.	

□ 컴파일 언어	compiled language	[04장 287쪽]
	실행되기 전 다른 형식으로 번역되는 언어.	

□ 인터프리터 언어	interpreted language	[04장 287쪽]
	작성된 코드 그대로 통역되어 실행되는 언어.	

□ 컴파일	compile	[04장 287쪽]
	코드를 실행하기 전에 기계어나 다른 코드로 먼저 번역하는 것.	

□ 컴파일러	compiler	[04장 288쪽]
	소스 코드를 다른 언어나 형태로 번역해 주는 프로그램.	

□ 정적 타입	**statically typed**	[04장 291쪽]
	컴파일 언어처럼 자료형이 고정된 것.	

□ 동적 타입	**dynamically typed**	[04장 291쪽]
	인터프리터 언어처럼 자료형이 고정되지 않은 것.	

□ 절차지향 프로그래밍	**procedural programming**	[04장 292쪽]
	물이 위에서 아래로 흐르는 것처럼 소스 코드를 위에서부터 차례대로 읽고 실행하는 방법.	

절차 지향 편

① 콘을 만든다.　②아이스크림을 얹는다.　③ 시럽을 뿌린다.　④ 토핑을 얹는다.

□ 객체지향 프로그래밍	**OOP; object oriented programming**	[04장 293쪽]
	프로그램을 객체란 단위로 나누어 프로그래밍하는 방식.	

□ 객체	**object**	[04장 293쪽]
	구성 요소를 묶는 단위.	

□ 클래스	**class**	[04장 295쪽]
	기능의 스펙을 정의하는 명세서.	

□ 메소드	method	[04장 296쪽]
	특정 작업을 수행하기 위한 명령문 집합.	

□ 상속	inheritance	[04장 297쪽]
	상위 클래스의 기능을 하위 클래스가 물려받아 기존 클래스에 기능을 추가하거나 재정의하는 것.	

□ 함수	function	[04장 300쪽]
	프로그래밍 언어에서 기능을 표현한 것.	

□ 변수	variable	[04장 300쪽]
	변수는 프로그램에서 개발자가 메인 메모리 공간에 올려놓은 값.	

□ 상수	constant	[04장 302쪽]
	값이 한 번 대입되면 바꿀 수 없는 것.	

□ 함수형 프로그래밍	functional programming	[04장 300쪽]
	함수형 기능들을 활용하여 변수의 사용을 최소화하는 프로그래밍 방식.	

□ 매니지드 언어	managed language	[04장 304쪽]
	언어 자체에서 메모리를 관리해 주는 언어.	

□ 언매니지드 언어	unmanaged language	[04장 304쪽]
	개발자가 직접 메모리를 관리해야 하는 언어.	

□ 자바 가상 머신	**JVM; Java Virtual Machine** [04장 307쪽]

자바 운영체제 사이에 존재하는 가상머신으로, 어떤 운영체제에서든지
자바 파일을 실행할 수 있도록 도와주는 것.

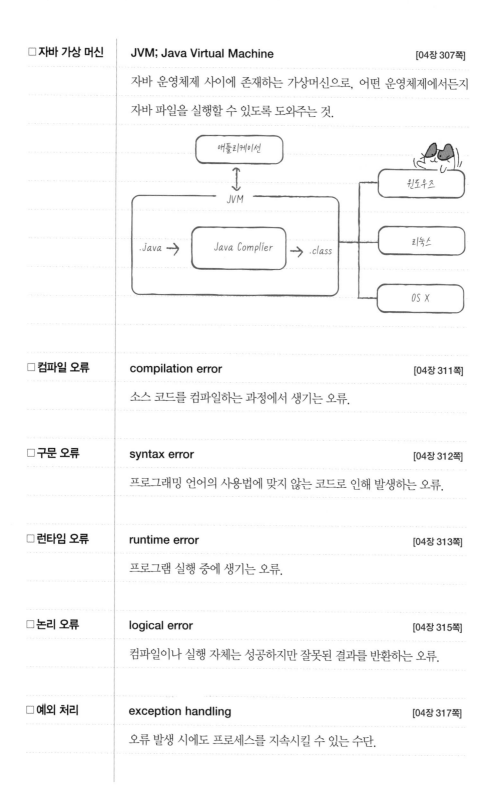

□ 컴파일 오류	**compilation error** [04장 311쪽]

소스 코드를 컴파일하는 과정에서 생기는 오류.

□ 구문 오류	**syntax error** [04장 312쪽]

프로그래밍 언어의 사용법에 맞지 않는 코드로 인해 발생하는 오류.

□ 런타임 오류	**runtime error** [04장 313쪽]

프로그램 실행 중에 생기는 오류.

□ 논리 오류	**logical error** [04장 315쪽]

컴파일이나 실행 자체는 성공하지만 잘못된 결과를 반환하는 오류.

□ 예외 처리	**exception handling** [04장 317쪽]

오류 발생 시에도 프로세스를 지속시킬 수 있는 수단.

□ 메모리 누수	memory leak	[04장 320쪽]
	사용하지 않는 데이터가 비워지지 않고 메인 메모리 공간에 쌓여 있는 현상.	

□ 가비지 컬렉션	garbage collection	[04장 320쪽]
	메인 메모리상에서 불필요한 데이터를 자동으로 치우는 기능.	

□ 패키지 매니저	package manager	[04장 327쪽]
	라이브러리의 설치, 업데이트, 삭제 등을 관리하는 소프트웨어 도구.	

□ 환경 변수	environment variable	[04장 329쪽]
	프로그램이 작동할 환경에 지정된 변경 가능한 값.	

□ 런타임 환경	runtime environment	[04장 333쪽]
	프로그램이 동작할 수 있도록 해 주는 소프트웨어.	

□ 자바 런타임 환경	JRE; Java runtime environment	[04장 334쪽]
	자바로 작성한 소스 코드를 컴파일했을 때 생성된 자바 바이트코드를 실행할 수 있도록 해 주는 소프트웨어. 자바 API와 JVM으로 구성된다.	

□ SDK	Software Development Kit	[04장 335쪽]
	특정 언어나 환경의 소프트웨어를 개발할 수 있도록 제공되는 도구.	

□ JDK	Java Development Kit	[04장 335쪽]

자바 코드를 컴파일하고 테스트하는 기능을 포함하는 등 자바 언어로 프로그램을 개발할 수 있는 환경까지 갖춰 주는 것.

□ 라이브러리	library	[04장 337쪽]

하나 이상의 프로그램에 활용될 수 있는 데이터와 명령어들의 집합. 소스 코드에 가져다 쓸 수 있다.

□ VCS	Version Control System	[04장 343쪽]

프로젝트의 변경 내역을 관리하는 소프트웨어.

□ 커밋	commit	[04장 347쪽]

의미 있는 변경 작업들을 저장소에 기록하는 것. 커밋의 변경 내역을 알려주는 이력을 커밋 메시지라고 한다.

□ 리셋	reset	[04장 348쪽]

특정 시점의 커밋으로 되돌아가는 행위.

□ 리버트	revert	[04장 348쪽]

되돌리고자 하는 커밋을 거꾸로 실행해서 해당 부분만 복구하는 행위.

□ 브랜치	branch	[04장 349쪽]

커밋 사이를 가볍게 이동할 수 있는 포인터 같은 것.

□ 깃 호스팅 서비스	git hosting service	[04장 351쪽]

프로젝트를 관리하는 깃에 공용 저장소를 제공하는 서비스.

MEMO

MEMO

혼자
공부하는
사람들을 위한
용어 노트

혼공
용어 노트

혼자 공부하는 얄팍한 코딩 지식 개정판

한빛미디어
Hanbit Media, Inc.